U0741188

大道荣光

军民融合论

张兆垠 著

新华出版社

图书在版编目（CIP）数据

大道荣光：军民融合论 / 张兆垠著.
——北京：新华出版社，2017.7
ISBN 978-7-5166-3400-4

Ⅰ.①大… Ⅱ.①张… Ⅲ.①国防工业 – 产业融合 – 民用工业 – 研究 – 中国
Ⅳ.①F426

中国版本图书馆CIP数据核字（2017）第186490号

大道荣光：军民融合论

作　　者：张兆垠

责任编辑：林郁郁　　　　　　　　　封面设计：周　洁
责任印制：廖成华

出版发行：新华出版社
地　　址：北京石景山区京原路8号　　邮　　编：100040
网　　址：http://www.xinhuapub.com
经　　销：新华书店、新华出版社天猫旗舰店、京东旗舰店及各大网店
购书热线：010 – 63077122　　　　　中国新闻书店购书热线：010 – 63072012

照　　排：臻美书装
印　　刷：北京凯达印务有限公司
成品尺寸：170mm×240mm　16开
印　　张：22.5　　　　　　　　　　字　　数：240千字
版　　次：2017年7月第一版　　　　印　　次：2017年7月第一次印刷
书　　号：ISBN 978-7-5166-3400-4
定　　价：58.00元

版权专有，侵权必究。如有质量问题，请与出版社联系调换：010-63077101

序　言

军民融合发展之路，是中国人民探索国家发展道路的伟大实践，是缔造和平、巩固国防、厚植国力的正义之路，是开辟中华民族伟大复兴的光荣之路。

加快军民融合深度发展，把国防建设与科技建设、经济建设等融合在一起，实现增长方式转型和发展模式再造，是大战略、大方向、大目标，更是强军之举、兴国之策。习近平总书记站在国家发展与民族复兴全局的战略高度，将军民融合发展上升为国家战略，并强调指出"今后一个时期军民融合发展，总的是要加快形成全要素、多领域、高效益的军民融合深度发展格局，丰富融合形式，拓展融合范围，提升融合层次"。一场军民融合深度发展的大潮即将到来。方向已经指明，但路子如何走得更好更快，如何形成军民融合深度发展格局，如何构建军民融合创新体系，奋力开拓强军事业发展新境界，亟须理论的支撑和引导，张兆垠同志的新书《大道荣光——军民融合论》的出版恰逢其时。

作为人民军队的一名领导干部，张兆垠同志对军民融合问题的研究探索起步较早，思考也较为深入和系统，无论是在俄罗斯总参军事学院留学期间，还是在总参谋部、总装备部、成都军区和海军任职期间，都结合工作实践提出了许多新的思想和观点。特别是该同志在中国科学院研究生院攻读国防战略管理博士学位期间，认真学习系统工程理论和方法，在系统理论研究的基础上提出了"中国特色军民融合型国防"的概念和思路，撰写的博士学位论文《中国特色军民融合发展战略设计与实现路径研究》，在答辩中全优通过，受到专家组的高度评价，并被评为中国科学院优秀博士学位论文。这部著作就是作者在博士学位论文的基础上，融入了近年来自己新的研究成果，特别是担任解放军战略规划咨询委员会军民融合组副组长期间新的思想结晶修改完善、定稿付梓的。

《大道荣光——军民融合论》一书，以"四个全面"战略布局为纲领，前瞻聚焦第四次工业革命，以前沿科技创新为核心，围绕全面提升国家战略能力，从顶层设计入手，对军民融合发展进行了系统研究，首度提出了建设"中国特色军事经济融合体"的战略构想，并设计出以四个基础和八个支柱为支撑的综合战略体系，将"全要素、多领域、高效益的军民融合深度发展格局"的战略目标具体化，使之更具指导性和可操作性，勾画了未来军民融合发展的宏伟蓝图。

本书另一个突出特点就是既提出创新观点，又下功夫进行理论证明，确保了观点论述与战略设计的科学性和可行性。作者通过对包括六名院士在内的五十余名军内外高层次专家调研咨询，以数理建模等方法，对军民融合发展趋势、具体建设需求和建设阻力进行了系统分析和全面研究，采取"上游牵动下游、前端拉动后端"的战略规划方法，设计未来发展路径和问题解决策略，形成了中国特色"四梁八柱"军民融合发展战略的科学体系，回答了军民融合发展"为什么""融什么"和"怎么融"的问题，为军民融合发展上升为国家战略，为探索国家发展道路提供了宏观理论参考，同时具有较高的学术价值。

本书是一部跨军事学、管理学、系统学等多学科研究的优秀理论著作，我高兴地向学术界及广大读者推荐这部著作。

中国科学院院长：

前　言

　　"实现中华民族伟大复兴是中华民族近代以来最
伟大的梦想"。
　　　　　　　　　　　　　　　　　　　　——习近平

　　大国间的战略竞争，自古就是剑法与犁术的综合比拼；竞
争的进程和结局，取决于双方军民融合的深度和质量。

　　在科技进步的推动下，大凡历史上每一次产业革命的到来，
都会催生一场军事变革。千帆竞渡，大浪淘沙。在汹涌澎湃的
革命浪潮中，只有那些最先实现新生产方式与新作战方式融合
的国家，才能争得和保持战略主导地位。这是世界历史发展的
规律。

　　历史进入 21 世纪的第二个十年，国际战略格局风云变幻，
世界经济政治重心及与此相应的权力体系，正在悄然走向质变，
挑战与合作同在、危机与机遇共存。今天的中国，"比历史上
任何时期都更接近中华民族伟大复兴的目标"[1]。路漫漫其修远

1 习近平，在参观《复兴之路》展览时的讲话，习近平谈治国理政［P］.北京：
外文出版社，2014，p35.

兮，我们面对中华民族伟大复兴的三大考题——"夯实大国战略竞争优势、实现增长方式转型、达成发展模式再造"，必须做出圆满的回答。

习近平主席站在时代前列和战略全局的高度，着眼实现中国梦强军梦，把军民融合发展放在推进"四个全面"战略、实践"五大发展理念"的全局中考量，结合贯彻总体国家安全观、落实新形势下军事战略方针的要求来运筹，形成了系统的军民融合发展战略思想。党中央成立中央军民融合发展委员会，制定一系列经济建设和国防建设融合发展的相关政策法规，对重点领域的军民融合任务做出系统部署等，标志着我们党指导理论的重大创新，也是从国家安全和战略全局做出的重大决策，是应对威胁、赢得优势的重大举措，反映了我们党执政兴国理念方略的与时俱进，代表了我们党对经济建设和国防建设规律性认识达到了一个崭新的高度。

加快军民深度融合，是大国策、大方向和大目标，本质是实现经济建设和国防建设的科学统筹，达到科学、协调、持续、系统、高效的一体化发展，实现战略综合能力升华、经济增长方式转型和国家发展模式再造，是划时代的复杂系统工程。指导其建设发展的理论，必须是一个完整严密、开放包容、建立在实践基础之上的，并随实践发展不断深化的科学理论体系。

加快军民深度融合，应以提高国家战略能力为重心，以"四个全面"战略布局、实践"五大发展理念"为纲领，以包容性增长为要求，以构建军事经济融合体为目标，以创新型军队和复合型经济为基点，以前沿科技创新为牵引，着眼国防、经济、科技、社会四位一体，将国防发展与国家经济发展有机融合，实现一体化国家发展模式。

加快军民深度融合，打破"军""民"分割、自成体系的封闭系统，在持续推进目前军地生产与保障层面融合的基础上，向以科技创新融合体为核心的国家战略体系融合发展。面对信息技术、生物技术、新能源技术、新材料技术等交互影响、交叉创新引发的第四次工业革命，抓住军民融合最本质的科技创新融合体的构建，是顺应大势、把握机遇，实现引领型发展的关键。在这个至关重要的历史时期，要把军民深度融合发展的战略思想落到实处，需要全新的、清晰的、具有指导意义和可操作性的理论描述。为此，从新的视角丰富和探究现代国防建设发展战略理论，构建适合中国国情的军民融合发展战略体系，探索中国特色军民融合发展路径，已是势在必行、刻不容缓。

本书从解析军民深度融合发展的概念和内涵入手，通过文献分析，厘清中国特色军民融合发展思想的历史脉络，判断未来的发展趋势，提出军事经济融合体的基本框架，描述了在当前情况下的具体建设路径。

本书重在构建中国特色军事经济融合体，按照顶层、核心、功能、支撑的层次布局，分为八个战略支柱：发展规划融合体、科技创新融合体、社会保障融合体、国防动员融合体、信息基础融合体、产业发展融合体、人才教育融合体和基础设施融合体。同时提出四个基础工程：融合理论建设工程、融合文化建设工程、融合组织建设工程和融合机制建设工程，从而构建出军事经济全要素融合的"四梁八柱"军民融合发展战略体系。

为提高理论的可操作性，作者通过对国内知名专家问卷调查，采取德尔菲法，数学建模，综合分析，确立中国特色军事经济融合体各要素的合理建设目标；利用质量功能展开法，确定各要素合理的建设任务；通过划分建设阶段和具体任务，预测建设过程中可能遇到的问题和障碍；按照"最大预期和最小阻力"原则，提出解决问题的整体思路；完善配套工程的建设方案，描绘中国特色军事经济融合体建设的路线图。这些努力，都是作者在报国之心、强军之梦的驱动下，力求为我国军民融合发展提供一些有价值的理论参考。

本书是作者在攻读中国科学院国防战略管理博士学位时所写论文的基础上，结合近十年来国防和经济建设改革发展的新情况、新问题、新理念以及个人军旅生涯跨界实践，升华提炼、思考研究的新成果、进一步修改完善的结晶。时代在发展，改革在深入，军民融合发展战略研究是个"伴时代风潮起舞"的开放性课题。我们还需要在实践中不断有所发现、有所探索，汲取新的经验，坚持以理论引导实践，用实践检验理论，共同推动军民融合大业开放图强，迈上荣光大道。

目 录 | CONTENTS

济是基于国家创新战略的复杂系统工程，打造军民融合发展战略科学体系是迫切任务。

科技创新是战斗力质变的第一推力，战斗力生成模式转换是个变革链条，以融合发展构建技术创新转化为军队战斗力的机制；建设创新型军队，全面发展体系作战能力。

传统经济学模型难以解释军民融合拉动作用，军民融合对经济发展，可降低挤出效应，增大规模效应，节约机会成本，突出 R＆D 投入，积累强大的发展后劲。

军民融合发展不是简单的"国防＋经济"，而是将整个国家的政治、经济、军事、科技、社会和文化进行整体融合。因此，军民融合发展对综合国力的提升作用，远大于军民分离型经济体。

在资源有限，而经济和国防都愈加重要的情况下，"黄油"和"大炮"如何兼得？公元 1500 年以来，每次大国的崛起都离不开对这个重大战略问题的考量。

由于客观条件和发展目标的不同，没有一成不变的固定模式和评价尺度，西方军民融合的成功之路不可复制，但经验和教训可以作为参考。

工程，单纯进行国防与经济改革，难以实现体系转型的大目标，必须从各方面统筹规划，构建和完善配套体系。

最大预期与最小阻力，是战略规划与实施过程中必须遵循的重要原则。确定一个正确的方向，规划科学的路线图，然后循序渐进，坚韧不拔，持之以恒。

从本质上说，路线图就是动态性的战略规划系统，体现方向性、战略性和一定的可操作性，注重需求、目标、任务、途径分析，重点确定核心理论问题和关键技术问题。

不断发展论和发展阶段论相统一，与国家"两个一百年"发展路径设计相一致，按照三步走规划，争取在 21 世纪中叶基本建成中国特色军事经济融合体。

开列好"问题—需求""能力—潜力""资源—限度"三个清单；大国战略竞争尤其是在前沿科技的竞争，本质上是拼政府；要挂牌子、搭台子，更重要的是迈出改革的实际步子。

一次次集全国性军民融合科技创新成果展，一项项对国防事业有巨大意义的前沿性科技成果，让参观者兴奋，让中央、国家、军队领导人兴奋，然而，大展之后，又有几项创新成果被国防采用？

实现军民深度融合，需要科学家与战略家联手，解决发展战略前端与高端问题。前端，包括自主作战系统、激光武器系统等前沿科技创新问题；高端，包括未来作战体系和科技创新融合体的设计。

★ 一

站在军民融合的思想高峰放眼发展

军民融合发展之路，是中国人民探索国家发展道路的伟大实践，是缔造和平、巩固国防、厚植国力的正义之路，是开辟中华民族伟大复兴的光荣之路。

"会当凌绝顶，一览众山小。"一个走向振兴的民族，只有站在理论思维的高峰，才有实现自己梦想的可能。

自有国家和军队以来，如何解决国防安全与经济发展这对矛盾，寻求军事与经济的最佳结合，一直是战略理论研究和战略家们关注的聚焦点。中国最古老的哲学书《周易》，在其师卦里，就用"地中有水，师。君子以容民畜众"[1]，来表明寓军于民的问题。从古代的"耕战一体""兵民合一""生战一致""藏

---

1 转引自：王 辉编译，周易［M］.西安：三秦出版社，2007，p35.

兵于农"，到近代的"军民结合""军民两用"，再到现代的"寓军于民""军民兼容""军民融合"，每一次理论的飞跃都伴随着国防与经济建设的变革。

世界军事变革和社会转型，已经处在从量变到质变的转折点。如何适应战斗力和生产力新的生成模式，进一步破解国防安全与经济发展的矛盾，科学构建国家和国防可持续发展战略，实现真正意义上的科学发展，已是时代提出的新要求，也是党中央、中央军委一直关注的重大问题。

习近平主席提出"将军民融合发展上升为国家战略"，做出了"加快形成全要素、多领域、高效益的军民融合深度发展格局"的重大战略决策，发出了"加快建立军民融合创新体系"的伟大号召，用融合的大思维，破解了历史难题。从提升国家战略能力、提高国家总体建设效益、破解当前国防与经济建设矛盾等角度看，实现军民融合深度发展，将成为中国国防与经济建设的总体趋势。在当今世界新军事变革不断推进的大背景下，面对信息技术、生物技术、新能源技术、新材料技术等交叉融合引发的第四次工业革命，正确理解和深刻把握习近平主席关于"军民融合深度发展"重大战略思想的精神实质，从新的视角和思维审视现代国防发展战略理论体系，探索和研究中国特色军民融合发展战略，设计适合中国国情的军民融合发展路径，是一项势在必行且刻不容缓的战略任务。

（一）战略竞争力源于国家发展的融合、包容、可持续性

军民融合发展，具有拉动宏观经济，实现包容增长的强大动力；具有破解发展中"第二魔咒"的无量法力；具有催生"颠覆性技术"和军事领域持续变革的巨大引力。

一个反常现象是，当世界金融危机狂飙突起之时，一些主要国家的国防费却在飙升：美国新任总统特朗普向美国国会提交的 2017 年度国防预算，创纪录地达到近 10% 的增幅，金额近 6030 亿美元；日本 2017 年度国防预算达到 5.125 万亿日元，增幅 1.4%，连续第五年增长；印度新年度国防预算为 21.47 万亿卢比，上调了 10%……研究这一反常现象发现，持续的世界金融危机将迎来新一轮产业革命，国防将扮演着新产业革命的"接生婆"角色。世界主要强国，在受到金融危机风暴冲击，经济严重衰退，资源捉襟见肘之时，之所以依然纷纷加大军费投入力度，意在利用拯救金融和经济危机的经费投向国防，加强重大国防科研项目，通过军民融合的国防大项目、大工程，带动高新技术的发展，促进新兴产业涌现和发展，给整个国家和社会争取更多公平发展的机会，实现经济包容性增长，以摆脱金融与经济危机。

首先，高新技术愈是向前发展，其军民两用功能就愈突出，战略选择得当，发展国防不会是一种纯粹的消耗。在军民融合发展上的投入，不仅能产生国家安全收益，对外争取更多的发展机会和公平的发展环境，而且还能产生经济收益。其次，军

费开支背后隐藏着庞大的产业链，可以通过类似"两弹一星""星球大战"等国防大项目、大工程、大装备，带动高新技术的发展，带动制造业、新材料、新能源、电子信息、交通运输等行业的发展，来实现宏观经济的增长。由于军民融合发展主要是国家管控，较之传统资本型经济发展，其带来的收益，能够更多地惠及所有阶层的人群，提供更多更公平的发展机遇。所以，深入研究军民融合发展中的国防与经济、科技和社会之间具体联系和本质规律，寻求更为科学和合理的发展模式，构建中国特色军民融合发展战略，便能获取双重收益：在推动国防发展的同时，更好地牵引、拉动国家宏观经济和高新科技全面发展，实现又好又快的包容性增长。而包容性增长，才能使国家战略竞争能力持续提升。

国家战略能力是国家组织、协调和运用国内外各种战略资源，预防和应对各种重大威胁，维护和拓展国家利益的能力。历史证明，单纯经济或军事的发展，都不能代表国家战略能力的强大。按照系统科学原理，军民融合发展才能全面、系统、充分地提高国家战略能力。"军民融合"的优势，就是将军队和地方最好的智力、科技创新能力和物质资源，集中使用于体现国家意志和根本利益的安全与发展问题上，共同牵引和推动经济、军事、社会和科技全面发展。所以，军民融合，包容性增长，是提高国家战略能力的大思路。

当前，世界各国竞争日趋激烈，争夺战略前沿技术、战略资源、战略要地和战略主导权的斗争加剧。传统安全威胁与非传统安全威胁相互交织，影响和平与发展的不稳定、不确定因素增多。改革开放30多年来，我国经济创造了"世界第一速度"，迈上了"世界第二"的台阶，也面临所谓"第二魔咒"：苏联上升为世界第二后被军备竞赛拖垮；日本上升为世界第二后日元被迫升值，自20世纪90年代以来，经济一直处于近乎停滞状态。我们必须进一步提升国家战略能力，在新的战略环境中占据有利地位，取得进一步发展的主导权，破解"第二魔咒"。军民融合发展对国家战略能力的全面提升效应，使世界主要强国和可能成为强国的国家，均采取这一发展道路，通过统筹规划、系统建设，提升国家战略能力，从而在复杂战略环境中保持发展的主动。各国的经验让我们看到了军民融合发展的优势，看到了实现军民融合深度发展对于中华民族伟大复兴的重要意义。

科学技术的发展使得社会、政治、军事、经济等各个领域都发生重大变革。军事领域里持续发生的新军事变革，同时又推动了新技术革命的发展。使新军事变革和新技术革命呈现出互动性发展。新科技的军民通用性更高，军民融合面愈来愈宽，风险投资也在加大。单纯依靠军队和民间自身科技力量，已经难以独立满足和应对发展的需要。同时，民营企业中蕴藏的国防潜力日益增强，军事效用和经济价值日益凸显。在这种情况下，军民融合发展便成为新军事变革和新技术革命之间互动的催化剂。

美国人最早看到了这一点，并迅速展开了将民用技术和军用技术融合成军民两用技术的庞大工程，通过军民两用的前沿科技创新，带动了美国科技革命的步伐，也使美国开辟了一个新军事变革时代，并进一步促进美国经济的良性发展，成为美国国力增长的推进器。目前发达国家的新军事革命，正处于一个新的拐点，美军称之为"二次转型"。"二次转型"的显著特点，是改革与融合密切联动，共同打造新型战争机器。启动"二次转型"的是"颠覆性技术"。当前，大数据、云计算，加速从信息化到智能化的变革；纳米技术、材料科学、生命科学，进一步改变战争面貌。许许多多新技术群的涌现，将使军事变革持续化、常态化。而推动新军事变革的"颠覆性技术"，主要是通过军民融合方式研究，均属军民两用。如果说科技是第一生产力，军民融合型科技就是最先进的第一生产力。变革的狂飙向我们昭示，在信息时代，传统"军民分离"的发展方式已经阻碍了国家科技、经济、社会乃至国防的发展。要想大幅度提高综合国力，就必须运用军民融合发展模式，走连锁互动式发展之路，以提高发展效益，刺激整个科技发展速度，跟上变革的步伐。如何实现中国特色军民融合深度发展，拉动、牵引国家的全面发展，是我们急需深入思考和研究的问题。

（二）理论创新重在设计未来、塑造未来

军民深度融合发展，需要有清晰的理论描述，需要在大国竞争的背景下去思考，以应对美第三次"抵消战略"为着力点，探寻创新驱动发展之路。

党的十八大提出，要"坚持走中国特色军民融合式发展路子，

坚持富国和强军相统一"[1]。习近平主席进一步明确，将军民融合发展上升为国家战略，"目前，我国军民融合发展刚进入由初步融合向深度融合的过渡阶段，今后一个时期军民融合发展，总的是要加快形成全要素、多领域、高效益的军民融合深度发展格局，丰富融合形式，拓展融合范围，提升融合层次"[2]。把国防建设与经济建设融合起来发展，已成为一个大方向、大国策和大目标，对加强国防和军队现代化建设，对全面建设小康社会、加快推进社会主义现代化，具有十分重要的意义。

在十二届全国人大三次会议解放军代表团全体会议上，习近平主席深刻指出："我国军民融合发展刚进入由初步融合向深度融合的过渡阶段，还存在思想观念跟不上、顶层统筹统管体制缺乏、政策法规和运行机制滞后、工作执行力度不够等问题"[3]。遵照习近平主席重要指示，把军民融合深度发展的战略思想落到实处，解决现阶段发展中存在的矛盾和问题，需要全新的、具有指导意义和可操作性的军民融合理论。近年来，理论界虽然发表了不少解读性文章，但时至今日，依然缺乏科学权威的、清晰的、具有指导性和可操作性的理论成果，致使我

---

1 胡锦涛，坚定不移沿着中国特色社会主义道路前进为全面建成小康社会而奋斗，十八大报告辅导读本［P］.北京：人民出版社，2012，p43.

2 习近平，在接见十二届全国人大三次会议解放军代表团的讲话，中国军民融合发展报告［P］.北京：国防大学出版社，2015，p151.

3 习近平，在接见十二届全国人大三次会议解放军代表团的讲话，中国军民融合发展报告［P］.北京：国防大学出版社，2015，p150.

们在军民融合发展实践中，依然是"摸着石头过河"，短期行为多于长期思考。

第三次工业革命（信息革命）方兴未艾，科技革命持续发生，人类面临空前的全球能源与资源危机、全球生态与环境危机、全球气候变化危机的多重挑战，于是又引发第四次工业革命——绿色工业革命。新一轮工业革命的特征是：从资源要素投入为主转向绿色要素投入为主，以节能环保普及整个社会。在过去 200 多年世界现代化的历史上，我们因先后失去过两次工业革命的机会而急剧衰弱。在以信息化为标志的第三次工业革命中，中国奋起直追，保持社会经济高速增长，但军队的信息建设远远落后于西方大国，信息社会产生出的巨大能量，没有及时转化为军队的战斗力。面对第四次工业革命，中国再次与美国、欧盟、日本等发达国家站在同一起跑线上。我们若能在军民深度融合中迈开步子，很有可能成为世界新一轮工业革命的领跑者。

工业革命的浪潮波涛汹涌，用军民通用的大产业、大工程、大项目拉动和支撑绿色经济发展，调整和完善经济结构，给予国家一个健康、强劲、可持续的经济体魄和全新的制造业基础，势在必行。这一切都需要理论指导，都需要面向未来做出设计，从架构模式、制度、机制和改革实施路径等方面，给予科学的决策支撑。

我们走军民融合发展之路的直接背景是大国竞争。2014 年以来，美国国防部提出并实质性推动的"第三次抵消战略"，是他们最新的国防发展战略概念，代表着未来一个时期美国国防发展的基本方向，将对未来中美军事斗争总体态势和主动权争夺产生重要影响。在美国军方和智库共同努力下，第三次"抵消战略"现已正式列入议程。并确定 2016 年为新抵消战略理论的实验年，以此为实现美国未来 25 年的主导地位奠定基础。美"第三次抵消战略"既是一个超常规、超传统、具有革命性的战略概念，更是一个大国竞争策略，其不单纯是为了摆脱中国军事科技力量的"同质化"和应对"反介入/区域拒止"能力提升的挑战，而是确立美国未来国防发展的基本方向，选定科技发展的核心抓手和经济发展的重要推手，并企图利用国防投入"溢出效应"，抢抓新一轮科技革命和产业革命先机，扭转由盛转衰颓势，巩固全球霸主地位。作为一套实质上的组合竞赛方案，美"第三次抵消战略"操作在技术上，功用在军事上，收益在经济上，三者皆是赛场。在长期的大国竞争中，技术创新跟不上，战略战术跟不上或者经济产业跟不上，都可能造成致命的后果。目前，美国"第三次抵消战略"的一个潜藏意图，是在普遍不景气的世界经济环境中，将中国拖入军备竞赛，迟滞和拖延经济发展，陷入"苏联模式"而不能自拔，实现"不战而屈人之兵"。

与此同时，我们应当看到，国内高新技术产业，特别是具有军民通用价值的战略性高新技术产业依然薄弱。国防科技工业军民融合产值仅相当于三个海尔集团，还比不上美国波音公司一年的民用飞机销售收入。"国防科技工业主导民品产值仅占全部民品产值的五分之一。我国还没有一家军工企业（集团）进入世界军工企业百强"[1]。目前，我国高新技术十几万家民营企业中，只有 745 家获得国防科工局许可证，不到 1%。必须抓紧推进以前沿技术创新为牵引、以产业转型为抓手的军民深度融合，使新技术和新产业保持高速增长和领先水平，积极应对美国第三次"抵消战略"。因此，急需研究和制定一系列配套的改革法规、政策、标准和措施，并且形成一套较为完整的理论体系，为军民融合深度发展提供依据。

（三）研究军民融合发展战略的现实意义

激烈竞争、无情淘汰的内外环境，要求我们必须把习近平主席军民融合深度发展的思想落到实处；从新的视角推进国防和军队转型，提升国家战略竞争能力。

习近平主席作出"把军民融合发展上升为国家战略"的重大战略决策，并具体提出了"今后一个时期军民融合发展，总的是要加快形成全要素、多领域、高效益的军民融合深度发展格局，丰富融合形式，拓展融合范围，提升融合层次。要强化大局意识，军地双方要树立一盘棋思想，站在党和国家事业发展全局的高度思考问题、推动工作，做到责任到位、措施到位、

---

1 游光荣、孙霞，高技术产业化的现状与发展趋势［J］．长沙：国防科技，2007（9），p49.

落实到位。要强化改革创新，着力解决制约军民融合发展的体制性障碍、结构性矛盾、政策性问题，努力形成统一领导、军地协调、顺畅高效的组织管理体系，国家主导、需求牵引、市场运作相统一的工作运行体系，系统完备、衔接配套、有效激励的政策制度体系。要强化战略规划，拿出可行办法推动规划落实，加强督导检查、建立问责机制，强化规划刚性约束和执行力。要强化法治保障，善于运用法治思维和法治方式推动军民融合发展，充分发挥法律法规的规范、引导、保障作用，提高军民融合发展法治化水平"[1]。习近平主席这一重要思想，是我们党关于国防建设与经济建设相统一辩证认识的升华，是对军民融合战略思想的创新发展。深入学习贯彻习近平主席指示精神，必须紧扣军民深度融合发展问题，以建设中国特色"军事经济融合体"为轴线，描绘出军民融合的目标蓝图和发展路径，为指导国防与军队转型提供理论参考。

近年来，国防理论界有关"军民融合"的研究，局限于如何用较少的资源提高国防效益方面。这应当是一种小融合观点。确切地说，是局限在"省"，是单纯优化国防投资效益的观点。优化的未必是最佳的。我们应当把目光放高放远，用新的战略思维审视军民融合，通过战略规划，在用国防投资确保国家安全的同时，牵引和拉动国民经济的发展，从而建立起全新的发

---

1 习近平，在接见十二届全国人大三次会议解放军代表团的讲话，中国军民融合发展报告［P］.北京：国防大学出版社，2015，p150.

展模式，走出一条新的发展道路，这是一种大融合。为了完成这一理论探索，我们在研究模式上，应突破传统局限，大胆借鉴国内外战略管理理论、经济学理论特别是复杂系统科学理论的思想与方法，结合军事学理论，对军民融合发展进行分析和研究，力求使研究成果有更高的理论清晰度和实践可行性。

从国防发展战略的角度看，在新世纪新阶段，随着当代科学技术革命、产业革命和新军事革命的持续发生，为实现国防和军队建设又快又好的发展，必须用大军事、大国防的观点，重新认识国防建设与国家经济、社会发展的关系，把国防和军队建设融入经济社会发展体系之中。就是说，只有实现军民深度融合发展，才能在更高层次上实现国防建设与经济建设的统一，在全面建设小康社会的历史进程中实现富国与强军的统一。

从国家资源配置的角度看，随着现代战争形态的变化和军事行动领域的拓展，社会各个领域与军事的联系更为广泛，国防建设从社会吸收知识、技术、人才等资源的渠道越来越多。同时，国防和军队转型，又反馈作用于国家经济建设，促进经济的发展。军民融合作为资源投入少、产出效益高的国防发展模式，是发达国家国防与经济建设实践得出的共识，是知识经济时代国防发展战略的必然选择，也是现阶段国家安全战略、国家发展战略和国家军事战略需要解决的重要问题。在这种背景下，我们的理论创新，应以建设"军事经济融合体"为着眼点，用现代科学的工具和方法推进体制创新和机制创新，形成军民之间的强强联合和优势集成，以达到国防领域里民用效应的最大化，经济社会发展领域里国防效应的最大化，从而达到一种资源产生两种效益的"兼容式发展""双赢式发展"。

当前，第四次工业革命迅猛发展，世界军事变革正出现一个新的拐点，国防与军队建设将会遇到许多新情况、新问题，需要从理论上进行探究和解析，并提出解决问题的有效措施。从理论与实践结合的角度看，坚持走军民融合发展之路，既是当今世界新军事变革所提供的重要经验之一，又是目前应对世界经济衰退的战略举措。从现代经济学、管理学和系统科学的角度看，走军民融合发展之路，彻底改变过去军民分体化建设模式，把国防建设深深融入经济社会发展之中，从战略高度实现国防建设和经济建设的统一，就可以整体提高国家的发展速度和效益，形成真正意义上的包容性增长；就可以提高大国竞争的后劲和耐力，并引领我国高技术产业发展。这就要求对中国特色军民融合发展战略的研究，要坚持理论与实践的统一，定性分析与定量分析的统一，战略设计与战略评估的统一，以增加理论的可信性和可行性。

在人类历史发展进程中，大国战略竞争的结局，取决于双方军民融合的深度和质量。在产业革命与军事革命同步发生时，快速实现最先进生产方式与作战方式融合的国家，能够长期保持战略主导地位。

在国内外相关理论比较中创造优势

他山之石，可以攻玉。军民融合发展思想与实践，是一个产生萌芽于古代，迅猛发展于现代的历史过程。中国和西方强国的军民融合发展思想，由于国家发展历史、民族文化理念和客观发展环境的不同，有着不同的发展路径和演进过程。

（一）世界强国各具特色的融合模式

历史上的所有强国，都在经济优势与军事优势之间建立了良性循环，政府保持了强势转化能力，即将社会资源转为双向互动的经济竞争力与军事战斗力。[1]

---

1 转引自：李炳彦，着眼创新型军队的基本特征谋转型 [N]. 北京：解放军报，2009-10-22, p3.

第二次世界大战后，世界主要军事强国，对于在国防和军队建设中实现"军民融合"较为重视，展开研究较早，并且在实践中积累了许多经验和教训。这些国家根据国际环境和本国国情，采取不同的推进"军民融合"的政策和做法，经历了不同的发展道路。归纳起来，主要有以美国为代表的"军民一体"、以俄罗斯为代表的"先军后民"、以日本为代表的"以民掩军"、以英国为代表的"军民合作"、以法国为代表的"军民兼顾"、以瑞士为代表的"寓军于民"等几种模式。

国外对"军民融合"理论的研究和实践，一般都经历了不同的发展时期，逐步走向成熟。如美国在二战后，先后经历了"先军后民""侧重于民"和"军民一体"三个时期：

20世纪40年代末开始，美国军民两用的国防科技工程，都是先从国防需求着眼，由国防部先期投入，成功后拓展到民用。如上世纪70年代，美国的卫星定位系统，是从国防领域研制成功的，转为民用后，至今已经获得数千亿美元的利润。

20世纪80年代之后，美国"军民融合"侧重于依靠私营企业，在发展新技术的过程中发挥政府主导作用。一是开放以信息技术为代表的军民共用新技术，统一使用市场标准。二是组织对私营企业的创新成果推广利用。三是以作战需求为牵引，以政策制度调动地方政府与私营企业的研发能力。凡是能在市场上买到的，就直接拿来满足军事需求。

20世纪90年代中期之后，美国开始积极推进国防工业由军民分离状态向军民一体化方向转轨。1994年，美国国会技术评估局（OTA）在《军民融合潜力评估研究报告》中，首次提出军民融合的观点。1996 年，美国国家科学技术委员会在《技术与国家利益》这一重要技术政策文件中，首次提出军用与民用工业基础的融合问题。该文件指出，美国政府已不能继续维持相互分离的军用和民用工业基础，而必须形成一个同时满足军用和民用两方面需要的工业基础。[1]

进入 21 世纪，美兰德公司提出一个"军事经济复合体"的发展模式。他们认为，历史上的所有强国，都在经济优势与军事优势之间建立了良性循环。美国保持超级大国地位的关键，是保持政府的转化能力，即将社会资源转为双向互动的经济竞争力与军事战斗力。[2] 这一转轨不仅在美国军界、政界、工业界和学术界引起了普遍关注，同时也引起了世界其他许多国家的广泛认同。

虽然，各军事强国在军民融合的发展道路上进行了长期摸索、实践和创新，但见诸文献和理论成果的内容却不多。究其原因主要有三点：一是国防属于保密范围，一些关键的核心的理论成果和政策思想被严密封锁。二是西方主要军事强国，大都是老牌资本主义国家，在其国防与经济发展过程中，已经形成了一些传统共识性的思路和方法，有些并未上升到理论层面

---

1 曹伟、王珂、朱建业，论美国军用与民用工业基础的一体化发展趋向及其内因［J］.北京：中国科技论坛 ,2002(4)，p64-68.
2 转引自：李炳彦，着眼创新型军队的基本特征谋转型［N］.北京：解放军报，2009-10-22，p3.

研究总结。三是"军民融合"是敏感的领域，常被西方国家作为"××威胁论"的论据，所以他们虽然进行"军民融合"，但并不提"军民融合"。因此，当前在公开文献和研究成果上，西方军事强国并未有太多的文字材料。

（二）国内专家著书立说论述融合之路

实现富国强军的必然选择，国防发展理论的重大创新，推进国防和军队建设又好又快发展的内在要求，方法是"综合统筹、系统集成"。

中国在国防与经济建设中实现"军民融合"，经历了一个长期的历史发展过程。在中国先秦时期，许多政治家、军事家和思想家就认识到富国强兵的道理，如管子说的："国富者兵强，兵强者战胜，战胜者地广"[1]，孔子认为治理国家需要："足食，足兵，民信之矣"[2]，等等。鉴于农业为中国古代核心经济支柱，高明的政治家纷纷采取藏兵于农、耕战一体的方法，解决经济发展与国防建设之间的矛盾，如明代朱元璋所总结的："兴国之本在于强兵足食，昔汉武以屯田定西戎，魏武以务农足军食，

---

1 转引自：李山编译，管子［M］. 北京：中华书局，2009，p256.
2 转引自：陈国庆、何宏注释，论语［M］. 合肥：安徽人民出版社，2005，p159.

定伯兴王，莫不由此，……故令尔将士屯田，且耕且战"[1]。所有这些思想都体现了以汉文化"民为贵"的东方理念，将人力资源作为军民融合的核心要素，兵农合一、寓军于民，既不影响军力，又能节省养兵之费，属于较原始的"兵民合一"思想，成为现代意义上的"军民融合"思想的理论萌芽。

新中国成立后，我军军事理论界对于国防与经济建设理论的研究，也经历了几个历史时期，如上世纪 50 ～ 70 年代的"军民联合"研究，侧重于如何大力发展军工和重工业，提高国家战争能力，这是为了应对复杂的国际局势及超级大国的现实军事威胁，能够及时将国家整体力量全面投入到"早打、大打、打核战争"中。20 世纪 70 ～ 90 年代，军事理论界将研究重点转入了"军民结合"和"军民两用"中，抓住发展的机遇，围绕经济建设为重心，以"军转民"为代表，探讨国防科技和工业如何更好地支持经济建设。20 世纪 90 年代后，"军民兼容"和"寓军于民"成了研究的热点，探寻如何针对世界格局的变化和军事革命的兴起，将国防建设和经济建设一起抓，建立适应国防建设和市场经济要求的新型国防科技工业体制。

党的十七大提出走中国特色军民融合发展道路之后，国内理论界关于"军民融合"的讨论与研究才正式全面展开，理论成果不断出现，影响比较大的专著有：张晓天著的《军民融合

---

1 转引自：何君主编，张煜瑞著，明太祖朱元璋［M］．北京：中华书局，2009，p87.

式发展的探索与实践》、葛焕宾著的《军民融合大战略》、王进发等著的《军民融合大战略》等。论文有：《中国国防报》发表的《军民融合：国防可持续发展的必由之路》《解放军报》发表的《军民融合：在变革中实现国防建设模式转变》《军民融合式发展是富国强军双赢之路》等。2008 年 12 月，国家发改委经济动员办公室和军事科学院军队建设研究部联合举办首届"军民融合式发展论坛"，对"军民融合"的理论与实践问题进行了比较系统的研讨。2010 年 10 月，又举办了第二届"军民融合式发展论坛"。

党的十八大后，关于军民融合的理论研究百家争鸣，研究深度广度都有所提升，比较知名的有：国防大学推出的《中国军民融合发展报告》系列、工业和信息化部赛迪研究院推出的《中国军民融合发展形势展望》、朱庆林等撰写的《军民融合论》、郭中侯主编的《军民融合概论》、总装备部联合工信部等单位于 2014 年和 2016 年两度举办的"民营企业高科技成果展暨军民融合高层论坛"等。

总的来说，近年来国内理论界关于"军民融合"的研究，突出的方面有三点：一是深刻认识到军民融合发展的重大意义。军民融合发展是实现富国强军的必然选择，是对国防发展理论的重大创新，是推进国防和军队建设又好又快发展的内在要求。二是对军民融合发展的内涵有进一步理解。军民融合发展的根本目的是富国强军，蕴含着"统筹兼顾、系统集成"的方法，能够充分发挥社会主义和市场经济各自的优点。三是对"军民融合"的范围、方式和转型途径有了初步的把握，从观念、机制和措施方面提出了一些观点和看法。整体来讲，国内的研究可总结为以下几个方面。

★关于探讨军民融合内涵和路径的论述

叶小军在分析国外军队发展的新特点时指出，军队人才的储备趋向"平民化"，后勤、装备保障进一步社会化，这与我们提出的"军民融合"有相同之处。

宗岩认为，虽然国防科技工业在推进军民结合、寓军于民体制建设方面取得了一定的成绩，但是相对封闭的国防科技工业体系结构基本上还没有打破；军工行业对军品任务的垄断性经营基本上也没有改变；推进国防科技工业寓军于民的政策措施尚不到位。要解决以上问题，急需抓住当前难得机遇，加快"寓军于民"体制建设的发展进程。

吴向前在《冷战后美国国防工业转型的动因分析》一文中指出，美国政府推行"寓军于民、军民一体化"的政策，形成强大的国防工业技术基础，为美国的军事力量提供技术支持，保证美国的军事技术优于盟国，使盟国无法挑战其军事技术优势。

薛亚认为，中国特色军民融合发展是大势所趋，并且指出军民融合发展不是无原则的随意"结合"，不是要消灭差别，而是强调高度分工与协调的统一，并且强调"军民融合"不仅仅是为了局部的经济效益，而是要从全局方面实现安全与发展高度统一。

姜鲁明经过分析军民融合的内涵、中国自身的特色，提出了中国进行军民融合的基本路径。

范肇臻提出从国家安全和发展战略全局的高度，从整体上考虑和设计国防科技工业发展战略，建立和完善与社会主义市场经济体制相协调、与武器装备建设规律相适应的国防科技工业新体制，站在新的历史起点全面推进调整改革，着力于体制和机制创新，走军民融合式发展的新路子。

辛荣国分析中国"军民融合"的战略任务及其步骤和阶段性目标，并指出要建立完善军民融合式国防建设的组织领导体制，要分清轻重缓急，抓住关键领域。

葛永志等指出，军民一体化对于一个国家的军事现代化建设有着许多潜在的益处，能同时满足国防建设和发展国民经济的需要，能缩短武器装备研发周期，并能降低其研发风险。并回顾了我国军民一体化在"军转民""民转军"和"开发军民两用技术"阶段取得的成就。最终得出结论：尽管我国国防工业企业在军民一体化的进程中取得了一定的成绩，但是，我国发展军民一体化，实现军事现代化还面临巨大挑战。中国要真正实现军民一体化和军事现代化，要走的路还很长。

★关于探讨国防科技工业融合发展的论述

叶卫平认为，在寓军于民的进程中，军事工业企业应处于主导地位，为了最大限度地发挥其主导作用，必须做到：非主业民品应逐步退出军转民行列，积极发展柔性生产，军品要有所为、有所不为，完善军工主体的保障措施。我国拥有"军转民""民转军"和"开发军民两用技术"的基础，可以实行"军民结合、寓军于民"的大国防科技工业战略，并指出要实行大国防科技工业战略，主要问题有"观念上的瓶颈""体制上的瓶颈"和"标准上的瓶颈"。

赵建元认为，军民融合是吸收最新科技的重要渠道，并以日本和美国的"寓军于民"的做法为例，论证了军民融合是提高国防科技工业竞争力的捷径，最后通过分析我国国防工业发展历程和现实情况，提出军民融合是我军实现质量建军和跨越式发展的最佳途径，确立"军民融合是国防科技工业发展的必由之路"的观点。

赵澄谋等认为，世界主要国家的"军民融合"的模型主要有四种："军民一体化""以民掩军""先军后民"和"以军带民"，并以美国（军民一体化）、日本（以民掩军）、俄罗斯（先军后民）和以色列（以军带民）为例详细分析了四种模式。

龙书林等认为，"寓军于民"是世界各国的发展趋势，应该利用民用科技和工业基础参与国防建设，鼓励和推动包括民营企业在内的民用优势企业参与军品研制生产工作。这不仅可以充分利用国家经济科技成果和市场资源，扩大武器装备科研生产基础，提高武器装备水平，更有利于促进国防科技工业结构调整、改革和发展。

梁顺霞等分析了国防科技工业体制机制改革下军民融合的内涵，给出了中关村科技园区军民融合的动因，找到了中关村科技园区军民融合的渠道模式，并通过对军民融合存在的问题的实证分析，提出了中关村军民融合的对策。

陈一博研究了在寓军于民过程中，民营企业进入军工领域的比较优势和阻碍因素，并提出了一系列消除障碍、规范和促进民营企业参与装备科研生产的对策与建议。

叶选挺等详细分析美国的"军民融合"发展模式，对美国"军民融合"的途径进行了阐述，对我国的"军民融合"提出了有益的建议。

王宝坤通过分析西方主要国家国防工业军民融合的实践，得到一些可供借鉴的做法：制定国防工业军民融合的政策和法规，强化国防工业军民融合的管理和服务，发展国防工业军民融合的技术和产品。

唐俊认为，国防技术民用化不仅是一个趋势，还关系到国防技术能否在市场中得到有效的和可持续的发展，并且通过分析中国的现实，得出我国可在民用技术的基础上发展国防技术的结论。

陈传君提出，我国国防经济寓军于民有其必然性，并通过分析指出我国应该建立"小核心、大潜力"的国防经济发展模式框架，这种框架要求纯军事工业的规模在和平时期要小，民用工业转换为战时工业的动员能力要大，速度要快。

一个军民结合现状调研组在其"国防科技工业军民结合发展现状、问题和对策建议"的文章中，对军民结合的现状作了调研，并指出军工行业经过调整、改革和发展，军民结合、寓军于民的发展格局已初步形成。然而还存在一些问题，应继续深化体制机制改革，抓住机遇壮大军民结合产业，大力支持"民参军"，提高军民资源共享水平，研究推进军民结合发展的支持政策，加强军民结合的宏观指导和规划衔接。

★关于探讨军民融合综合领域的论述

孟凡生指出，在国外军事装备技术中，85% 来自民用技术。他分析了"军民结合"对提升军工发展能力的促进作用，然后解析了我国在军民结合进程中的矛盾，并最后提出了相关的对策，强调要从体制、机制、政策、制度等多方面进一步促进"军民结合、寓军于民"战略方针的落实。

王昌认为，军民融合是国防科技工业贯彻科学发展观的最佳途径和不二选择，军民融合的核心是以人为本。并指出要实现军民融合，推动国防科技工业科学发展，必须综合战略、政策、体制、企业等各个层面，调动各方面积极性，加强协调，整体推进。

（三）把问题清单作为走向成功的路标

如何融，怎样融？各方认识还需要统一，制度建设需要跟进，军民相互转化机制急需完善，法规政策建设应当加速，发展重心与战略突破口有待明确 。

人们的认识总是随实践的发展逐步深化。今天看来，国内对于"军民融合"理论的研究，仍存在一定的局限性：

一是浅于"快、好、省",简单地认为把一些军队科研项目和保障任务推向地方;只图"省钱、省力、省时",军民融合研究的立足点依然局限于"优化"和"消减";认为"一优就灵""一减就行",缺少如何通过军民融合拉动经济与国防一体化提升,缺少促进国家战略能力发展的大视角。纵观美英等军民融合较好的国家,范围已经扩大到国家整体建设的方方面面,将国家发展中融入国防与军事元素,提高国家战略能力,改善国家 GDP 质量,拉动经济,刺激科技、工业、服务业乃至农业全面发展。

二是偏于"军、防、战",聚焦"强军",忽略"兴国",没有从国家发展全局、发展模式和发展理念的高度全面考虑,这实际是消耗型国防思维的延续,缺乏能牵动全局、形成新的生产力生成链和新的战斗力生成链相融合的大科学装备等,没有兼顾产效比、利益规模和可持续性的大方案。

三是窄于"民参军",局限于寻求地方产业、技术、资源的单向引入,没有上升到国家发展中融入军事元素,改善国家GDP质量,拉动经济,刺激科技、工业、服务业乃至农业全面发展。

整体而言,国外"军民融合"的实践,走在我们前面,很多方面值得我们借鉴和参考。但对于"军民融合"的理论建设,还不够成熟和完善,要依靠中外共同研究和探讨。

理论影响和指导实践。理论上的不足和局限,导致目前国内军民融合发展中出现了包括观念、体制、机制、政策、法治重心不明确、发展方式不够先进等在内的一系列问题:

一是各方认识还不够统一。一些军队、政府、军工集团等军地有关部门，对军民融合认识存在狭窄和宽泛两种极端情况，军队开放意识不足，地方国防意识淡薄，军地相关管理部门协同意识不够，不同部门争利现象明显，使得军民融合工作"碎片化"，难以形成合力。目前，军地各部门、各单位的"军民融合发展中心"等如雨后春笋般大量建立，但很多"中心"是"做名目噱头"或单纯"拉项目投资"，没有真正领会军民融合发展的战略意图，各项科研任务与我国安全态势、我军主要作战使命、战斗力生成模式以及国民经济增长方式结构转变结合得不够，军民融合的层次较低，有些"军民融合科技园区"或者"军民融合示范区"甚至被演化成房地产项目的"圈地区"。

二是领导体制相对比较滞后。目前，中央军民融合发展委员会虽然已经成立，但军民融合发展相关职能依然大都分散在政府和军队有关部门，尚未建立统一的、有权威的组织领导军民融合式发展的机制。国务院和中央军委在法律地位上是平等的，不存在隶属关系，行使权力时可能存在一定障碍。除工信部在体制上把国防科技工业纳入国家工业化整体进程来统筹发展外，其他领域融合处于无机构、无制度的尴尬局面。

三是"民参军准入"和"军转民准出"机制急需完善。在军民融合发展具体实施和执行层面存在职责不明、职能缺失、权力边界不清、重大关系不顺等问题。如进入军品市场的企业，要面对两套分别由军方和军工产业主管部门执行的许可制度，以及军事部门、国防行业设置的行业篱笆，增加了成本，降低了效率。如何推动民用科技生产能力与成果服务军队战斗力和保障力提升（"民参军"），引导军工科技能力与成果在符合国家安全战略的前提下进入民用领域（"军转民"），需要创新体制，搭建桥梁，突破"民参军准入""军转民准出"的标准障碍与规范鸿沟。

四是法规制度问题亟待进一步解决。1988 年 7 月 1 日实施的《中华人民共和国私营企业暂行条例》中第十二条规定："私营企业不得从事军工、金融业的生产经营"。尽管实践中已经突破了这一规定的限制，但民营企业的科技创新成果要进军口，还有好多门槛。近年来，党中央、国务院以及政府和军队各个部门虽然出台了一系列法规文件，但还存在涉及面较窄、层次不高、不同律条存在冲突、执行程序复杂、权威性较弱等问题。总体来看，目前军民融合工作依然主要走的是人治路子，许多项目是靠各级领导主观意见和部门临时决策来推行的。要实现军民法治化融合，在工作规范化、标准化、制度化、延续化等方面尚有许多问题需要解决。

五是发展战略不够长远和清晰。从战略规划层面讲，军与民还没有融合性规划，没有军事经济融合体的远景展望和框架式描述。中国特色经济与国防建设发展新体系的具体描述，不能清楚地描绘出未来的战略远景，存在为了发展而发展的现象。军民融合并非是军与民的简单相加，它是通过党和政府强力组织、动员和培育汲取社会蕴藏的巨大创造力，达成国家战略目标、发展新型国家战略能力的治国之道。这就需要首先在顶层设计中融合，对国防发展战略和国家经济发展战略进行融合规划。

六是发展重心尚不明确。直到目前，国防和军队建设规划一直在国家体系之外，而且在制定程序和方法上，与国家经济社会发展规划有很大差异。由于长期缺少规划衔接，对军队和地方的强弱点分析不够，与国家发展建设联系不够紧密，未掌握统筹规划的潜力、机遇、可能遇到的困难及克服办法，没有成熟的融合经验可借鉴，也从另一方面导致了发展的重心不清晰、主次不分、阶段不明、任务不清，仍然处于运动式建设模式中，短期行为多于长期思考。

七是发展方式依然滞后。与发达国家相比，我国军民融合的微观主体、技术起点、经济体制、法治环境，以及国际合作环境均有很大的差异性。应当发挥中央军民融合发展委员会的权威性和主导性，实施"强力推进型"模式，即制定和实施整体战略规划，全面加强军地发展规划的衔接，统筹规划国家经济建设的"棋局"与未来军事领域的"战局"，拿出更为强大的战略执行力和政策推动力，把国家安全和经济社会的发展锻造成国家利益的一块"整钢"。

三 奠定军民融合发展战略的理论基石

军民融合发展思想幼芽，在中国可以追溯到上古时期，其发展过程中积聚了中华文明五千年的文化积淀和智慧成就。到了 20 世纪初，俄国十月革命的胜利，给中国带来了马列主义，同时将辩证唯物主义和历史唯物主义融入了中国的传统国防理念，经 80 余年革命与建设实践，奠定了一条适合中国国情的国防与经济建设道路，不断创新，逐步发展、成熟和完善，形成了比较完整的中国特色军民融合发展思想。

（一）概念解读：以融合发展实现"五个一体化"

两个鸡蛋放在碗里，是并存；两个鸡蛋打开倒在碗里，是结合；两个鸡蛋打开倒在碗里再搅拌搅拌，是融合。二者关联的密度不同，质量就会发生根本性变化。

一个科学概念，不仅仅是简单的名称，而是反映客观事物本质属性的一种思维形式。在学术研究中，概念也是理论成果的结晶，是科学理论的成果形式。理论创新，首先要有概念的创新，新理论必须有新的概念体系来表述。概念的变化，也反映理论的发展。所以，把概念作为建立理论大厦的逻辑起点，就成为科学研究的一个基本方法。

军民融合发展作为一个完整的研究领域，必须首先厘清概念与内涵等基本问题。

弄清军民融合的概念内涵，需要廓清与其他相近概念的联系与区别，如军民复合、军民一体、军民兼容、军民两用、军民结合等概念。

这些概念，当前国内几大权威辞书和字典，均无直接的词语解释，只能从"融合""复合""一体""兼容""两用"和"结合"着手分析其内在联系和区别。

在中华书局 2009 年版《当代汉语词典》中，"融合"，释义为"几种不同的事物有机地结合在一起"；"复合"，释义为"两种或两种以上成分、因素等合在一起"；"一体"，释义为"关系密切或协调的一个整体"；"兼容"，释义为"同时容纳不同的方面"；"两用"，释义为"同时具有两种用途的"；"结合"，释义为"人或事物产生紧密的联系"。

从这些释义看，"军民融合"是军队和地方有机地结合在一起，形成一个整体，较之"军民复合"而言，更为强调结合后的有机性和紧密性；"军民一体"，强调的是融合后的一种结果和状态；"军民两用"，强调的是事物对军地双方都有用处；
"军民结合"更为强调仍然处于分立状态的军地之间建立一种
紧密的联系。

不难看出，在各种词汇中，只有"军民融合"更为贴切地
反映了军地之间打破原有的框框，有机地融为一体的改革发展
过程，思想更解放，功能更全面，结合更紧密，意义更深远。

形象地说，两个鸡蛋放在碗里，是并存；两个鸡蛋打开倒
在碗里，是结合；两个鸡蛋打开倒在碗里再搅拌搅拌，是融合。
二者关联的密度不同，质量就会发生根本性变化

军民融合发展的国内理论雏形，最早起源于20世纪80年
代中后期的军民兼容。即要实现经济、国防、科技和社会四位
一体、共同发展、兼容促进的良性循环系统，使得国防建设成
为国民经济发展的动力，而不是负担；使得高精尖的军事技术
在国家现代化建设进程中大有作为，而不是局限在国防系统；
从而使传统意义上的消费型国防转变为有力推动四化进程的军
民兼容的增殖型国防。[1]

军民兼容的增殖型国防理论，首次在国内提出建立"实现经
济、国防、科技和社会四位一体，共同发展，兼容促进的良性循
环系统"，成为现代军民融合发展的理论雏形。但由于各种时代
发展条件的原因，军民兼容的增殖型国防，仍然突出强调将军事

---

1 姚延进、于化庭、赖铭传著，国防发展模式鉴 [M]．北京：解放军文艺出版社，
1989，p96.

经济和军事技术，实现单向的军转民，服务国家经济建设和发展，与我们今天讲的军民双向融合一体化仍有理论距离。

1994 年 9 月，美国国会技术评估局（OTA）在《军民融合潜力评估研究报告》中指出："军民融合是把国防工业基础同更大的民用科技工业基础结合起来，形成一个统一的国家科技工业基础的过程"[1]，从而提出美国式的军民融合理论和概念。但由于中美在各种客观条件和发展程度上的不同，这个概念和理论不能直接套用于中国国防与经济发展中，我们必须确立中国特色的军民融合基本理论和自己的概念。

现代意义上的中国特色军民融合发展应当是：以提高国家战略能力为核心，以科学发展观为指导，以"四个全面"战略布局为纲领，以包容性增长为要求，以构建军事经济融合体为目标和标志，以创新型军队和复合型经济为基点，以前沿科技创新为牵引，着眼国防、经济、科技、社会四位一体，将国防发展与国家发展有机融合，实现科学、协调、持续、系统、高效的一体化国家发展模式。

从中国特色军民融合发展的内涵看，并非简单的"军转民"＋"民参军"，而是实现军民一体融合。具体地说，就是要实现五个一体化：一是建设目的，要整体提高国家战略能力，实现富国与强军的一体化；二是建设目标，要突出国家战略全局的

---

1 转引自：游光荣，坚持军民一体化，建设和完善寓军于民的国防科技创新体系［J］．北京：中国软科学，2006（7），p70.

整体融合、体系完善和包容增长，实现国防、经济、科技、社会发展的一体化；三是建设方法，要结合国防建设的计划性特点和经济发展的市场性特点，实现计划与市场的一体化；四是建设手段，要坚持"统筹兼顾、系统集成"，构建军事经济融合体，实现规划计划、组织体制、法律法规、标准体系、产业链分工与资源配置的一体化；五是建设方式，从战略、政策、机制等层面有机整合国防建设与经济社会建设，推动国防建设与经济社会建设交融共赢、常态发展的一体化。

（二）理论纵深：从人民战争到国家发展战略

战争伟力之最深厚根源，存在于民众之中；科学技术是第一生产力，也应是第一战斗力；以科技强军促军民兼容；在集成与统筹中找到科学方法。理论路径展示出认识论与方法论的不断完善。

在一定意义上说，我党从八一南昌起义起，就开始了"军民融合"的探索与实践。在土地革命战争时期和抗日战争时期，主要研究如何动员群众、组织群众、教育群众，取得战争胜利的理论与方法，形成了最为成功的军民融合战争思想——人民战争思想。新中国成立后的六十年，党的几代领导集体寻求解决国防与经济建设矛盾的方法，探索使国防与经济建设协调发展的路子，既一脉相承，又与时俱进，在理论与实践的结合上不断创新和发展，最终形成了中国特色军民融合发展完整的战略思想。现将每一个历史阶段的标志性思想分述如下。

1. 毛泽东同志完成对军民融合战略思想的奠基工程

以毛泽东同志为核心的第一代领导集体，完成了军民融合发展思想的奠基工程。在长期的人民革命战争实践中，汲取中国传统历史文化精华，创造性地发展了马列主义军事理论，提出了人民战争思想，解决了如何在战争中实现战略能力的最大化问题，从而战胜了强大的敌人，同时也为中国特色军民融合发展奠定了理论核心。新中国成立后，毛泽东同志针对建国初期中国国防与经济建设发展的基本矛盾问题，提出了"军民结合""军民两用"的建设思想，在一穷二白的基础上建立了一个完整的国防和经济工业基础，完成了中国特色军民融合发展的初步探索，实现了国防和经济建设的快速起步与发展。

毛泽东同志提出的人民战争思想，为中国特色军民融合发展确立了理论核心。如何在战争中实现战略能力的最大化，是古今中外战略家长期思考、研究和探索的一个问题。毛泽东同志深刻地认识到："战争的伟力之最深厚的根源，存在于民众之中"[1]。他以辩证唯物主义和历史唯物主义为指导，高度重视人民群众的历史地位和在战争中的巨大作用，创造性地提出了人民军队、人民战争和人民战争的战略战术，同时也为中国特

---

1 毛泽东，论持久战，毛泽东军事文集第二卷［M］.北京：军事科学出版社、中央文献出版社，1993，p340.

色军民融合发展确立了理论核心。

人民战争思想，是毛泽东军事思想的核心和精髓，揭示了军民融合发展的基本原理，是党的群众路线运用于革命战争的创举，是战争指导规律的体现，它贯穿到革命战争的各个方面及战争的始终，我军一切战略战术原则都是建立在这个理论基础之上的。"兵民是胜利之本"[1]，在革命战争中，动员群众、组织群众、教育群众就无往而不胜。在建设时期，就是实行人民国防，把国防伟力之根源深植于社会，调动全社会的创造力，来实现国家的安全与发展。这是毛泽东同志人民战争思想的核心，也是中国特色军民融合发展的理论基础。

在人民战争思想中，明确了军民融合发展的根本目的。人民战争，"不是为着少数人的或狭隘集团的私利，而是为着广大人民群众的利益，为着全民族的利益，而结合，而战斗的"[2]。军民融合发展与人民战争在根本目的上是统一的。中国特色军民融合发展，提高国家综合战略能力，实现国防与经济建设的全面发展，最终还是为了最广大人民群众的现实利益与根本利益，为了中华民族的伟大复兴。只有这样，才能动员全体人民，积极支持和参与国防与经济建设，才能实现真正的军民融合发展。

---

1 毛泽东，论持久战，毛泽东军事文集第二卷［M］. 北京：军事科学出版社、中央文献出版社，1993，p338.

2 毛泽东，抗日战争中的两条路线，毛泽东军事文集第二卷［M］. 北京：军事科学出版社、中央文献出版社，1993，p769.

在人民战争思想中，阐明了军民融合发展的基本依托。人民战争，必须依靠人民和发动人民，才能获取最后的胜利。"动员了全国的老百姓，就造成了陷敌于灭顶之灾的汪洋大海，造成了弥补武器等等缺陷的补救条件，造成了克服一切战争困难的前提"[1]。依靠人民和发动人民，并不仅仅是在战争方面，在国防与经济建设当中，仍然能够发挥巨大作用。"中国今后的进步，还必须充分表现在发动民众力量这一方面"[2]。中国特色军民融合发展，仍然要坚持这一基本依托，才能充分统筹国家所有的战略资源和要素，发挥全国人民的能动性和创造力，实现战略能力的整体提高。

毛泽东同志还指出了和平时期国防与经济、科技发展的战略方向。新中国成立后，毛泽东同志领导全党和全军，准确地分析了当时的形势和取得战争胜利后的主要任务，及时进行了工作重点的转移，将战时的军队和经济建设，转变为和平时的国防与经济建设，开始了一个社会主义强国的建设历程，同时展开了正确处理国防与经济建设辩证关系问题的探索，指明了和平时期国防与经济、科技发展战略方向。

毛泽东同志十分重视现代工业的地位和作用，并将其看作现代国防的基础，早在抗战胜利后就提出，"没有工业，便没

---

1 毛泽东，论持久战，毛泽东军事文集第二卷［M］.北京：军事科学出版社、中央文献出版社，1993，p308.
2 毛泽东，抗战十五个月的总结，毛泽东军事文集第二卷［M］.北京：军事科学出版社、中央文献出版社，1993，p381.

有巩固的国防，便没有人民的福利，便没有国家的富强"[1]。在第一届全国人大一次会议上，就确定了"准备在几个五年计划之内，将我们现在这样一个经济上文化上落后的国家，建设成为一个工业化的具有高度现代文化程度的伟大的国家"[2]的宏伟目标。

对于国防与经济建设的辩证关系，毛泽东同志也有深刻的认识："中国必须建立强大的国防军，必须建立强大的经济力量，这是两件大事"[3]。"我们一定要加强国防，因此，一定要首先加强经济建设"[4]。"可靠的办法就是把军政费用降到一个适当的比例，增加经济建设费用。只有经济建设发展得更快了，国防建设才能够有更大的进步"[5]。

但由于当时国际形势的发展，美苏两个超级大国为了争夺世界霸权，开始了长达40年的冷战。中国周边局势一直处于不稳定状态，战争的威胁时刻笼罩在中国上空。所以，在接下来

---

1 毛泽东，论联合政府，毛泽东选集一卷本［M］.北京：人民出版社，1964，p1081.

2 毛泽东，为建设一个伟大的社会主义国家而奋斗，毛泽东选集 第五卷［M］.北京：人民出版社，1977，p133.

3 毛泽东，你们是全民族的模范人物，毛泽东选集第五卷［M］.北京：人民出版社，1977，p31.

4 毛泽东，论十大关系，毛泽东选集第五卷［M］.北京：人民出版社，1977，p272.

5 毛泽东，论十大关系，毛泽东选集第五卷［M］.北京：人民出版社，1977，p271.

的几十年时间里，国家一直处于临战状态，国家建设不得不侧重于国防与军队建设，要做好"立足于早打、大打、打核战争"的准备，经济建设的步伐相对迟缓。

毛泽东同志率先提出了"军民结合"和"军民两用"的发展思想。如何提高经济建设，特别是工业建设的发展效益，从而提高国防建设水平和核心军事能力，是党的第一代领导集体着重思考、研究与解决的问题。在 20 世纪 50 年代就创造性地提出了在现代工业建设上的"军民结合"和"军民两用"的发展思想。

在总体建设思想上，强调要实现"军民结合"。在 1952 年，中央兵工委员会就提出了："兵工企业要贯彻军需与民用相结合原则"。1957 年 3 月，二机部第三次企业领导干部会议，贯彻党中央指示，制定了："平战结合、军民结合、以军为主、寓军于民"的具体建设方针。[1]

在具体建设成果上，强调要实现"军民两用"。1956 年，毛泽东同志在最高国务会议上的讲话中指出："在生产上要注意军民两用，注意学会军用和民用的两套生产技术，要有两套设备，平时为民用生产，一旦有事，就可把民用生产转化为军用生产"[2]。同年 4 月 21 日，毛主席在听取第二个五年计划汇报时又指出："学习两套本事：在军事工业中练习民用产品生

---

1 转引自：倪泽钧，中国国防经济寓军于民论［M］．北京：兵器工业出版社，2008，p25.

2 转引自：石世印，军民结合方针的由来与发展，军民结合理论研讨会论文集［C］．北京：国防科工委办公厅，1989，p27.

产的本事，在民用工业中练习军事产品生产的本事的办法是好的，必须如此做"[1]。

以毛泽东同志为代表的老一辈革命家，开创了用国防大项目、大工程牵引国家全面发展的先河。刚刚建立的新中国，要在一穷二白的基础上进行发展建设，必须寻求一条高效快速的发展道路。毛泽东同志认识到："我们不能走世界各国技术发展的老路，跟在别人后面一步一步地爬行。我们必须打破常规，尽量采用先进技术，在一个不太长的历史时期内，把我国建设成为一个社会主义的现代化的强国"[2]。因此，选择与国家战略能力关系密切的大项目、大工程、大科学装备，先行突破，拉动科技、国防、政治和经济全面发展，就成为重大而关键的战略举措。通过"两弹一星"工程，开创了我国坚持自力更生、艰苦奋斗精神，用军民融合战略大项目拉动国家全面发展的先河。

以毛泽东同志为核心的第一代领导集体，听从钱学森教授等专家建议，采用系统工程的方法，实施全国大协作，进行"两弹一星"工程建设，极大地提高了建设效益，同时催发出一大批科技、工业、国防、教育等衍生成果，在奠定我国未来航空、航天、核物理等高技术发展基础的同时，给我们今后采取军民融合战略大项目拉动国防与经济的建设与发展，积累了成功的

---

1 转引自：石世印，军民结合方针的由来与发展，军民结合理论研讨会论文集［C］. 北京：国防科工委办公厅，1989，p27.
2 毛泽东，把我国建设成为社会主义的现代化强国，毛泽东文集第八卷［M］. 北京：人民出版社，1999，p341.

经验，提供了有益的参照。

2. 改革开放为军民融合发展思想提供的支持与推动

改革开放后，中国进入社会主义建设的新阶段，并对国防和军队建设战略指导思想进行了重大转变。通过近三十年探索发展，抓住难得的发展机遇，逐步建立了与国际市场经济规则接轨的、比较完善的社会主义市场经济体制，通过加入 WTO 进入了以多边贸易协定为核心的世界经济体系。经济体制和外部环境的变化，对中国特色军民融合发展产生了重大而深远的影响。在充满利益冲突和激烈竞争的新发展格局下，以邓小平、江泽民、胡锦涛为代表的三代领导人，不断探索、发展和完善军民融合理论，从"军民结合"到"要努力走出一条中国特色军民融合式发展路子"，厘清并解决了国防和经济、科技建设发展中的轻重缓急问题，开创了中国特色经济和国防建设的新局面。

——邓小平同志适时转变经济与国防建设发展重心，提出"以民养军"和"保军转民"的建设改革思想。

党的十一届三中全会以后，邓小平同志把握新的时代特征，正确判断国际安全环境变化，提出"和平和发展是当代世界的两大问题"[1]，作为经济与国防建设发展的核心依据，确立了"把

1 邓小平，和平和发展是当代世界的两大问题，邓小平文选 第三卷 [M]. 北京：人民出版社，1993，p104.

全党的工作重心转到实现四个现代化上来"[1]的根本指导方针。据此，做出了国防和军队建设战略指导思想转变，提出"以民养军"和"保军转民"的建设思想，厘清并解决了国防和经济、科技建设发展中的轻重缓急问题，开创了中国特色经济和国防建设的新局面。

邓小平同志审时度势，对国际安全形势做出新的判断，为国防与经济建设提出新的指导方针。任何发展都需要合适的战略环境作支撑和正确的战略判断作依据。重大的战略决策，必须客观分析战略环境，并作为基本依据，才能制定正确的目标和路线。邓小平同志对经济与国防发展环境的判断，主要包括对国际环境和国内环境两大部分：

邓小平同志提出和平与发展成为时代主题，明确把"四化建设"作为国家发展重心。70年代后期，国际形势出现重大变化：从两极争霸到多极化发展的趋势显露，和平与发展成为主要问题。邓小平同志对国际形势发展变化有敏锐把握和深刻洞察，在全面分析了世界政治、经济、军事格局的新特点，以及战争因素与和平因素的消长变化之后，提出："世界战争的危险还是存在的，但是世界和平力量的增长超过战争力量的增长。……根据对世界大势的这些分析，以及对我们周围环境的分析，我

---

1 邓小平，解放思想，实事求是，团结一致向前看，邓小平文选 第二卷［M］.北京：人民出版社，1994，p140.

们改变了原来认为战争的危险很迫近的看法"[1]。在这一总的判断指导下，邓小平同志适时提出了在新的历史条件下，可以抓住战略机遇期，适时将国家发展重心转入经济建设上来，从全民备战的临战状态，转入和平时期的以工业、农业、国防和科技四个现代化为目标的快速发展。"国防现代化离不开农业现代化、工业现代化、科学技术现代化，离开这三化就谈不上国防现代化"[2]。"只要坚持这样的判断和这样的政策，我们就能放胆地一心一意地好好搞我们的四个现代化建设"[3]。

邓小平同志强调要抓住经济建设的机遇期。国际形势的有利变化和正确的战略判断，赋予了国家经济发展难得的战略机遇期，在这个历史时期内，以现代化建设和改革开放为核心的国内发展环境，赋予了经济快速发展的雄厚动力，先重点发展经济，后带动国防共同发展，就成为最佳选择。"国防建设，没有一定的经济基础不行"[4]。"要重视经济建设，国防建设必

---

1 邓小平，在军委扩大会议上的讲话，邓小平文选 第三卷［M］.北京：人民出版社，1993，p127.
2 邓小平，在五届人大一次会议解放军代表团小组会上的讲话，邓小平军事文集 第三卷［M］.北京：军事科学出版社、中央文献出版社，2004，p89.
3 邓小平，在军委扩大会议上的讲话，邓小平文选 第三卷［M］.北京：人民出版社，1993，p128.
4 邓小平，目前的形势和任务，邓小平文选 第二卷［M］.北京：人民出版社，1994，p240.

须明确服从经济建设，不然国防建设也是空的"[1]。"四个现代化，其中就有一个国防现代化。如果不搞国防现代化，那岂不是只有三个现代化了？但是，四化总要有先有后。军队装备真正现代化，只有国民经济建立了比较好的基础才有可能。所以，我们要忍耐几年"[2]。

邓小平同志提出了"以民养军""保军转民"思想，推进了国防工业体制和任务改革。根据对国际形势的正确判断和对经济与国防发展战略的调整，从80年代初开始，邓小平同志领导全党和全军，开始了中国特色社会主义建设的伟大征程。同时，对于在新的历史时期如何处理经济与国防建设矛盾的问题，在吸收第一代领导集体"军民结合"和"军民两用"思想的基础上，进一步提出了"以民养军""保军转民"的思想。关于中国的军工体制问题，邓小平同志清醒地认识到："我们的军工体制基本上还是苏联的模式。苏联体制的突出问题是军事工业孤立地一马当先，带动不了民用工业，带动不了整个经济和技术。军工力量不纳入整个经济发展范围，是极大的浪费。军工企业的人才、设备都是好的。这个力量用不上，对四个现代化建设

---

1 邓小平，减少军队员额服从经济建设，邓小平军事文集 第三卷［M］. 北京：军事科学出版社、中央文献出版社，2004，p195.
2 邓小平，在军委扩大会议上的讲话，邓小平文选 第三卷［M］. 北京：人民出版社，1993，p128.

不利，对国防建设也不利"[1]。针对军工部门生产过剩的问题，提出了："军工厂平时以民用养军用"[2]。"现在军工企业生产能力这么大，不搞民品是不行的，……总的方针是，至少拿出一半的人搞民用，将来自动化了，可用三分之二的人搞民用。这个道路是对的"[3]。1982年1月，总结并提出了"军民结合、平战结合、军品优先、以民养军"的新十六字方针。[4] 在国防工业下一步发展去向的问题上，邓小平同志提出了："国防工业设备好，技术力量雄厚，要充分利用起来，加入到整个国家建设中去，大力发展民用生产。这样做，有百利而无一害"[5]。这样"保军转民"，就成为国防工业二次创业的阶段性特征。

邓小平同志大力推进国防工业体制和任务改革。新中国成立后，我国参照苏联模式构建国防科技工业体制，在国家建设发展过程中起到重要作用。但随着时代发展，特别是国家战略指导思想发生转变后，旧体制已经出现了不相适应的情况，必

---

1 邓小平，将军工力量纳入整个经济发展范围，邓小平军事文集 第三卷［M］.北京：军事科学出版社、中央文献出版社，2004，p281.

2 邓小平，军以下部队坚决不办工厂，邓小平军事文集 第三卷［M］.北京：军事科学出版社、中央文献出版社，2004，p97.

3 邓小平，加强军工企业管理，走军民结合的道路，邓小平军事文集 第三卷［M］.北京：军事科学出版社、中央文献出版社，2004，p130.

4 转引自：倪泽钧，中国国防经济寓军于民论［M］.北京：兵器工业出版社，2008，p27.

5 邓小平，军队要服从整个国家建设大局，邓小平文选 第三卷［M］.北京：人民出版社，1993，p98.

须进行改革与调整，从单纯的以军为主，走向军民融合。具体举措：一是对领导体制进行全面改革。中共中央、国务院和中央军委于 1982 年 5 月决定，组建中国人民解放军国防科学技术工业委员会（又称中华人民共和国国防科学技术工业委员会，简称国防科工委），统一管理全军国防科学技术工作和国务院所属各国防工业部（核、航空、兵器、航天工业部）的国防科技和国防工业。为了进一步加强组织领导，对国防科技的发展和军民融合的重大问题进行决策和统筹安排，加快国防科技工业的发展，国务院、中央军委于 1989 年 10 月决定成立国务院、中央军委专门委员会（简称中央专委），办公室设在国防科工委，由国防科工委主任负责日常工作。二是对工业体制进行全面调整。1982 年之后，开始对各机械工业部进行新的调整和改组，成立核工业部、航空工业部、电子工业部、兵器工业部、航天工业部和中国船舶工业总公司。1984 年 11 月，邓小平同志在军委座谈会上指出，要把军工体制改革提到日程上来。经过改革，最终形成了以归国务院直接领导的航空航天工业部和机械电子工业部两大部委，和由能源部归口管理的核工业总公司、由航空航天工业部归口管理的中国航天工业总公司和中国航空工业总公司、由机械电子工业部归口管理的中国船舶工业总公司和北方工业总公司组成的五大军工集团公司，共同组成完整的国防工业体系架构，所有的国防科研、生产、航天技术和军品贸易统一由国防科工委归口管理。三是调整国防科研和生产能力。进入新的历史时期，国防科技工业必须进行产品结构和生产能力的调整，腾出一定能力为国民经济建设服务。1986 年 8 月，国家计委、国家经委、总参谋部和国防科工委联合发出调整军工科研、生产能力的通知，要求各国防工业部门采取积极、稳妥的方针，先易后难，有步骤地分批进行。根据部署，各国防工业部以"七五"国防科技发展计划和装备订货计划为基本依据，采取压缩规模、集中任务、调整布局、减少重复等措施，经过调整，大体上保留原生产能力的 1／3，腾出来 2／3 左右的能力支援国民经济建设。[1]

邓小平同志强调"科学技术是第一生产力"，用军民两用大科技牵引国家发展。邓小平同志深刻认识到科技在国家战略发展中的重大作用："依我看，科学技术是第一生产力"[2]。"过去也好，今天也好，将来也好，中国必须发展自己的高科技，在世界高科技领域占有一席之地。如果 60 年代以来中国没有原子弹、氢弹．没有发射卫星，中国就不能叫有重要影响的大国，就没有现在这样的国际地位。这些东西反映一个民族的能力，也是一个民族、一个国家兴旺发达的标志"[3]。邓小平同志迫切期望能够用高新科技，特别是军民两用大科技，牵引和拉动经

---

1 吴远平，新中国国防科技体系的形成与发展研究[M]. 北京: 国防工业出版社，2006，p90.

2 邓小平，科学技术是第一生产力，邓小平文选 第三卷[M]. 北京: 人民出版社，1993，p274.

3 邓小平，中国必须在世界高科技领域占有一席之地，邓小平文选 第三卷[M]. 北京: 人民出版社，1993，p279.

济与国防全面发展建设。1986 年 3 月 5 日，在王大珩等四位科学家《关于跟踪研究外国战略性高技术发展的建议》上批示："此事宜速作决断，不可拖延"[1]。在随后的半年中，经过广泛、全面和严格的科学和技术论证，形成了《高技术研究发展计划（863计划）纲要》。1986 年 10 月 6 日，邓小平同志在相关报告上批示："我建议，可以这样定下来，并立即组织实施。如有缺点或不足，在实施中可以修改和补充"[2]。863 计划是在世界高技术蓬勃发展、国际竞争日趋激烈的关键时期，我国政府组织实施的一项对国家长远和综合发展都有重要战略意义的国家高技术研究发展计划，包含了生物技术、航天技术、信息技术、激光技术、自动化技术、能源技术、新材料技术和海洋技术等 8 个在国防、经济、社会都有重大意义的战略高技术群作为发展重点，跟踪国际水平，缩小与发达国家差距，并力争在我们优势领域有所突破，从而牵引和带动经济、社会和国防建设全面发展。

　　——江泽民同志确立了新时期军事战略方针和科技强军的发展战略，提出了"两头兼顾"总体建设思想和"寓军于民""促民进军"的阶段建设侧重点。

　　党的十三届四中全会以后，江泽民同志面对发展变化的世界格局，应对新军事变革的严峻挑战，在进一步深化经济改革

1 邓小平，关于跟踪高技术发展的批示，邓小平军事文集 第三卷［M］.北京：军事科学出版社、中央文献出版社，2004，p277.
2 邓小平，关于跟踪高技术发展的批示，邓小平军事文集 第三卷［M］.北京：军事科学出版社、中央文献出版社，2004，p277.

和加快发展步伐的同时，确立了新时期军事战略方针和科技强军的发展战略，进入 21 世纪，又适时提出中国特色军事变革，明确了"建设信息化军队、打赢信息化战争"的强军目标。在经济建设与国防建设的关系上，江泽民同志适时从国家经济实力的增长现实考虑，提出了"两头兼顾""寓军于民" 和"促民进军"的总体建设思想。

1991 年爆发的海湾战争，揭开了高技术战争的面纱，表明现代战争形态和作战方式已经发生深刻变化，信息化战争时代即将到来，并由此引发了世界新军事变革的蓬勃兴起。江泽民同志深刻认识到："这次海湾战争，有很多值得我们深思的东西……海湾战争以后，怎样看待军事技术的作用，是个很重要的问题"[1]。1993 年军委扩大会议上，中央军委正式确立了新时期军事战略方针，江泽民同志同时指出："要把未来军事斗争准备的基点放在打赢可能发生的现代技术特别是高技术条件下的局部战争上"[2]。2001 年，江泽民同志进一步提出推进中国特色军事变革，认为："关系到国防和军队建设的全局，也关系到国家的安全、统一和实现党的十六大提出的全面建设小康社

---

1 江泽民，关于军事战略方针和国防科技问题，江泽民文选第一卷［M］. 北京：人民出版社，2006，p142-143.
2 江泽民，国际形势和军事战略方针，江泽民文选第一卷［M］. 北京：人民出版社，2006，p285.

会奋斗目标的全局"[1]，因此，必须从国家全局的高度，在适当范围内，集中国家和军队的各种资源和力量，推动中国特色军事变革，作好军事斗争准备，协调好国防建设与经济建设的关系。

江泽民同志"科技强军"思想促进军民兼容发展。他指出："我们要跟上世界新军事变革的步伐，最根本的是要贯彻科技强军战略，依靠科技进步加快军队现代化建设、提高军队战斗力"[2]。"当今时代，科学技术迅猛发展。我们国家实施'科教兴国'战略，军队建设贯彻'科技强军'思想，正是适应这一时代要求而做出的正确抉择"[3]。与此同时，江泽民同志指出，我军军事高科技相比地方高科技而言，较为落后，特别是在电子信息技术方面。这些技术是当今高科技发展大潮中的"浪尖"，它们正在深刻地改变着高技术武器装备和作战指挥，进而改变战争的面貌。电子信息技术，是高技术武器装备的"大脑和神经"，是军队现代化的主要标志，从而成为当前和今后一个时期内争夺军事技术优势的主要制高点。因此，借助地方资源与力量提高军事高技术水平，势在必行。

2001年，江泽民同志提出推进中国特色军事变革，并明确

---

1 江泽民，论中国特色军事变革，江泽民文选第三卷［M］.北京：人民出版社，2006，p576.

2 江泽民，论中国特色军事变革，江泽民文选第三卷［M］.北京：人民出版社，2006，p591.

3 转引自：姚延进、刘继贤，江泽民军队建设论述研究［M］.济南：黄河出版社，1998，p96.

指出："新军事革命，实质上是一场军事信息化革命。高技术战争，是以信息化为主要特征的。信息化正在成为军队战斗力的倍增器。""当前，我军处在机械化任务尚未完成，同时又要向信息化过渡的特殊阶段。""我们必须乘国家加快经济和社会信息化发展之势，在加强军队机械化建设的同时，加快军队信息化建设。如果按部就班地在完成机械化建设任务后再进行信息化建设，就会坐失良机，无法赶上西方发达国家军队的建设步伐"[1]。

我国在经济、工业等方面实施信息化发展，比军队要早十五年左右。早在 1986 年 12 月，在北京就召开了"首届中国信息化问题学术报告会"，讨论了信息化对促进我国发展的重要性，指出中国只有大力推进信息化才能加速实现现代化。在20 世纪 90 年代初期，信息化建设就已经在地方全面展开，在许多领域也走了信息化和工业化同步跨越式发展道路。国防建设必须"促民进军"，充分借鉴、利用、开发和综合地方已有成果，努力完成我军机械化和信息化建设的双重历史任务。

江泽民同志提出"两头兼顾、协调发展"的总体建设思想。20 世纪末，我国改革开放和社会主义市场经济的发展成果开始显现。随着科技的迅猛发展，对外合作合资的规模进一步扩大，我国民用工业特别是民营企业在许多高科技领域占有一席之地，在一些领域已经超过国防军工企业的研发水平。江泽民同志及

---

1 江泽民，努力完成我军机械化和信息化建设的双重历史任务，论国防和军队建设［M］.北京：解放军出版社，2003，p473.

时把握国内外形势的新变化，果断地提出要"两头兼顾、协调发展"。

20 世纪 90 年代前期，冷战结束后，江泽民同志坚持邓小平同志对当今世界局势的判断，认为："当今世界正处于大变动的历史时期。总的看来，目前国际形势对我国发展是有利的。首先，在今后一个较长的时期内，争取和平的国际环境，避免新的世界大战，是可能的。这是一个非常重要的战略判断，是我们集中精力进行经济建设的大前提"[1]。

在坚持大局的同时，江泽民同志深刻分析世界局势的一些新变化，特别是在霸权主义和强权政治依然存在，"新干涉主义"有所抬头，国家周边形势逐渐复杂的情况下，军事斗争准备和国防建设必须加强。对此，江泽民同志着重指出："虽然新的世界大战和针对我国的全面战争在较长时间内打不起来，但诱发局部战争、武装冲突和国内局部社会动乱的因素仍然存在。虽然以经济和科技实力为基础的综合国力竞争成为国际斗争的主导方面，但军事手段仍然起重要作用"[2]。"历史经验证明，军事上准备越充分，战略上越主动，安全越有保证。我们在充分看到形势有利的同时，又看到形势严峻的一面，在坚持以经济建设为中心的前提下，对可能出现的复杂情况做好必要的准

1 江泽民，国际形势和军事战略方针，江泽民文选第一卷［M］. 北京：人民出版社，2006，p278.
2 江泽民，国际形势和军事战略方针，江泽民文选第一卷［M］. 北京：人民出版社，2006，p281.

备。有利于从根本上保障国家改革开放和经济建设顺利进行"[1]。

对于国家战略能力和国防建设重要地位的看法，江泽民同志也有新的认识和发展："增强国家战略能力，需要从政治、经济、文化、科技、军事外交等方面综合考虑和着手，是一项长期而又艰巨的任务。军事战略能力是国家战略能力极为重要的组成部分"[2]。"在当今世界上，一个国家如果不随着经济社会发展努力增强国防实力，提高军队的素质和武器装备水平，在现代技术尤其是高技术条件下的作战能力不强，一旦战争发生，往往陷于被动挨打的地位，国家利益、民族尊严和国际威望就要受到极大损害"[3]。

依照准确的战略判断，结合对国防和经济建设的思想发展，江泽民同志强调："我们要始终坚持以经济建设为中心，经济建设与国防现代化建设两头兼顾、协调发展的方针。我们不能同发达国家比国防投入，必须走一条经费投入比较少而效益比较高，具有中国特色的国防和军队现代化的路子"[4]，做出了"国家要随着经济的增长，逐步增加国防经费的投入，使军队的武

---

1 江泽民，国际形势和军事战略方针，江泽民文选第一卷［M］. 北京：人民出版社，2006，p286.

2 江泽民，营造有利战略态势，增强国家战略能力，江泽民文选第三卷［M］. 北京：人民出版社，2006，p357.

3 江泽民，国际形势和军事战略方针，江泽民文选第一卷［M］. 北京：人民出版社，2006，p285.

4 江泽民，抓住机遇，迎接挑战，努力推进国防和军队现代化建设，论国防和军队建设［M］. 北京：解放军出版社，2003，p290.

器装备和生活条件逐步得到改善"[1]的重要决策。

江泽民同志提出 "寓军于民" "促民进军" 的阶段建设侧重点。在改革开放和市场经济建设取得重大成果，国家经济科技取得巨大发展之后，借助社会力量，促进国防与军队的建设与发展就具有可行性和必要性。在新的历史条件下，江泽民同志提出了"寓军于民"和"促民进军"的思想，从而"依靠国家经济科技发展，推动军队的基础设施建设和科技创新。国防经济和社会经济、军用技术和民用技术，应该相互兼容、相互促进。军队建设必须同国家经济建设紧密结合，特别是同国家新兴产业紧密结合，充分利用国家经济科技成果和市场资源，以收到事半功倍的效果"[2]。

1999 年 8 月，江泽民同志签署颁布的《中共中央、国务院关于加强技术创新,发展高科技,实现产业化的决定》,提出要"大力发展军民两用技术，加快军用技术向民用领域的转移及其相关产业的发展，注意发挥高新技术在科技强军中的重要作用，军民团结协作，为国家安全提供科技支持"[3]。

2000 年 8 月,江泽民同志对国防科技工业提出了"军民结合、

---

1 江泽民，在庆祝中国人民解放军建军七十周年大会上的讲话，论国防和军队建设［M］.北京：解放军出版社，2003，p273.

2 江泽民，走出一条投入较少、效益较高的军队现代化建设的路子，论国防和军队建设［M］.北京：解放军出版社，2003，p358.

3 转引自沙志龙,改革开放以来我国国防科技工业的军民融合式发展[J].北京:中国军转民，2009（1），p38.

寓军于民、大力协同、自主创新"的 16 字发展方针，要求国防科技工业打破军民分割、自成体系的格局，把国防科研生产植根于国家科技与经济发展之中，充分利用军民两种资源为国防建设和经济发展服务。

2001 年 3 月，九届全国人大四次会议批准的《中华人民共和国国民经济和社会发展第十个五年计划纲要》中，明确规定把"坚持军民结合、寓军于民，大力协同，自主创新，建立适应国防建设和市场经济要求的新型国防科技工业体制"和"发展军民两用技术"，作为"十五"期间我国国防科技工业改革的总要求。[1]

江泽民同志还提出要降低门槛，创造条件，让更多的民用技术和民营企业发挥能量，逐步进入国防建设领域，参与生产和建设。2005 年 2 月国务院颁布的《非公经济 36 条》，允许部分非公有制资本涉足国防科技工业建设领域。2005 年 5 月国防科工委颁布的《武器装备科研生产许可实施办法》，允许符合条件的非公有制企业进入国防科技工业生产领域。

"寓军于民"和"促民进军"，在国防动员、国防教育和军事后勤方面展开较早。

1994 年，我国就成立了"国家国防动员委员会"，在国务院和中央军委领导下，主管全国国防动员工作，协调国防动员中经济与军事、军队与政府、人力与物力之间的关系，以增强

---

1 闻晓歌，"军民融合"制度变迁研究［J］. 武汉：军事经济研究，2008（9），p27.

军民结合的国防动员能力。1999 年，我国开始在普通高等院校开展选拔培养军队干部试点工作。2000 年 5 月，国务院、中央军委做出《关于建立依托普通高校培养军队干部制度的决定》，对依托普通高等教育，培养军队干部作了详细规定，正式确立了依托社会力量进行军队干部培养的历史性转变。1998 年，我军开始启动有关后勤保障社会化问题的研究工作。2002 年，后勤保障社会化改革逐步展开，中央军委提出了饮食保障社会化、商业服务社会化、营房维修社会化、公务用车社会化、医疗保障社会化、被装筹措社会化、油料保障社会化和职工分流的"七化一改"任务。2004 年，中央军委颁发《军队医疗保障制度改革方案》。2005 年，驻大中城市的军以上领导机关和非作战部队基本实现了生活保障社会化。

江泽民同志还提出了"抓紧攻关、自主创新"的思想，推动了战略性、基础性、关键性的工程建设。他指出："我们进行科技创新，就是要使科学技术成为我国跨世纪发展的强大推动力量。面对世界正在发生的深刻的新科技革命，我们必须抓住那些对我国经济、科技、国防、社会发展具有战略性、基础性、关键性作用的重大科技课题，抓紧攻关，自主创新"[1]。在重大课题选择上，江泽民同志指出："在物质技术基础比较落后的条件下发展科技事业，必须坚持有所为、有所不为的原则，集

---

1 江泽民，不断根据实践的要求进行创新，江泽民文选第三卷［M］．北京：人民出版社，2006，p64.

中力量发展那些一旦突破就能对经济发展和国防建设产生重大作用的关键科学技术，这样才更有利赢得时间，缩小同发达国家的差距，并且首先在一些重点领域力争尽快进入世界高新科技发展的前沿阵地"[1]。在重大项目组织实施上，江泽民同志提出："要经过科学论证，选择一批有基础和优势、国力可以保证、能跃居世界前沿、一旦突破对国民经济和社会发展有重大带动作用的课题，在全国组织专门队伍，集中力量，大力协同，重点攻关"[2]。

对于取得的高技术研究成果，江泽民同志强调要加速成果转化，实现产业化发展，进入国防和经济建设主战场。他认为："基础研究和高技术前沿探索中取得的新突破，往往会带来高新技术及其产业的兴起"[3]，因此强调指出："新的科技成果出来后，要注意充分运用有关企业和行业已经形成的制造能力，或者在现有基础上进行补充和加强，迅速形成新的生产力"[4]。

从 1995 年起，科技攻关计划、星火计划、火炬计划、成果推广计划等国家级科技计划相继在不同领域、不同层次上全面

---

1 江泽民，在表彰为研制"两弹一星"作出突出贡献的科技专家大会上的讲话，论国防和军队建设［M］. 北京：解放军出版社，2003，p405.
2 江泽民，实施科教兴国战略，江泽民文选第一卷［M］. 北京：人民出版社，2006，p431.
3 江泽民，加强技术创新，江泽民文选第二卷［M］. 北京：人民出版社，2006，p395.
4 江泽民，加强技术创新，江泽民文选第二卷［M］. 北京：人民出版社，2006，p398.

实施。促使"撒手锏"武器的相关研究工作大步前进；促使大批军地科研机构和科技人员，积极投身于经济与国防建设；市场机制开始在科技资源配置和科技工作运行中发挥出基础性作用，各种科技成果被迅速转化；相关高新技术产业蓬勃兴起，特别是一些军民两用高技术产业迅速做大做强；"军工小核心，军地大协作"的科研及生产局面开始显现，为下一步军民融合发展打下坚实的基础。

——胡锦涛同志指明了国防与军队转型建设的发展方向，提出了中国特色军民融合式发展路子。

十六大之后，胡锦涛同志着眼新的时代特征，总结我国改革开放以来的实践经验，顺应新的发展要求，提出了科学发展观重大战略指导思想。这一思想，包含了指导国防、经济、科技、社会全面发展的世界观和方法论。在国防建设上，胡锦涛同志反复强调，要走军民融合之路，实现富国与强军的统一，进一步丰富和完善了党的国防建设理论，指明了国防与军队转型建设的发展方向，实现了发展战略的又一次认识上的飞跃。

胡锦涛同志提出的科学发展观为中国特色军民融合发展提供了科学的方法论。

新世纪新阶段，我国发展站在了一个新的历史起点上，国际形势发生深刻而复杂的变化，世界多极化和经济全球化的趋势进一步发展，科技创新和技术扩散日趋加快，机遇与挑战并存。新的时代呼唤新的理论，新的理论指导新的实践。以胡锦涛为总书记的党中央，在十六届三中全会提出"坚持以人为本，树立全面、协调、可持续的发展观"[1]。科学发展观，对发展内涵、发展要义、发展本质的进一步深化和创新，丰富发展了中国特色社会主义理论，提出了指导我国社会主义现代化建设的崭新的思维理念，阐明了中国特色社会主义发展的科学道路，为中国特色军民融合发展提供了科学的世界观和方法论。

　　科学发展观的基本方法是统筹兼顾，而融合是最佳的统筹。中国特色军民融合发展的基本方法就在于统筹。"实现富国和强军的统一，关键是要科学统筹经济建设和国防建设……统筹经济建设和国防建设，必须坚持军民结合、寓军于民，走出一条中国特色军民融合式发展路子"[2]。胡锦涛同志强调："实现国防和军队现代化建设又好又快地发展，必须坚持军民结合、寓军于民，把国防和军队现代化建设深深融入经济社会发展体系之中"[3]。"要通过积极主动的战略筹划，把国防建设有机融入经济社会发展体系之中，使经济建设和国防建设相互促进、融为一体，努力形成经济建设和国防建设协调发展的

---

1 胡锦涛，关于完善社会主义市场经济体制若干问题的决定，十六大以来重要文献选编 上卷［M］. 北京：中央文献出版社，2005，p465.
2 胡锦涛，走出一条中国特色军民融合式发展路子，国防和军队建设贯彻落实科学发展观重要论述选编［M］. 北京：解放军出版社，2010，p119.
3 胡锦涛，努力推动国防和军队建设又好又快发展，国防和军队建设贯彻落实科学发展观重要论述选编［M］. 北京：解放军出版社，2010，p3.

科学机制"[1]。

科学发展观基本要求是全面、协调、可持续。中国特色军民融合发展作为未来经济与国防建设的科学发展模式，也应当满足全面、协调、可持续的基本要求。按照科学发展观的要求，必须"要依托国家经济社会发展，把国防建设融入现代化建设全局之中，统筹国防资源与经济资源，注重国防经济和社会经济、军用技术和民用技术、军队人才和地方人才的兼容发展，进一步形成国防建设和经济建设相互促进、协调发展的良好局面"[2]。"实现国防建设和经济建设协调发展，很重要的一个问题，就是要使国防和军队发展战略与国家发展战略相适应。要做到这一点，我们就必须根据科学发展观的要求，站在国家发展战略的高度，考虑和设计国防和军队发展战略，合理确定国防和军队建设布局，通过科学的发展规划和计划把国防和军队现代化建设融入国家现代化建设的战略全局之中，使国防和军队现代化进程与国家现代化进程相一致"[3]。

---

1 胡锦涛，统筹经济建设和国防建设，在全面建设小康社会进程中实现富国和强军的统一，国防和军队建设贯彻落实科学发展观重要论述选编［M］.北京：解放军出版社，2010，p114.
2 胡锦涛，统筹好经济建设和国防建设，是贯彻科学发展观的必然要求，国防和军队建设贯彻落实科学发展观重要论述选编［M］.北京：解放军出版社，2010，p3.
3 胡锦涛，坚持把科学发展观作为加强国防和军队建设的重要指导方针，国防和军队建设贯彻落实科学发展观重要论述选编［M］.北京：解放军出版社，2010，p18.

实现科学发展，关键在于加强管理。胡锦涛同志深刻地指出科学管理对国防建设的重要性："要加强科学管理，不断提高国防和军队现代化建设的质量和效益。我国正处于并将长期处于社会主义初级阶段，国家尚不富裕，要解决好军队建设需求和国防投入不足的矛盾，把有限的资源最大化地转化为国防实力和战斗力，必须加强科学管理，走出一条投入较少、效益较高的国防和军队现代化建设路子"[1]。"我们必须按照科学发展观的要求，坚定不移地走投入较少、效益较高的国防和军队现代化建设路子，发扬艰苦奋斗、勤俭建军的光荣传统，坚持统筹兼顾、综合平衡、科学管理，坚决反对大手大脚、铺张浪费，切实把有限的军费管好用好，用在刀刃上，用出效益来。这是保证国家经济建设大局、促进国防建设与经济建设协调发展的需要"[2]。中国特色军民融合发展，也必须按照这个要求，抓好科学管理这个关键环节。

胡锦涛同志提出"中国特色军民融合式发展路子"的新发展战略思想。根据国家发展实际，结合国内外发展的历史经验，在继承三代领导核心关于国防和经济建设的思想成果的基础上，

---

1 胡锦涛，统筹好经济建设和国防建设，是贯彻科学发展观的必然要求，国防和军队建设贯彻落实科学发展观重要论述选编［M］．北京：解放军出版社，2010，p3．

2 胡锦涛，坚持把科学发展观作为加强国防和军队建设的重要指导方针，国防和军队建设贯彻落实科学发展观重要论述选编［M］．北京：解放军出版社，2010，p17．

着眼社会转型、军事变革的时代特征，阐明军民融合发展内在本质，胡锦涛同志正式提出"中国特色军民融合式发展路子"。

新世纪新阶段，变革的浪潮汹涌澎湃。胡锦涛同志高屋建瓴地提出："当今世界，科技革命、产业革命、新军事变革不断发展，国防建设与经济建设、军用技术与民用技术融合越来越深入，国防和军队现代化建设对国民经济体系的依托越来越紧密。实行军民融合式发展，既有利于国防和军队现代化建设从经济建设中获得更加深厚的物质支持和发展后劲，也有利于经济建设从国防和军队现代化建设中获得更加有力的安全保障和技术支持"[1]。

胡锦涛同志经过科学分析国家经济发展、国家利益拓展的实际以及以往我党指导建设的经验，认为："新中国成立60年来特别是改革开放30多年来，我国经济实力、科技实力不断增强，为军民融合式发展奠定了坚实物质基础。长期以来，我们坚持军民结合、平战结合、寓军于民的探索，为军民融合式发展积累了宝贵经验"[2]。因此，站在国家安全和发展战略全局的高度，坚持军民融合式发展，推动国防建设和经济建设良性互动，

---

1 胡锦涛，走出中国特色军民融合式发展路子，推动国防建设和经济建设良性互动，国防和军队建设贯彻落实科学发展观重要论述选编［M］.北京：解放军出版社，2010，p167.
2 胡锦涛，走出中国特色军民融合式发展路子，推动国防建设和经济建设良性互动，国防和军队建设贯彻落实科学发展观重要论述选编［M］.北京：解放军出版社，2010，p167.

确保在全面建设小康社会进程中实现富国和强军的统一，确保军队有效履行新世纪新阶段历史使命，具有可行性和必要性。

党的十七大正式确立了要在全面建设小康社会进程中实现富国和强军的统一，提出"必须站在国家安全和发展战略全局的高度，统筹经济建设和国防建设，……走出一条中国特色军民融合式发展路子"[1]的战略任务。

对于这个建设目标的伟大意义，胡锦涛同志认为："统筹国家资源，兼顾富国和强军，是贯彻落实科学发展观的必然要求。在全面建设小康社会进程中，通过推进国家经济社会发展，为国防和军队现代化建设提供更加充裕的物质和技术条件；通过加强国防和军队现代化建设，为国家发展提供更加坚强的安全保障和战略支撑，将富国与强军统一于发展中国特色社会主义，这对于维护国家安全和发展战略全局，对于实现中华民族根本利益，具有重大而深远的意义"[2]。

在路线的具体落实上，胡锦涛同志强调："推动军民融合式发展，建立强大的人民军队和巩固的国防，是全党全国的共同责任。各有关方面要加强领导、履行职责，把推动军民融合

---

1 胡锦涛，高举中国特色社会主义伟大旗帜 为夺取全面建设小康社会新胜利而奋斗，中国共产党第十七次全国代表大会文件汇编［P］.北京：人民出版社，2007，p41.
2 胡锦涛，统筹经济建设和国防建设，在全面建设小康社会进程中实现富国和强军的统一，国防和军队建设贯彻落实科学发展观重要论述选编［M］.北京：解放军出版社，2010，p113.

式发展摆上议事日程、纳入经济社会发展规划，扎实推动军民融合式发展目标任务的实现"[1]。"要专门制定一个统筹规划经济建设和国防建设的规划，这有利于把军民融合这篇大文章做好做实"。

3. 习近平主席将军民融合发展上升为国家战略

党的十八大之后，习近平主席着眼"两个一百年"奋斗目标，深刻认识把握共产党执政规律、社会主义建设规律、人类社会发展规律，形成并提出了协调推进"四个全面"战略布局，成为全党的共识、统一的意志和治国理政的"总纲"。"四个全面"战略布局既有战略目标，又有战略举措，体现一以贯之的"问题导向"和"科学思维"，为深化我国改革开放和推进社会主义现代化事业，也为军民融合发展提供了包括目标、关键、方法、步骤等在内的全方位战略指南。习近平主席将军民融合发展上升为国家战略，强调是"一项利国利军利民的大战略"，要加快形成全要素、多领域、高效益的军民融合深度发展格局，加快建立军民融合创新体系，科学回答了我国现阶段军民融合发展的基本问题，把全党、全军对军民融合发展战略的认识与实践提高到了一个新高度。

---

1 胡锦涛，走出中国特色军民融合式发展路子，推动国防建设和经济建设良性互动，国防和军队建设贯彻落实科学发展观重要论述选编［M］．北京：解放军出版社，2010，p171.

习近平主席提出的"四个全面"战略布局，为军民融合深度发展提供了战略行动纲领。时代是不断发展变化的，理论也要随着时代变化而不断发展创新。二十一世纪的第二个十年，是完成"两个一百年"奋斗目标、实现中华民族伟大复兴的加速十年，也是战略机遇期延长的难得十年。以习近平同志为核心的党中央，紧紧围绕坚持和发展中国特色社会主义这个主题，顺应时代的新变化，总结历史经验与教训，在十八届五中全会正式提出"坚持全面建成小康社会、全面深化改革、全面依法治国、全面从严治党的战略布局"。"四个全面"战略布局，蕴含了深刻的战略思想，具有根本性、全局性和系统性，是我们党治国理政方略与时俱进的新创造、马克思主义与中国实践相结合的新飞跃，是包括军民融合深度发展在内的社会主义全面建设的战略行动纲领。按照"四个全面"战略布局思想指导，军民融合深度发展各项工作关键环节、核心领域、重点方向更加清晰，内在逻辑更加严密，发展方向更加明朗，发展速度和效益能够大幅提升。

"四个全面"战略布局有着深厚的世界观、认识论和方法论基础，在宏伟远大的最高理想下，客观提出可行的近期阶段性目标。用最高理想规定前进的方向，用阶段目标表达实践性预期，体现了对于"走什么路，到哪里去，如何去走"的战略规划思想。对于军民融合深度发展而言，需要努力做到眼前和长远衔接，必须描绘出未来的战略远景，做好科学连贯的阶段规划并逐步落实，正如习近平主席强调的"既要注重总体谋划，又要注重牵住‘牛鼻子’”，“要强化战略规划，拿出可行办法推动规划落实，加强督导检查、建立问责机制，强化规划刚性约束和执行力”[1]。在发展过程中，要注重把握系统的动态性，对于出现的新问题和新矛盾，要按照习近平主席提出的“结合新的实际，用新的思路、新的举措，脚踏实地把既定的科学目标、好的工作蓝图变为现实”[2]要求，妥善处理好。

“四个全面”战略布局，为军民融合深度发展描绘了系统的蓝图。“四个全面”是整体战略布局，既覆盖整体矛盾和问题，又重点突出、切中要害，其要义在于“全面”上，描绘的是系统的蓝图。军民融合深度发展不仅要体现深度，更要把握“全面”这个基本点。军民融合是国家经济、国防、科技和社会发展模式的四位一体式再造，只有实现系统化、标准化和全局化，才能真正体现军民融合深度发展的整体效益。正如习近平主席强调的，关于军民融合深度发展，“要强化大局意识，军地双方要树立‘一盘棋’思想，站在党和国家事业发展全局的高度思考问题、推动工作”[3]。“今后一个时期军民融合发展，总的是要加快形成全要素、多领域、高效益的军民融合深度发展格局，

1 习近平，在接见十二届全国人大三次会议解放军代表团的讲话，中国军民融合发展报告［P］.北京：国防大学出版社，2015，p151.
2 习近平，发扬钉钉子的精神，把一张好的蓝图一干到底，习近平谈治国理政［P］.北京：外文出版社，2014，p400.
3 习近平，在接见十二届全国人大三次会议解放军代表团的讲话，中国军民融合发展报告［P］.北京：国防大学出版社，2015，p151.

丰富融合形式，拓展融合范围，提升融合层次"[1]。"军队要遵循国防经济规律和信息化条件下战斗力建设规律，自觉将国防和军队建设融入经济社会发展体系。地方要注重在经济建设中贯彻国防需求，自觉把经济布局调整同国防布局完善有机结合起来"[2]。"要坚定不移走军民融合式创新之路，在更广范围、更高层次、更深程度上把军事创新体系纳入国家创新体系之中，实现两个体系相互兼容、同步发展，使军事创新得到强力支持和持续推动"[3]。

"四个全面"战略布局，为军民融合深度发展提供了制度保障。治国理政，制度为本。"法治是治国理政的基本方式"[4]。在"四个全面"战略布局里，全面依法治国是坚实保障。战略是谋全局、谋发展、谋长远的，法规是管根本、管全局、管长远的。军民融合深度发展，加快加深军地两大系统的整体性融合，必须要有统一的制度、标准和规范作为基本保障。习近平主席强调指出："要强化改革创新，着力解决制约军民融合发展的体制性障碍、结构性矛盾、政策性问题，努力形成统一领导、军

1 习近平，在接见十二届全国人大三次会议解放军代表团的讲话，中国军民融合发展报告［P］.北京：国防大学出版社，2015，p151.
2 习近平，在接见十二届全国人大二次会议解放军代表团的讲话，中国军民融合发展报告［P］.北京：国防大学出版社，2015，p126.
3 习近平，在中央政治局第十七次集体学习上的讲话，中国军民融合发展报告［P］.北京：国防大学出版社，2015，p138.
4 习近平，在首都各界纪念现行宪法公布施行30周年大会上的讲话，习近平谈治国理政［P］.北京：外文出版社，2014，p138.

地协调、顺畅高效的组织管理体系，国家主导、需求牵引、市场运作相统一的工作运行体系，系统完备、衔接配套、有效激励的政策制度体系，……要强化法制保障，善于运用法治思维和法治方式推动军民融合发展，充分发挥法律法规的规范、引导、保障作用，提高军民融合发展法治化水平"[1]。

习近平主席军民融合发展战略思想，为军民融合深度发展夯实了理论基石。党的十八大以来，习近平主席从时代发展和战略全局的高度，将军民融合发展纳入党和国家事业总体布局统筹设计并强力推动，做出一系列重要论述和重大决策，形成了习近平军民融合发展战略思想。习近平军民融合发展战略思想，具体蕴含在关于军民融合发展的一系列重要论述中，集中反映在新形势下治国理政的指导要求中，生动体现在统筹国防和经济建设的决策实践中，科学回答了我国现阶段军民融合发展的基本问题，是建立在实践创新基础上的重大理论创新，更代表着我党在经济与国防发展战略上的重大调整，实现了全党、全军对军民融合发展战略认识的新飞跃。

在战略定位上，习近平主席强调军民融合发展是国家战略，关乎国家安全和发展全局，既是兴国之举，又是强军之策。2014年3月，习主席着眼实现中国梦强军梦，正式把军民融合上升为国家战略，强调"军民融合发展作为一项国家战略，关

---

1 习近平，在接见十二届全国人大三次会议解放军代表团的讲话，中国军民融合发展报告［P］.北京：国防大学出版社，2015，p151.

乎国家安全和发展全局，既是兴国之举，又是强军之策。在更广范围、更高层次、更深程度上推进军民融合，有利于促进经济发展方式转变和经济结构调整，有利于增强国家战争潜力和国防实力"[1]。习主席将军民融合发展上升为国家战略，体现了马克思主义唯物辩证发展观，确保了在日趋复杂的国际发展环境中，做到安全和发展相适应、富国与强军相统一，从根本上破解了"如何在国家总体战略中兼顾发展和安全"[2]的历史难题。

在历史方位上，对于目前的战略形势和发展现实，习主席敏锐把握和深刻洞察，全面研究了国内外军民融合发展的新情况、新局面与新特点，分析国家战略能力的消长规律后，基于经济与国防发展环境、基础与任务，提出了重大历史论断：我国已经"初步走出一条中国特色军民融合式发展路子"，但"我国军民融合发展刚进入由初步融合向深度融合的过渡阶段，还存在一些突出问题，主要是思想观念还跟不上，顶层统筹统管体制缺乏，政策法规和运行机制滞后，工作执行力度不够。要正视这些问题，坚持问题牵引，拿出思路举措，以强烈的责任担当推动这些问题的解决"[3]。在这一总的判断指导下，有助于

---

1 习近平，在十二届全国人大二次会议解放军代表团全体会议上的讲话，中国军民融合发展报告［P］.北京：国防大学出版社，2015，p126.
2 习近平，在十二届全国人大三次会议解放军代表团全体会议上的讲话，中国军民融合发展报告［P］.北京：国防大学出版社，2015，p151.
3 习近平，在十二届全国人大三次会议解放军代表团全体会议上的讲话，中国军民融合发展报告［P］.北京：国防大学出版社，2015，p152.

我们进一步认清形势、找准方位、把握要求，抓住军民融合深度发展建设的战略机遇期，破解当前军民融合发展中存在的矛盾问题，适应形势变化，创新发展理念，大胆探索实践，合力推动军民融合深度发展向更宽领域、更广范围、更高层次迈进，进一步挖掘和发挥整体效益和巨大潜力。

在发展目标上，习近平主席强调要加快形成全要素、多领域、高效益的军民融合深度发展格局，实现经济建设和国防建设协调发展、平衡发展、兼容发展，构建一体化的国家战略能力。国家战略能力是国家组织、协调和运用国内外各种战略资源，预防和应对各种重大威胁，维护和拓展国家利益的能力。我国从大到强和实现民族复兴需要通过大国战略竞争、经济增长方式转型和发展模式再造这三道拦阻线，军民融合发展是提升国家战略能力，突破和跨越拦阻线的必由之路。为此，习主席高屋建瓴地指出军民融合的目标是"逐步构建军民一体化的国家战略体系和能力"[1]。对于当前军民融合发展的阶段性目标，习主席准确把握为："今后一个时期军民融合发展，总的是要加快形成全要素、多领域、高效益的军民融合深度发展格局，丰富融合形式，拓展融合范围，提升融合层次"[2]，"军队要遵循国防经济规律和信息化条件下战斗力建设规律，自觉将国防和

1 习近平，逐步构建军民一体化的国家战略体系和能力［N］.北京：新华网，2017-06-20.

2 习近平，在十二届全国人大三次会议解放军代表团全体会议上的讲话，中国军民融合发展报告［P］.北京：国防大学出版社，2015，p151.

军队建设融入经济社会发展体系。地方要注重在经济建设中贯彻国防需求，自觉把经济布局调整同国防布局完善有机结合起来"[1]，从而"正确把握和处理经济建设和国防建设的关系，使两者协调发展、平衡发展、兼容发展"[2]。

在总体指导上，习近平主席强调坚持党的领导，坚持国家主导、需求牵引、市场运作相统一，通过军民两大体系资源配置一体化，实现经济建设和国防建设综合效益最大化。军民融合发展是一项铁腕事业，必须有坚强的组织领导核心和先进有力的政治制度作为依托。我国走的是中国特色社会主义道路，有中国共产党作为坚强领导核心，中国人民解放军的军魂是"党指挥枪"，党处于总揽全局、协调各方的枢纽地位。军民融合深度发展，必须强化党的核心作用，才能统筹各方面力量、兼顾各方面利益，形成全国一盘棋，实现资源的统筹配置，从全局和长远角度谋划经济建设和国防建设，确保两大体系协调发展、平衡发展、融合发展。今后全国全军各级部门必须在党的统一领导和指挥下，共同促进经济和国防实力的共同增长。党中央、国务院、中央军委联合下发的《关于经济建设和国防建设融合发展的意见》中，对统筹建设中的重大问题做出规范。必须强化国家的主导作用，才能确保提出的指导思想、重要原则、

---

1 习近平，在十二届全国人大二次会议解放军代表团全体会议上的讲话，中国军民融合发展报告［P］.北京：国防大学出版社，2015，p126.
2 习近平，在十二届全国人大三次会议解放军代表团全体会议上的讲话，中国军民融合发展报告［P］.北京：国防大学出版社，2015，p151.

发展理念、主要目标、重点任务、重大举措落到实处，有效解决军民融合发展面临的突出矛盾和问题。

在重点任务上，习近平主席强调在深化拓展传统领域军民融合的同时，着力推动新兴领域军民融合发展取得实质性突破，抢占国际竞争战略制高点。突破口影响着发展战略方向，决定着战略实施的成败。从国家战略层面讲，随着军民融合的深入发展，融合的范围向广度拓展，由传统的武器装备科研生产、军事人才培养、军队保障社会化和国防动员四大领域向海洋、空天、信息等新兴领域全方位延伸，但新兴领域的融合力度不够，融合效果一般，没有形成军民融合深度发展格局。习主席指出："海洋、太空、网络空间、生物、新能源等领域军民共同性强，要在筹划设计、组织实施、成果使用全过程贯彻军民融合理念和要求，抓紧解决好突出问题，加快形成多维一体、协同推进、跨越发展的新兴领域军民融合发展格局。"[1]

在思路举措上，习近平主席强调要强化大局意识、强化改革创新、强化战略规划、强化法治保障。对于军民融合发展的战略思路和举措，习主席有完整的论述和指示。2015 年 3 月，习主席在十二届全国人大三次会议解放军代表团全体会议上的讲话中提出：第一，强化大局意识。"军地双方要树立一盘棋思想，站在党和国家事业发展全局的高度思考问题、推动工作"，"要

1 习近平.加快形成全要素多领域高效益的军民融合深度发展格局[N].北京：中国青年网，2017-06-20.

自觉在大局下行动，按照职责和分工抓好军民融合发展工作任务，做到责任到位、措施到位、落实到位"。第二，强化改革创新。"打破军民二元分离结构、推动军民融合深度发展，根本出路在于改革创新。党的十八届三中全会决定把推动军民融合深度发展作为深化国防和军队改革的三大任务之一，并明确提出了在国家层面建立推动军民融合发展的统一领导、军地协调、需求对接、资源共享机制等重大任务，必须坚决贯彻落实"。第三，强化战略规划。"要抓紧启动'十三五'统筹建设规划编制工作，与国民经济和社会发展'十三五'规划、军队建设发展'十三五'规划同步展开论证，以便国家安排预算和军地各部门衔接规划重大项目"。"要加强督导检查、建立问责机制，强化规划刚性约束和执行力"。第四，强化法治保障。"要善于运用法治思维和法治方式推动军民融合发展，充分发挥法律法规的规范、引导、保障作用，提高军民融合发展法治化水平"。

在改革方向上，强调要突破制约军民融合的体制性障碍、结构性矛盾、政策性问题，尽快构建军民融合发展的组织管理体系、工作运行体系、政策制度体系，形成更具激励性的制度环境。习主席多次强调："要继续推动体制机制改革创新，从需求侧、供给侧同步发力，从组织管理、工作运行、政策制度方面系统推进，继续把军民融合发展这篇大文章做实"[1]。对于

1 习近平，在参观第二届军民融合发展高技术成果展时的讲话［N］. 北京：观察者网 . 2016-10-19.

如何打破传统的军民二元结构，从根本上解决好制约融合发展的矛盾问题，习主席明确指出："要坚持用改革的办法，创新思路，突破制约融合的体制性障碍、结构性矛盾、政策性问题，加快理论、科学、管理、实践等方面创新。"[1]军民融合发展，是社会系统的大变革，严重受"路径依赖"现象困扰。必须利用有效的机制，采取"由上而下"和"由下而上"的双重制约和调整，运用制度保障，摆脱"路径依赖"。习主席指出："以机制和政策制度改革为抓手，坚决拆壁垒、破坚冰、去门槛，破除制度藩篱和利益羁绊，构建系统完备的科技军民融合政策制度体系"[2]。

在落实要求上，习近平主席强调要坚持应融则融、能融尽融，更新思想观念，打破利益壁垒，自觉在大局下行动，做到责任到位、措施到位、落实到位。从国家战略高度推进军民融合发展，是一场深刻的革命，是一项庞大而复杂的系统工程，涉及各个部门、各个方面、各个环节，军地各级各部门都要有大局观念和意识，按照职责和分工抓好军民融合发展工作任务，确保中央的战略意志和意图得到贯彻执行。习主席提出："各方面对推进军民融合发展基本形成共识，关键是要抓好落实"，"要自觉在大局下行动，按照职责和分工抓好军民融合发展工作任务，

1 转引自立足长远　改革创新做实军民融合发展的大文章［N］北京：中国航空新闻网，2016-10-25.

2 习近平，加快建立军民融合创新体系［N］.北京：搜狐网，2017-03-12.

做到责任到位、措施到位、落实到位"[1]。推动军民融合深度发展，本质上是打破军民界限，在整个国家利益平台上整合利益关系的过程。但"触及利益"比"触及灵魂"还要困难。解决好利益问题，首先就是要用党和国家的意志贯彻力破解利益屏障，消除利益固化对军民融合发展的阻碍和隔断。

以上是习主席治国理政新理念、新思想、新战略在军民融合发展领域的集中体现和具体展开，这八个方面相互联系、相辅相成，构成了一个系统完整、逻辑严密的思想理论体系。中国特色军民融合发展必须以此为根本指导，深刻学习领会，融会贯通落实，科学把握为何融、往哪融、融什么、怎么融等重大问题，齐心协力作好军民融合发展这篇大文章。

习近平主席大力推进改革创新，实质性推动了军民融合深度发展。从党的十八大提出"坚持走中国特色军民融合式发展路子，坚持富国和强军相统一"起，中国的军民融合发展之路进一步拓展。面对发展的新阶段、新形势、新要求，习近平主席站在国家发展和民族复兴全局高度，继承发扬前几代领导核心的理论成果和实践经验，把实施军民融合发展战略摆在了更加突出的位置，军民融合工作全面提速，向深度融合的方向大步迈进。

当前以及今后二十年，我国将加快从世界大国向世界强国

---

1 习近平，在十二届全国人大三次会议解放军代表团全体会议上的讲话，中国军民融合发展报告［P］. 北京：国防大学出版社，2015，p151.

迈进，世界格局将发生结构性的重大转变。同时，美国将对华全面战略竞争作为国家战略的主线和对华政策的基轴。当今中国处于由大变强的关键节点，发展环境日趋复杂。习近平主席洞悉世界格局变化，着眼实现中华民族伟大复兴中国梦，牵住发展的"牛鼻子"，提出"将军民融合发展上升为国家战略，是我们长期探索经济建设和国防建设协调发展规律的重大成果，是从国家安全和发展全局出发做出的重大决策"[1]。

党的十八届三中全会决定把推动军民融合深度发展作为深化国防和军队改革的三大任务之一，并明确提出了：在国家层面建立推动军民融合发展的统一领导、军地协调、需求对接、资源共享机制等重大任务。为贯彻落实中央战略部署，加快中国特色军民融合深度发展，军队、政府相关机构主动作为，多手段统筹经济建设和国防建设，展开了大量专项行动，破解了一些长期影响军民融合工作的障碍和难题。如在政策措施方面，中共中央、国务院、中央军委印发了《关于经济建设和国防建设融合发展的意见》，国务院颁布了《关于鼓励和引导民间投资健康发展的若干意见》；在法规制度方面，工业和信息化部和国防科工局联合颁发了《民参军技术与产品推荐目录2015》和《军用技术转民用推广目录》，工信部发布了《军民融合深度发展2015专项行动实施方案》，国防科工局印发了

---

1 习近平，在接见十二届全国人大三次会议解放军代表团的讲话，中国军民融合发展报告［P］．北京：国防大学出版社，2015，p150.

《2015 年国防科工局军民融合专项行动计划》，国防科工局和总装备部联合公布了新版《武器装备科研生产许可目录》，总装备部颁布了《中国人民解放军装备承制单位资格审查管理规定》《装备采购合同履行监督工作管理暂行规定》等；在服务平台方面，全军武器装备采购信息网和国家军民融合公共服务平台上线运行，举行了一大批军民两用技术和产品展示会交易会等。

建立中央军民融合发展委员会，解决集中统一领导问题。习近平主席指出："我国军民融合发展刚进入由初步融合向深度融合的过渡阶段，还存在思想观念跟不上、顶层统筹统管体制缺乏、政策法规和运行机制滞后、工作执行力度不够等问题"。为了从顶层领导上解决这一系列问题，习近平主席与党中央宣布"成立中央军民融合发展委员会，健全统一领导体制，为推动军民融合发展提供制度保证"。

从国家战略高度推进军民融合发展，是一场深刻的革命，也是"铁腕事业"。军民融合的过程，必然会涉及诸多观念壁垒、利益壁垒、体制壁垒的突破，只有高度集中统一的组织领导和强力高效的运行机制，才能确保中央的战略意志和意图得到贯彻执行。成立中央军民融合发展委员会，强化新时期党对军民融合工作集中统一领导，就抓住了打破军民分离二元结构、打破国防建设与经济建设原有惯性，推进军民融合发展的重大决策。

以习近平主席为核心的党中央，已经推动军民融合发展进入国家重大战略规划的工作。中国共产党第十八届中央委员会第五次全体会议通过了《中共中央关于制定国民经济和社会发展第十三个五年规划的建议》。《建议》依据《中共中央关于促进经济建设和国防建设融合发展的意见》精神，进一步明确指出，要"推动经济建设和国防建设融合发展。坚持发展和安全兼顾、富国和强军统一，实施军民融合发展战略，形成全要素、多领域、高效益的军民融合深度发展格局"。

　　作为政府履行经济调节、市场监管、社会管理和公共服务职责的重要依据，《"十三·五"规划》将军民融合深度发展单独明确为未来五年的工作重点，列入2016—2020年间中国社会发展的宏伟蓝图。这是中国五年规划编纂史上的第一次，意义重大。《国民经济和社会发展第十三个五年规划纲要》进一步明确支持战略性新兴产业发展："瞄准技术前沿，把握产业变革方向，围绕重点领域，优化政策组合，拓展新兴产业增长空间，抢占未来竞争制高点，使战略性新兴产业增加值占国内生产总值比重达到15%"，"围绕结构深度调整、振兴实体经济，推进供给侧结构性改革，培育壮大新兴产业，改造提升传统产业，加快构建创新能力强、品质服务优、协作紧密、环境友好的现代产业新体系"。国家《"十三·五"规划》的子项目，工业与信息化部正组织编制《军民融合深度发展"十三五"规划》，将进一步明确军民融合深度发展原则、目标、重点任务和主要措施，在推进"军转民""民参军"、军民资源共享等方面，将会有更为明确的目标和计划。

2016 年 3 月 25 日，中共中央、国务院、中央军委联合颁布的《关于经济建设和国防建设融合发展的意见》，是 2020 年前军民融合发展的纲领性文件，明确了军民融合发展的现阶段目标：形成全要素、多领域、高效益的军民深度融合发展格局，使经济建设为国防建设提供更加雄厚的物质基础，国防建设为经济建设提供更加坚强的安全保障。到 2020 年，经济建设和国防建设融合发展的体制机制更加成熟定型，政策法规体系进一步完善，重点领域融合取得重大进展，先进技术、产业产品、基础设施等军民共享协调性进一步增强，基本形成军民融合深度发展的基础领域资源共享体系、中国特色先进国防工业体系、军民科技协同创新体系、军事人才培养体系、军队保障社会化体系、国防动员体系。

（三）让接力创新的智慧结晶照亮未来

建设创新型军队是新时期军民融合发展战略提出的要求，形成复合型经济是基于国家创新战略的复杂系统工程，打造军民融合发展战略科学体系是迫切任务。

军民融合发展是我们党的几代中央领导集体接力探索富国强军之路得出的成功经验和智慧结晶，具有较为鲜明的中国特色。主要表现在：

一是极具明确的目标指向。军民融合发展，是统筹好国防建设和经济建设的必然选择，并已上升到国家发展的战略高度。然而，国家的任何战略都要服从和服务于国家建设的总目标——全面建成小康社会，富国与强军是实现这一总目标的基础和支柱，因此，军民融合发展是在全面建设小康社会进程中实现富国和强军的统一。这是军民融合发展的根本目标。

二是与时俱进的发展格局。军民融合发展具有自身的重点建设领域，形成了充分反映自身特点和要求的发展格局。随着时代的变化和发展，军民融合发展格局不断丰富和完善，具有与时俱进的特征。

三是独具特色的制度基础。军民融合发展是建立在中国特色社会主义基本经济制度基础之上的，决定了推动军民融合发展，只能按照中国特色社会主义基本经济制度要求，既要坚持公有制经济为主体、国有经济为主导，又要积极鼓励、支持和引导非公经济或企业参与相关领域国防建设活动。同时，还要遵守我国基本政治制度、国防制度、军事制度等重要制度。军民融合发展模式，只能是"需求牵引、国家主导"，既要充分发挥市场灵活有效配置资源的功能，也要发挥好社会主义国家集中力量办大事的制度优势。

军民融合发展是一个复杂的动态发展体系，指导这一建设实践的理论，既融合了国防与经济建设的世界观与方法论，也融合了国防建设与宏观经济发展的具体理论，并且随着时代的发展变化，不断充实、完善，更加系统和科学。

根据党的军民融合思想的发展脉络分析，深入领会和把握习近平主席关于军民融合深度发展的思想精髓，结合国内外理论研究成果，本书对军民融合发展及其理论体系发展趋势的预测是：

军民融合发展的最终建设目标和建设标志是构建军事经济融合体。在这个整体中，包括军事资源、经济资源、科技资源和社会资源在内的国家战略资源能够统筹集成，实现合理流动、相互转化和包容增长，对外形成以强大经济竞争力、军队战斗力和文化软实力组成的国家战略合力。

军民融合发展理论体系将向二象性发展。从国防和军队建设方面说，将逐渐发展成为以力量融合为表征的创新型军队理论体系。从国家经济建设方面说，将逐渐发展成为以效益融合为表征的复合型经济理论体系。但这个二象性，并不是简单的两个理论体系的叠加，而是一个完整的包容性的复杂理论体系，同时具有军事象性和经济象性，以两个不同的理论切面，同时对两大系统共同产生效用，使之融合并朝着正确的方向发展。

创新型军队是中国特色军民融合发展对军队建设提出的要求，也是力量融合的体现者，是拥有成熟的创新理念、迫切的创新需求和科学的创新应用的军队。创新型军队能够根据外界环境、理论理念和技术装备的发展变化，向社会提出需求并合理利用各界创新基础和创新成果，即时创新、调整和完善自身军事理论、军事技术和军事装备，不断提升军队建设质量和水平，融合各种与军队有关的力量，从而始终占据核心战斗力的制高点。创新型军队的创新力和战斗力来源于军事经济融合体，而创新型军队连绵不断的创新需求，能够牵引、拉动和刺激军事经济融合体的发展。

复合型经济是基于国家创新战略和复杂系统工程，将基础性经济、军事性经济和社会性经济三大功能模块，科学融为一体的经济模式。复合型经济是效益型经济的最新发展，以科技创新为动力，以整体发展为主线，以包容增长为要求，能够使各种经济模块依据需求，实现资源合理的流动和转化，相互促进和支持，最大限度地提高经济的发展效益和系统综合能力。复合型经济是中国特色军事经济融合体的经济支撑，国防和军队依托复合型经济实现自身的又好又快发展，而中国特色军事经济融合体为复合型经济提供安全保障和发展动力。（复合型经济与效益型经济的共同点是投入与产出比例大，效益高；不同点是效益型经济过于注重少投入、多产出，复合型经济则是在保持高产出比的情况下，以多投入带来更多的产出，并且产出不仅仅局限于经济，而且包含国防、社会、科技等方方面面）。

（四）以融合发展推动战斗力生成模式转变

科技创新是战斗质变的第一推力，战斗力生成模式转换是个变革链条，以融合发展构建技术创新转化为军队战斗力的机制；建设创新型军队，全面发展体系作战能力。

"战争的伟力之最深厚的根源，存在于民众之中"。军民融合发展的主要目标之一，就是提高军队战斗力。军民融合发展理论核心出自人民战争思想。战争时期，实行人民战争；和平时期，实行人民国防，平战结合，军民兼容。同时，军民融合发展有助于军队通过技术牵引进行新的解构性变革，建设创新型军队，推动军队战斗力生成模式的转变。

在新技术革命的推动下，世界新军事变革持续发生，军队战斗力的提升和国家安全保障，越来越有赖于国家和军队的创新能力。战斗力生成模式的转变过程，是一个军事创新链条，科技进步与创新，是这个链条上的第一环。

关于战斗力内涵与外延的动态解析。战斗力，即武装力量遂行作战任务的能力。每个时代的战斗力都有不同的内涵和外延。信息化条件下军队战斗力的具体构成，包括信息力、打击力、机动力、防护力、保障力等组成要素，是基于信息系统形成体系作战能力。战斗力并不等于科学技术本身，新的战斗力生成模式，不是单纯技术进步的结果，而是由综合因素决定的。以提高战斗力作为考察部队建设水平的根本标准，就是指根据不同时代战争形态和作战对象的特征，运用定性与定量相结合的方法，对决定战斗力的综合因素建立指标体系，进行科学评估。

科学技术的进步，推动战斗力诸要素的发展。新技术的出现，往往最先用于军事；新技术用于军事，首先转化为武器装备，进而变为作战能力。军队和战争发展的历史阶段，就是以武器装备使用为标志来划分的。武器装备的发展，首先使战斗力的技术构成发生变化，然后引起作战方式的变革。为适应新的作战方式，军队整个结构方式和编组方式、教育训练等，都要随之变革。于是，产生了不同时代军队的编制体制和管理模式，以及人才培养、官兵训练的崭新内容与方法。

从上文分析可以看出，战斗力生成模式的转变，是一个在新技术推动下的变革链条。新技术在改变战斗力诸要素的过程中，需要建立由技术到武器装备的转化机制；新的武器装备催生新的作战方式，新的作战方式要求军队编组的改变，即"解构"军队旧的编组，"建构"新的编组。与此相适应，军队的教育训练、政治工作，都不言而喻地要发生变革与变化。需要指出的是，在这个变革的链条上，各个环节的变革与变化，对战斗力提升的高度是不同的。当着新技术转化为新的武器装备时，它对战斗力的提升起到的往往是战术效益，军队还没有发生质的变化；当着武器装备引发作战方式、编制体制、管理方式和教育训练模式变革时，它对战斗力的提升起到的则是战略效益，军队已经发生质的变化。

建立和完善科技创新向战斗力转化的机制，是战斗力生成模式转变的基础性工作。首先，信息化战争仍然是人的博弈。从战争目标的选定、战争计划的制定、战争谋略的运筹、作战理论的开发、作战样式的创造，到作战行动的实施，必须靠人来筹划完成。因此，转变教育训练观念、思想、内容和方法，形成新的人才培养机制，是战斗力生成模式转变的第一要务。其次，在推进军民融合深度发展中，现代社会蕴含的巨大科技创新能力，则是军队战斗力提升的雄厚基础。巨大的社会科研能力，通过建立良好的军民融合型转化机制，为军队战斗力生成提供技术支撑。最后，军队内部同样蕴含着巨大的创造力，需要建立一种制度，使这种创新活动和积极性保持下去，使之经常化、有序化，并且使来自各个渠道的创新成果，能够按作战需求及时转化为生成战斗力的实际要素。

军民融合发展是技术牵引、创新推动、系统发展的过程。而根据上文分析，军队战斗力生成模式转变过程也基本相同。同时，社会科技进步是军队战斗力生成的根基，军民融合发展能够从根本上加速推动军队战斗力生成模式转变。

军民融合发展强调军民两用的科技创新和科技推动，打破了以往那种"军民分离"的技术发展方式，走连锁互动式发展之路，以提高发展效益，从而刺激整个军民两用科技发展速度。所以，军民融合发展，能够为军队战斗力生成模式转变提供充足的科技资源，起到技术推动作用。如 20 世纪 40 年代，美国为了计算导弹的弹道轨道数据，研制出世界上第一台电子计算机。20 世纪 70 年代，美国制定星球大战计划，开发出全球定位系统（GPS）。同时期，美国为了增强指挥手段的生存能力，保证在遭到对方核打击后能够迅速反应，建设了一个军用计算机通信网"阿帕网"，并在此基础上进一步发展出现代互联网。正是从国防领域开始进行的三大军民两用技术创新，推动信息化战争和信息化军队出现在历史舞台上，同时也使美国加快了向信息化社会迈进的步伐。

军民融合发展的建设基点是构建中国特色创新型军队。创新型军队是先进战斗力的体现者，是拥有成熟的创新理念、迫切的创新需求和科学的创新应用的军队。建设创新型军队的重要前提，是构建技术创新转化为军队战斗力的机制。拥有这些机制，创新型军队就能够根据外界环境、理论理念和技术装备的发展变化，向社会提出需求并合理利用各界创新基础和创新成果，即时调整和完善自身军事理论、军事技术和军事装备，不断提升军队建设质量和水平，融合各种与军队有关的力量，从而始终占据核心战斗力的制高点。所以，军民融合发展的重要内容就是建立和完善技术创新转化为军队战斗力的机制，从而夯实军队战斗力生成模式转变的基础性工作。

信息化时代的战斗力是基于信息系统的体系作战能力，基本要素都与军民融合发展有密切联系，并且能够在军民融合发展的过程中，得到充分的发展。在信息力方面，由于军民融合发展的主要任务之一，就是实现军民信息基础的总体建设，借助国家信息化大体系的力量和资源，充分提升军队信息化体系建设的能力和效益，从而能够大幅度提高军队信息力的发展速度。在打击力、机动力和防护力方面，由于军民融合发展，将军事科技工业与经济科技工业融合发展，必然大幅度提高军队科技力量和装备水平，从而进一步提升相关能力。在保障力方面，由于在军民融合发展中，军队大部分的后勤、装备和战勤保障，逐步转由地方保障部门来完成，也必将大幅度提高军队保障能力和水平。

社会发展史证明：一定时代军队的战斗力，是一定时代社会生产力在军事上的体现；一定时代军队的作战方式，是一定时代社会生产方式在战争中的体现。军民两用科学技术是军民融合的第一生产力，是军队战斗力生成模式转变的第一推动力。

综上所述，军民融合发展，不仅能够为军队战斗力生成模式转变提供充足的科技支撑，更通过建立和完善科技创新转化为战斗力的机制实现持续推动。同时，军民融合发展，能够依靠国家大体系支撑军队的建设和发展，支援军队的作战与保障，从战略层面大幅度提高军队战斗力水平。

（五）军民融合对经济发展的拉动力

传统经济学模型难以解释军民融合拉动作用，军民融合对经济发展，可降低挤出效应，增大规模效应，节约机会成本，突出 R＆D 投入，积累强大的发展后劲。

军民融合发展颠覆了传统国防与经济之间产业分离，相互抢占并挤用资源所产生的对立与冲突局面，形成了全新的军民一体共同发展的新模式，构建了国防与经济互助、互补、互通、互动的良性发展格局，对经济发展起到了拉动和优化的重大作用。

传统经济学模型难以解释军民融合拉动作用。当前，理论界对于国防建设与经济增长之间的拉动作用和相互关系的研究基础与理论前提，都是定位于军民产业分离、国防与经济相互对立和冲突，认为国防完全是一种单纯的消费。当前最常规和最普遍的经济研究模型，如：凯恩斯模型、外部性模型和公共产品模型等，都无法摆脱这种固定认识，不能或难以解释新的军民融合状态下的经济拉动作用。

凯恩斯模型。凯恩斯模型也称之为供给——需求模型。该模型主要强调经济增长中总需求与总供给的决定作用，着重强调政府开支通过影响总需求对经济增长率的作用。在凯恩斯模型中，国防建设费用是政府开支的重要组成部分，通过影响需求而对经济起到推动作用。

凯恩斯模型表述是：$Y = C + I + G + M + TS$。

其中，Y 是国内生产总值（GDP），C 是私人部门的消费，I 是投资，G 是民用支出，M 是国防费，TS 是贸易盈余。通过各种外生性模型，凯恩斯理论认为，国防费对经济增长有三个影响途径：一是创造和提高总需求（正向作用），二是挤占其他需求（反向作用），三是影响其他与经济增长有关的因素发挥间接作用（不确定作用）。

通过模型我们可以看出，如果实施军民融合发展，模型中的 M（国防费）将大部分转为 I（投资），同时对 G（民用支出）产生重大影响。在这种情况下，原有的凯恩斯模型和外生性模型，如果不作重大变革，已经难以解释和研究新的发展模式下的经济问题。

外部性模型。外部性模型也被称之为费德尔——拉姆模型。该模型主要研究传统国防费支出产生的外部性对经济增长的影响。

外部性模型假定经济为两部门，即产出为 Q 的民用部门与产出为 M 的国防部门。产出 Q 既取决于民用部门的生产要素投入，也取决于 M 的外部性而带来的影响。则有以下两个生产函数；

$$Q = F(K_Q, L_Q, M) \quad M = G(K_M, L_M)$$

K 和 L 是资本和劳动，$F_m = \dfrac{2Q}{2M}$ 表示外部性，Y 是国内生产总值（GDP），$Y = Q + M$。

外部性模型是迄今为止军费与经济增长关系研究中最常用的工具，并在 20 世纪 60 至 80 年代发展中国家截面数据中得到了充分验证。但我们也要看到，如果采取军民融合发展模式，民用部门和国防部门大部分融合，这个模型将无法表述和研究新情况下的经济问题。

公共产品模型。公共产品模型，将国防安全定位成非排他性的和非竞争性的公共产品，其资源供给依托民用经济领域的资助。

公共产品模型将一国民用产出 Q 和军用产出 M，用函数表述为：

$$Q = F(K_q, L_q) \quad M = G(K_m, L_m)$$

单位有效劳动 L 的民用和军用产出分别是 q 和 m，则 $l_q + l_m = 1$。

在这个模型中军用产出的价值是 0。投入来源依靠对民用产出进行收税提供。按照这个模型，研究者期望找出一个最佳的税率，当低于这个税率时，国防建设会对经济增长起到正面效应，高于这一比例则会起到负面效应。

如果采取军民融合发展模式，国防和经济投入相互融合，民用部门和军用部门没有明显的界线，资源相互交流，所以国防投入也会产生大量的经济及其他效益，税收也要作相应的调整。因此，公共产品模型也不适合军民融合发展中国防与经济关系的研究。

通过上述分析可以看出，目前经济学界尚没有完全适合对军民融合发展中国防建设与经济发展之间关系的表述模型。而各国的实践证明，只有军民融合对经济发展才能产生强大的拉动力。

一是可降低挤出效应。挤出效应，是指政府支出增加所引起的私人消费或投资降低的效果。传统国防建设，国防费只是消费性投入，没有或很少有产出，只能看作政府支出的一部分。那么，按照前文凯恩斯模型所述：$Y = C + I + G + M + TS$。在 Y（GDP）和 TS（贸易盈余）一定的情况下，如果 M（国防费）增加，势必要影响到 C（私人部门的消费）、G（民用支出）和 I（投资）等支出。因此，人们通常把国防费的决策比作在"大炮与黄油"之间的选择。所以传统国防建设对经济的挤出效应明显，并成为反对增加国防投入者的重要理由。但是，如果按照军民融合发展理论进行建设和投入，国防费就会成为政府重要的投资而不是消费，不仅不会对经济产生挤出作用，反而会通过减少单纯的军用消费和增加军民两用投资，进一步增加经济投入。传统的挤出效应在军民融合发展中，影响微乎其微。

二是可增大规模效应。规模效应是指生产部门随着生产规模的扩大，单位产品成本降低，而带来的经济效率和效益的提高。扩大规模带来规模效应主要有三大原因：一是规模扩大，能够增强产出能力，提高生产速度；二是规模扩大，能够降低单位成本、提高成本效益；三是规模扩大，能够分工更细，提高生产效率。

用成本模型表示即：$C(q_1,0,+C(0,q_2),C(q_1,q_2,)$。

$C(q1,0)$ 和 $C(0,q2)$ 是独立成本，$C(q1,q2)$ 是联合成本。

传统观点和理论认为，国防对经济仅具有溢出效应，只是具有一定的外部影响。而按照军民融合发展的观点，按照军民融合模式进行建设，将会使国防和经济、军队产业和地方产业充分地融合，成为更大的一个整体，从而形成更大的产出规模，体现出整体的规模发展效应。

三是可节约机会成本。机会成本是指将一种稀缺资源用于某部门或某种产品生产，就会影响另外的部门或者产品生产的机会所造成的损失。所以，机会成本可以认为是选择了一种价值，而放弃的是另一种价值的数量。

传统国防经济学观点认为，机会成本是不可避免的，只能依靠降低国防投入，产生"和平红利"的方法，换取经济的发展资源和机会。这是在传统国防建设模式下，不得已所采取的消极做法。一旦"和平红利"没有掌握好，可能会连本带利一起丢失。如晚清减少海军军费换取的丁点"和平红利"，换取的是甲午海战后惨重的割地赔款。

军民融合发展，提供了节约机会成本的科学方法，即将有限的资源投入到军民融合模式的建设中，一本两利，既产生国防效益，又产生经济效益，这体现了新的发展思路，同时也是军民融合发展的优势所在。

四是可突出 R&D 投入。研究与发展（R&D）是指为增加知识的总量，以及运用这些知识去创造新的应用而进行的系统性的、创造性的工作。R&D 是技术进步的过程和标志。在现代国家发展中，R&D 的经费投入是保证科学技术得以发展的必要条件与基础，也是促进经济增长的重要条件之一。R&D 的投入比，更是确定一个国家经济是否健康和先进的主要指数。

军民融合发展，采取的是用军民融合型大科技、大工程、大项目，牵引和拉动经济发展的做法。因此，对 R&D 投入是极为可观的，同时对科技、经济等造成的 R&D 拉动作用也是极为突出的。如美国的星球大战计划，实质上就是用对军民两用先进技术的投资，拉动科技、国防和经济的成功案例。根据美国自己的研究报告表明，其用于星球大战计划中的 R&D 投资，对 GDP 的拉动系数达到了惊人的 1∶73。

军民融合发展对经济的拉动作用，绝不仅限于以上几点，如果联系到国防对经济运行和经济资源的保护与占有作用，我们可以看到军民融合发展模式中国防与经济发展的关系更加密不可分。军民融合发展必将在不久的将来，成为经济学界新的研究热点和焦点。

（六）军民融合是综合国力提升的杠杆

军民融合发展不是简单的"国防＋经济"，而是将整个国家的政治、经济、军事、科技、社会和文化进行整体融合。因此，军民融合发展对综合国力的提升作用，远大于军民分离型经济。

军民融合发展是以前沿科技创新为牵引，以创新型军队和复合型经济为基点，着眼国防、经济、科技、社会四位一体，将国防发展与国家发展有机融合，实现科学、协调、持续、系统、高效的一体化国家发展模式。

关于综合国力必要组成结构，是一个长期发展变化的过程。从孙子提出"经之以五，校之以计而索其情：一曰道，二曰天，三曰地，四曰将，五曰法"，到今天的综合国力学研究的众多理论，经历了数千年的过程。这期间，出现了"重农学派""重军学派""重商学派""重海学派"等众多学派，虽然研究者和成果众多，但并无绝对的权威定论。

对于现代综合国力学研究，国内外影响较大的理论有：

美国克莱因提出的"现代综合国力方程"：$PN = (C + E + M) \times (S + W)$。其中 PN 为综合国力指数；C 为基本实体，由人口和领土面积构成；E 为经济实力，包括收入＋能源＋非燃料矿产资源＋制造业＋食物＋贸易；M 为军事实力，包括战略平衡＋作战能力＋激励；S 为战略目标；W 为追求国家战略的意志，是指一个国家动员其国民支持政府的国防和外交政策的能力。国力方程等式右边的各项指标取值均按评分法来确定。

美国摩根索认为，一个国家的综合国力有九大构成要素：地理、自然资源、工业实力、军备状况、人口、民族性、国民士气、外交质量、政府质量。

黄硕风根据系统论、协同论和动力学原理，提出了建立在生存力、发展力、协调力基础上的综合国力动态方程模型：

$$M(t) = K \sum_{i=1}^{4} Hi(t) \sum_{i=1}^{3} Si(t)$$

在公式中，$M(t)$ 为 t 年度的综合国力值；$Hi(t)$ 表示国力的硬变量，是物质形态的构成要素集合，包括资源力、经济力、科技力、军事力等；$Si(t)$ 表示国力的软变量，包括精神和智力形态等的构成要素集合，包括教育力、文化力、政治力、外交力等。K 为协调变量，包括有关国家领导协调统一的诸要素集合。该方程包括了 30 个子方程，约 150 个指标。

冯江源等人将综合国力要素界定为：资源态势、经济实力、军事威慑、科技教育文化水平、政治与外交能力、社会发展与国民生活等目标体系。

王诵芬、范木荣等将综合国力指标体系划分为资源、经济活动能力、科技能力、社会发展程度、军事能力、政府对经济的调控能力和外交能力等八个方面，共 85 个指标。如图 3.2 所示。

综合近年来的研究成果，对于现代强国的综合国力结构，各种研究派系都能够形成的共识包括：

一是综合国力是一个复杂的巨系统，是各种要素经过复杂融合而成的综合战略能力，包括硬实力和软实力两大部分。

二是硬实力是国家可以动用和借助的有形资源集合，其包括相对常量集合和相对变量集合。相对常量是国家本身具有，相对稳定，受外来影响较小的硬因素，包括：领土面积、环境条件、物产品种和矿产资源等。相对变量是在一定时期变化较大，可能因外来因素而波动的硬因素，包括：资本和金融实力、人力资源、教育和科研实力、工业生产实力、国防军事实力等。

三是软实力是国家可以动用和借助的无形资源集合。软实力来源于硬实力，却不是完全等同于硬实力的映像，在一定条件下上可以影响和反作用于硬实力。软实力包括：领导能力、外交能力、民族聚合力、国家声望、科技水平、创新能力、教育能力、产业形象、文化底蕴厚度和传播性等。

四是各种实力要素均在综合国力中占有一定权重，如果部分要素水平较低，会影响到其他要素能力，形成"短板效应"，限制综合国力的建设与发展。

因此，军民融合发展，绝不仅仅限于国防和经济的融合建设，而是将国家的硬实力和软实力各要素结合在一起的综合性建设。所以，军民融合发展对综合国力的提升作用是全方位和系统性的。

——军民融合发展对国家硬实力的提升作用。国家硬实力是综合国力的硬性支撑度。硬实力是实实在在的，并可以量化的力量。在硬实力中，相对常量受外部影响较小，因此不论采取何种发展方式，对诸如领土面积、环境条件、物产品种和矿产资源等的作用，相对效果均变化不大。受不同发展模式影响较大的，是相对变量。

综合国力
- 资源
  - 人力资源：人口数、预期寿命、经济活动人口占人口比重、万人平均在校大学生人数
  - 土地资源：国土面积、可耕地面积、森林面积
  - 矿产资源（储量）：铁矿石、铜、铝土矿
  - 能源资源（储量）：煤炭、原油、天然气、水能
- 经济活动能力
  - 经济实力（总量）
    - GDP
    - 工业生产能力：发电量、钢产量、水泥产量、原木产量
    - 食品供应能力：谷物总产量、谷物自给率
    - 能源供应能力：能源总产量、能源消费量、原油加工能力
    - 棉花总产量
  - 经济实力（人均量）
    - 人均 GDP
    - 工业生产能力：人均发电量、钢产量、水泥产量、原木产量
    - 食品供应能力：人均谷物总产量、人均日卡路里
    - 能源供应能力：人均能源消费量
  - 生产效率：社会劳动生产率、工业劳动生产率、农业劳动生产率
  - 物耗水平：按 GDP 计算的能源消耗量
  - 结构：第三产业占 GDP 比重
- 对外经济活动能力
  - 进出口贸易总额、进口贸易额、出口贸易额
  - 国际储备总额、外汇储备、黄金储备
- 科技能力
  - 研究与开发费占 GDP 比重
  - 科学家与工程师人数、千人平均科学家与工程师人数
  - 机械与运输设备占出口比重
  - 高技术密集型产品占出口比重
- 社会化程度
  - 教育水平：人均教育经费、高等教育入学率、中等教育入学率
  - 文化水平：成人识字率、千人拥有日报数
  - 保健水平：人均保健支出、医生负担人口数、护理人员负担人口数
  - 通信：百人拥有电话数
  - 城市化：城市人口占总人口比重
- 军事能力
  - 军事人口数
  - 军费支出
  - 武器出口
  - 核武器、核发射装备数、核弹头数
- 政府调控能力
  - 政府最终消费支出占 GDP 比重
  - 中央政府支出占 GNP 比重
  - 问卷调查（询问九个问题）
- 外交能力
  - 使用十个因素，在神经网络模型上进行模糊评估

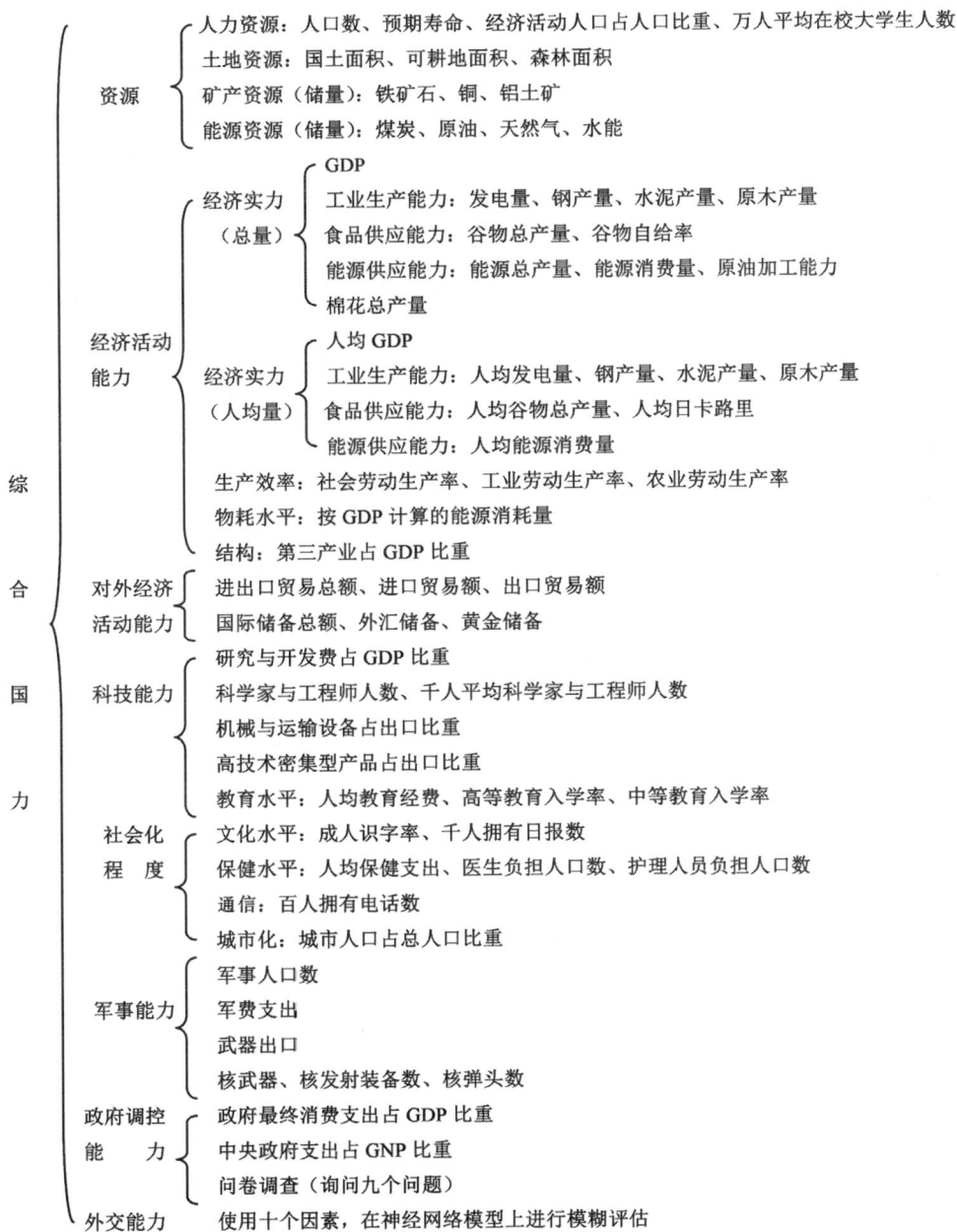

图 3.1 综合国力指标架构图

* 图引自：主要国家综合国力的比较研究课题组，中国国际地位的变化分析——对近 20 年综合国力的初步探讨 [J]. 太平洋学报 ,1995（1），p137.

硬实力相对变量中最核心的三大实力是国防军事实力、科技研发实力和工业生产实力。而这三大实力都与军民融合发展关系密切，在军民融合发展模式下，实力提升效应明显。前文中已经证明，军民融合发展对于国防与经济的拉动效果很明显。对于科技研发实力的提升效果，采取军民一体化建设模式的美国，就有有效的例证。第二次世界大战以后，美国连续推出了"曼哈顿计划""阿波罗计划""星球大战计划""反导计划"等军民一体高科技计划，拉动美国高新技术产业相继涌现，始终领先于世界其他国家一至两代。

对于硬实力相对变量中的其他实力，军民融合发展也有较大的影响。如国家发展极为重要的人力资源，采取军民融合发展模式，产出大量的军民两用人才，可以为国家发展提供充足的保质保量的人才群体。在过去"军队是国家干部的主要来源"的军地单向人才流动模式下，军队为地方培养了大量人才。到新中国成立50周年时，共有348万名军队干部转业，其中70多万人成为各行各业的领导骨干，为地方经济社会建设发展作出了重大的贡献。同时，社会也能为军队提供充足的人力来源。从20世纪90年代起，地方大专院校成为军队人力来源的重要支撑，数十万大专院校生成为部队干部或战士，极大地改变了我军官兵队伍模式，使我军大步迈向知识型、创新型的现代化军队，大幅度提升了核心战斗力。

——军民融合发展对国家软实力的提升作用。国家软实力是综合国力的内聚力和外在影响力。软实力是抽象和无形的力量，但绝对不可忽视。国家软实力的构成较为复杂，包括有领导能力、外交能力、民族聚合力、国家声望、科技水平、创新能力、教育能力、产业形象、文化底蕴厚度和传播性等，在所有软实力组成中，大都能够体现或找到国家文化的身影，所以软实力通常又被称为文化软实力。对于文化软实力，可以划分为文化基础力和文化传播力两大部分。

文化基础力是国家文化的民族渊源、历史底蕴、科学厚度和人文魅力，是国家文化的基础。国家文化基础力表现为国民文化素质、思想道德理念、核心价值观念，以及民族的文化传承、集体性格心理等复杂表征。不战而屈人之兵，不仅需要实力，也需要魅力和魄力。国家文化的内涵和精神，深刻影响到国家意志、国家行为和外交政策。正如锻炼强健身体的过程也是塑造健康心理的过程一样，军民融合发展建设过程，也是军民融合文化的建设过程。而军民融合的"崇文尚武"的"传承与创新结合"的文化，是强健的和科学的国家文化，并被历史证明是在任何时代都具有先进性的文化。在极端柔弱的"文艺范"宋文化或过于刚硬的"莽撞人"元文化熏陶下的国家，在崇洋媚外的殖民型文化或闭关锁国的夜郎型文化充斥下的国家，都不可能成为长期屹立在世界版图上的超级强国。

文化传播力是国家文化的感召力、影响力和渗透力，是国家文化的战斗力和生存力。要消灭一个民族，首先要消灭其民族文化。文化攻击的常规手段，无非"糟粕文化填塞"和"强势文化替代"两手。抗腐蚀和抗打击最强的文化是军民融合型文化。因为，无论过去还是现在，民族和国家文化的标志，都是英雄和偶像。文化的传播，除去平台和技术要素外，也是民族英雄和国家偶像的比拼，是图腾传播的较量。军民融合发展模式，是塑造正确的、体现核心价值观的、军民都认可的英雄和偶像的大环境。历史证明，刚性图腾比柔性图腾更具有认可性和依从性，全世界的民族都崇拜代表力量和忠诚的偶像。当文化英雄和偶像均充满正义和阳刚之气时，文化也必然会提升传播力。此外，军民融合的文化传播部门将是推动国家文化传播的有力武器和力量倍增器。

四

借鉴发达国家融合发展的实践经验

第二次世界大战后，西方主要强国纷纷在各自建设与发展过程中探索、实践和完善适合本国国情、客观环境和战略要求的军民融合发展道路，确立了不同的军民融合发展战略和实现路径，取得了不同的成果。总结、研究并借鉴参照它们取得的经验和教训，可以促使我们科学构建中国特色军民融合发展战略，实现后发优势，少走弯路和歧路，提高建设效益，取得事半功倍的效果。

（一）发达国家军民融合发展实现路径

在资源有限，而经济和国防都愈加重要的情况下，"黄油"和"大炮"如何兼得？公元 1500 年以来，每次大国的崛起都离不开对这个重大战略问题的考量。

——美国军民融合发展实现路径

发挥军工优势，带动国家发展；发挥私营优势，主导技术创新；深化发展成果，推动军民一体；展望未来发展，构建"军事经济复合体"，新型军民融合科技创新体。

美国自独立战争时起，就与战争结下不解之缘，靠战争起家，靠战争致富，靠战争发展。美国崛起之路，是一条扩张之路，是沿着"利益——暴力——扩展——繁荣——利益……"不断膨胀、循环进取的。因此，美国对于如何将军事优势转化为政治、经济和科技等全面优势，实现"军民融合"发展，全面提高战略能力，有着自己的发展思路和实现路径。美国国防部实际就是战略综合的支点、军民转化的枢纽、利益循环的中轴。

美国靠军事起家，但不是唯军事论，美国在发展中的核心要素是科技，每隔十年左右就推出一个军民两用的重大科技工程，牵引科技、经济、军事和社会发展。无论军工和科研体系，还是民品及科研体系，都将科技创新和科技推动作为发展的核心动力。军民两用的核心技术，就成为融合两者的纽带和关键。

在军民两用科技的中介下，如果军工和科研体系强大，就由军工方承担以强带弱、科技推动的重任，反之民品及科研体系强大，就由民品方承担。所以，美国在发展过程中，没有采取打压一方促使另一方发展的措施，而是以强带弱，共同全面发展。对于经常出现的军工发展过剩的能力，采取疏而不是堵的方法，即通过战争消费军事能力，确保金融霸权，从而换取经济和其他利益。美国打仗之所以越打越强，越打越富，除了战略选择得当外，其发展方式的特殊性也起到至关重要的作用。

美国自新中国成立以来，所采取的战略体系是：国家战略决定国家安全战略，国家安全战略决定科技战略、产业战略和对外战略。总的来说，就是要保持强大的军事实力，以科技创新为核心，以国家战略能力为标准，实现军事、经济、科技和社会全面发展。必要时，以战争转移危机，带动发展。这个战略体系的最终发展方向是：军民将逐步融合并最终融为一体，实现战略能力和发展速度的最大化和最佳化。

二战结束后，美国在战争中发展壮大的军事工业和科研体系被完整地保留下来，成为下一步国防与经济发展的最大资本。美国依托这个体系作为基础，采取一系列措施，合理调整产业结构，刺激科技进步，科学推动国防与经济建设，迅速转入战后快速发展，并最终取得冷战胜利，实现一超独霸。二战后，美国的军民融合发展，主要经历了三个阶段。

第一个阶段：发挥军工优势，带动国家发展的阶段。

美国在二战中发展壮大了一批掌握现代先进科技，拥有强大生产能力的军工集团或者有军工背景的工业集团。世界最大的 10 家军工集团有 7 家在美国，包括洛克希德·马丁、波音、诺斯罗普·格鲁曼、雷神、通用动力、哈里伯顿和通用电气。在战后国家科研和生产的具体运行上，为了充分发挥这些集团的优势，抗衡苏联等战略对手，带动国家全面发展，美国采取"先军后民，以军带民"的模式，先从国防需求着眼，由国防部先期投入，进行风险投资，大力研发先进技术，对新技术和产品保护性购买，并在军事上优先实践验证，成功后拓展到民用，从而获取高额利润，并进一步刺激国防部进行继续开发，进入新的创新发展周期，形成了"国防需求——两用技术——商业利润——国防需求"的良性循环。

伴随着冷战的进一步发展，美国在欧洲、亚洲、非洲等军事扩张进一步加剧，军事上的技术要求和生产需求不断提高。从而驱使美国对军品生产和国防科技研发，采取了一系列强大的干预措施，从工程立项、财政拨款、税收倾斜、信贷支撑、价格优惠、合同支持、立法保护等方面，刺激和保障其优先发展。根据姚延进等和叶选挺、刘云资料：全美 1/3 的科学家和工程师在为国防工业服务，国防研发费用占政府科研经费的 70%。[1]美国对军工生产投资减税率，60 年代前期为 7%，到 70 年代后期就达到 12%。[2]

在"先军后民，以军带民"模式的影响作用下，美国的军工集团和有军工背景的工业集团进一步发展壮大，成为国家级综合集成核心企业和影响全球的工业巨头，同时也为美国国防、经济和科技等的全面发展起到了巨大的推动作用，造就了美国的战略产业。如波音公司，这家曾经为美国军方研制 KC–135

---

1 叶选挺、刘云，美国推动军民融合的发展模式及对我国的启示［J］.北京：国防技术基础 ,2007(4)，p41.
2 姚延进、于化庭、赖铭传著，国防发展模式鉴［M］.北京：解放军文艺出版社，1989，p9.

空中加油机，B-47、B-52 轰炸机的军工集团，在国家政策、经济和市场的全面倾斜和支持下，利用掌握的军民两用技术，研制出了在 60 年代垄断世界航空市场的波音 707 客机和后来的宽体客机波音 747。据 1972 年美国国防部、NASA（美国宇航局）和运输部共同完成的《研究和发展对航空进步的贡献》专题报告称："在波音 707 飞机的研制中，从军用型号向民用型号的技术转移量超过了 90%"。[1]

第二个阶段：发挥私营优势，主导技术创新的阶段。

美国认为：在与其他大国的竞争中，面临的最大危险是敌人在技术上的突破。因为重要的技术突破，可能使世界力量对比立即发生惊人的变化。因此，无论在什么样的情况下，保持技术上的领先，都是保持美国强大战略能力的首要问题。

20 世纪 80 年代中后期，冷战开始接近尾声，世界局势发生重大变化。伴随着战略对手的消失，美国必须调整国家战略和军事战略，适应国际形势的新变化和新特点。新战略要求军队员额和军费大幅削减，能够支援军工集团科研和生产的资金不断减少，国防订购量逐年下降，导致美国军事工业实力及其技术不断削弱，关键技术的优势逐渐丧失，在蓬勃兴起的新技术革命目前，遇到前所未有的挑战和压力。

与此同时，美国一些私营企业的民用技术不断发展，部分水

1 王加栋、白素霞，美俄航空工业军民融合发展战略及其对我国的启示［J］.长春：工业技术经济，2009(2)，p42.

平已经高于军用技术。民用高技术产业的增长速度也高于军事工业，在半导体、光纤、蓄电材料、激光、电子计算机等领域已经占有较大优势。国防技术的"溢出"效应不断降低，国防对民用技术的依赖性却日趋增强。

在这种情况下，美国及时调整发展战略，充分利用私营企业优势，主导技术创新，弥补经费和技术上的不足，牵引和推动国防、经济和科技等的全面发展。一是以信息技术为代表的军民共用新技术，统一使用市场标准。二是对私营企业的创新成果加以利用。三是以作战需求为牵引，以政策制度调动地方政府与私营企业的研发能力。凡是地方能做到的事，都从国防系统移到地方去。国防部成为一个"挑剔的买主"，凡是能在市场上买到的，甚至能在国际市场上买到的，就直接拿来满足军事需求，兴起了一场"军事采办的革命"。

对于战略核心技术的确立，美国军方与地方比较趋于一致，从而使依托私营优势、主导技术创新成为可能。美国国防部 1989 年提出了《关键技术计划》，列举了一系列为保持美国武器质量优势而必须优先发展的重要技术，其中大部分技术对商用产业具有同等的重要性。在此基础上，美国总统科学技术顾问任命的一个特别委员会，1992 年制定了《关键技术计划》，列举了关系到美国国家安全和经济地位的六大类 22 项关键技术，这两份技术在很多问题上具有相同性，成为发挥私营优势、主导军民两用核心技术创新的指针。详细内容参见表 4.1。

表 4.1 美国国家／国防关键技术一览表

序号	国家关键技术	国防关键技术
01	微电子学和光电子学	半导体材料和微电子电路
02	软件	软件工程
03	高性能计算和联网	高性能计算
04	数据存储和外部设备	机器智能和机器人
05	计算机模拟与建模	模拟与建模
06	高清晰度成像和显示	光子学
07	传感器和信号处理	高灵敏度雷达
08	材料合成和加工	无源传感器
09	电子和光子材料	信号和图像处理
10	陶瓷	目标特征控制
11	复合材料	武器系统环境
12	高性能金属和合金	数据汇集
13	应用分子生物学	计算流体力学
14	医学技术	吸气式推进技术
15	航空学	脉冲功率技术
16	陆上运输技术	超高速射弹与推进
17	能源技术	高能量密度材料
18	减少污染、废物回收、污染物处理	复合材料
19	系统管理技术	超导
20	智能加工设备	生物技术
21	柔性计算机集成制造技术	柔性制造
22	微米和毫微米制造技术	

*图表引自：游光荣、王立健，美国军民两用技术政策简介［J］.武汉：军事经济研究，1992（4），p92.

第三阶段：深化发展成果，推动军民一体的阶段。

20 世纪 90 年代中期之后，美国政府和军方都感觉到军民两大产业分割，即使采取技术中介融合手段，依然不能有效降低在两个体系中发展互动所产生的绝对损耗。因此，美国开始积极推进工业由军民分离状态向军民一体化方向转轨。

1994 年，美国国会技术评估局（OTA）在《军民融合潜力评估研究报告》中首次提出军民融合的观点，1996 年，美国国家科学技术委员会在《技术与国家利益》这一重要技术政策文件中，首次提出军用与民用工业基础的融合问题。该文件指出，美国政府已"不能继续维持相互分离的军用和民用工业基础"，而必须形成一个同时满足军用和民用两方面需要的工业基础。[1]

美国实施军民融合，推动军民一体化的主要措施有四个方面：

一是通过顶层管理，大力推动一体化。为了保证军民一体化的实施，美国采取顶层强力推动的办法。在国家决策和宏观调控层，通过国会、国家科学技术委员会和总统科技政策局等机构，采取颁布法律和制定相应发展战略等措施来推动军民融合。在军政部门协同方面，美国形成了跨部门的联合协同机制。1993 年成立了跨部门的"国防技术转轨委员会"，委员会主席由国防部高级研究计划局（DARPA）局长担任，

---

1 曹伟、王珂、朱建业，论美国军用与民用工业基础的一体化发展趋向及其内因［J］.北京：中国科技论坛，2002(4)，pp64—68.

成员来自陆军、海军、空军、商务部、能源部、运输部、国家航空航天局（NASA）以及国家科学基金会（NSF）等单位。2007 年颁布《国防研究与工程战略》，提出部队、国防采办、工业界和科技界的合作伙伴架构，推动研、产、购、用、保的一体化。

二是通过制定规范，合理实施一体化。如为了规范推动军民间的技术互动，美国制定了《联合研究和发展协议（CRADA）》，通过实施该协议，工业界、大学、州和地方政府都可以参与国防部实验室的技术开发，开发成果可以转让给私营部门，实现军民融合的最佳效益。1997 年，美国国防部启动了旨在可以和工业界联合投资和合作开发两用技术项目的《两用科学和技术计划（DUS & T）》，随后提出了新的《国防科学技术战略》，期望在保持军事技术优势的前提下，采用新的方式追求技术，以更经济的价格获得先进的武器系统。新的方式包括：在有利的情况下，利用民用工业的技术创新和民用市场规模经济，降低武器系统的成本；发展能降低武器系统采办、使用或维护费用的技术。2003 年，美国国防部发布了新版的 DOD5000.1，强调"优先采用民用产品、技术和劳务"，规定"在可行的情况下，可修改任务要求，以促成民用产品、技术和劳务"的采购。[1]

---

1 黄继锋、宋纯武、宋纯利，发达国家军民结合、寓军于民的经验与启示［J］. 南宁：广西经济管理干部学院学报，2008(4)，p25.

三是实施标准统一，有效融合一体化。采用通用标准有效消除军民之间的壁垒，实现技术融合和产品兼容。1992 年颁布《国防工业技术转轨、再投资和过渡法》，提出统一军地工业标准规范，以构建统一的工业基础。1994 年，美国开始军事标准改革，美国防部从标准使用顺序上将采用非政府标准放在了第一顺序；简化审核采用民用标准的程序；发布标准化指导性文件；形成军民通用的经济技术标准。通过对 3 万余件军用标准的逐件审查，废止了 4000 余项军用规范（含单篇规范）和 300 余项军用标准，采纳了 1784 项民用标准，大大提高了民用标准、性能规范在国防部标准化文件中的比例。另外，美军还全面推行"单一过程协议"，即在亦军亦民企业中推行单一标准规范、质量体系和会计制度，使军用民用产品的质量体系和工艺规程合二为一，以充分发挥民间承包商的积极性和创新能力。[1]

四是构建产业链条，全面夯实一体化。美国政府注意在两个链条上实施产业融合和一体运营。首先是科技创新链条。通过美国国防部的扶持和资助，塑造了美国重点理工科高等学院研究生导师，带领研究生进行科研创新的模式；在美国国防部的战略规划下，打造了美国"新经济"的象征——"硅谷"；通过政府的大力推动，确立了军地共同投资、共担风险的两用

---

1 石奇义、李景浩，美国推进军民一体化的主要措施［J］.北京：国防技术基础,2007(5)，p39.

技术产业合作机制。其次是产品生产链条。美国政府和军方扶植了大批拥有核心技术的亦军亦民的大型企业，主要从事军品总装和重要分系统的生产，按市场经济规律运作，高效发挥军地资源的市场配置作用，减少防务开支，在国防和经济领域实现了管理组织和设备设施的一体化经营。

展望美国未来发展，其目标将是构建"军事经济复合体"。进入 21 世纪，美国进一步加强对军民融合的研究，希冀探寻军事与经济的最佳融合点，实现国家战略能力的最大化，继续保持全球独一无二的超级大国地位。在这种情况下，美国著名"智库"兰德公司提出一个"军事经济复合体"的发展模式。他们认为，"历史上的所有强国，都在经济优势与军事优势之间建立了良性循环。美国保持超级大国的关键，是保持政府的转化能力，即将社会资源转为双向互动的经济竞争力与军事战斗力"[1]。这一转轨不仅在美国军界、政界、工业界和学术界引起了普遍关注，同时引起世界其他许多国家的广泛争议。

——俄罗斯（苏联）军民融合发展实现路径

从"重军抑民"的苏联失败模式里艰难走出，到依托"先军后民"的模式支撑安全与发展，俄罗斯正走向"国防工业合成体"的复兴发展之路上。

由于扩张型历史文化和战略思维的原因，俄罗斯（苏联）

---

1 转引自：李炳彦，着眼创新型军队的基本特征谋转型［Ｎ］．北京：解放军报，2009-10-22，p3.

一直把国防建设放在国家各项建设的首位，重工业成为产业发展的核心支柱，一切战略能力建设都主要围绕军事能力展开。这种建设和发展模式，使得苏联从建立初期的农奴制的落后国家，一跃成为二战前的重工业大国，拥有强大的军事战略能力和战争潜力。在战胜德国法西斯的战争中，苏联强大的重工业制造水平和生产能力，以及军事上的超强潜力，起到了至关重要的作用。战争的胜利，也使苏联能够与美国抗衡，成为战后世界的两个超级大国之一。

战后，苏联继续延续这种发展模式。在20世纪50年代赫鲁晓夫执政之后，苏联走上了"霸权主义"道路，在军事扩张和军备竞赛的道路上越陷越深，最终导致严重的政治和经济问题，并因此而解体。接替苏联的俄罗斯联邦，对国防和经济发展模式进行了一定幅度调整和修改，逐渐走上了复兴的道路。总的来说，俄罗斯（苏联）的国家发展战略体系，属于国防重于经济、重工业压倒一切的"偏重型"，是全民融于军事的军事扩张发展型战略体系，其发展过程主要有两大不同阶段，一个新的发展前景。

第一阶段：苏联的"重军抑民"发展阶段。

苏联"重军抑民"发展的主要特点是：以美国为主要战略对手，靠军事弥补经济不足，用军事能力支撑国家战略能力，把国防建设放在各项建设的首位，国防和重工业投入占国家资源总投入的比重较高，从而导致经济建设发展和人民生活改善不可避免地受到一定抑制和影响。结合姚延进等的研究情况，苏联"重军抑民"发展的主要做法：

一是以国防建设为各项建设核心。20世纪50年代之后，东西方两大对立阵营对峙，为了确保战略利益不受损失，并且能够对外实现一定程度扩张，苏联把军事能力放在各项能力之首，将国防建设作为各项建设的核心，从而使其军事力量不断膨胀，沿着国民经济军事化的道路越走越远。为了支撑庞大的国防建设，苏联发挥高度集中的财政体制和计划经济的优势，为充分保障扩军备战提供大量物力和财力。战后苏联用于扩军备战的军费开支增长速度，一直超过国民经济的增长速度，以美元计，1979年军费开支较1965年增长了三倍，平均每年增长8%左右。1979年的军费开支占国民生产总值的12.2%，占国民收入的比重超过33%。[1] 国家主要的财力和最好的原料、设备、技术和科技人员，都优先投入国防建设。苏联所创造的社会财富的20%以上，被用于了扩军备战。

二是靠军事重工业支撑国家发展。苏联的国家产业，实行"经济备战结构"，以工业为主，而在工业中，军事重工业占有绝对的比重。因此，苏联的国家建设和经济发展，实质是依靠军事重工业为依托和支撑。苏联战后国防工业，逐步发展形成九个部门为核心的体制，即：国防工业部、航天工业部、通用机器制造部、机械制造部、中型机械制造部、通信器材制造部、

---

1 姚延进、于化庭、赖铭传著，国防发展模式鉴[M].北京：解放军文艺出版社，1989，p18.

造船工业部、无线电工业部和电子工业部。这九个主要从事武器生产的工业部门在苏联经济中拥有特权，人员最强干，设备最先进，资源最丰富，资金最充足。这九大部门，由国防工业委员会和国防生产部统一组织领导运行。各军工部门的经济发展、重大技术的开发和关键军品的研制，大多受到最高领导阶层的过问。苏联重工业投资一直占全部工业投资的 85% 以上，占国民经济总投资的 30% 以上。在重工业内部，又把发展军工生产密切相关的部门作为投资重点。这就大大加速了苏联扩军备战的进程。[1]

三是构建全民战备动员强力体制。为了随时准备打仗，苏联经多年努力，建立起非常完善的全民国防战备动员体制。在政府系统中，部长会议通过国家计委领导和协调与军队及全国经济部门的计划动员工作。国家计委负责编制国民经济动员计划。政府各部门相应设有动员局、处，各大工厂、企业设有动员处、科。这些部门根据国家、地区和行业系统的动员计划，编制本部门的各种具体动员计划。在军事系统中，国防部、各兵种、军区，均设有相应的动员部门；在地方加盟共和国、州、边疆区，自治共和国、市、区，设有兵役局；各高等院校和中等学校还设军训处。苏联所推行的这种至高无上的集权制和完善的动员体制，可以有效地向军事工业部门源源不断地输送人力、物力、

---

1 姚延进、于化庭、赖铭传著，国防发展模式鉴 [M]．北京：解放军文艺出版社，1989，p20-21.

财力从而保证苏联各军工部门以惊人的速度发展。[1]

四是用对外军事扩张获取国家利益。军事力量的强大加上决策层的战争倾向，导致苏联不断进行对外军事扩张。在欧洲、中亚、东南亚乃至中美洲，都有苏联军事力量的身影。在 20 世纪六七十年代，苏联不断挑起并且积极参与各种军事冲突，甚至悍然发起侵略战争。但是，由于苏联领导集体的战略意识还停留在旧殖民主义时代，缺乏战略头脑和经济理念，简单地以抢地或抢资源为目的，以意识形态差别甚至领导主观意愿为理由，轻易发动战争或随意介入冲突，导致每次军事行动都生成庞大的经济费用，越打越穷，并且四面树敌，形成战略困境，得不偿失。

第二阶段：俄罗斯的"先军后民"发展阶段。

苏联庞大的军费开支，严重制约了国民经济的正常发展。军事重工业的畸形发展，也严重破坏了正常的国民经济结构。加之深陷阿富汗战争的泥沼，在政治方向和战略决策上又连续出现失误，终于导致苏联这个庞大的军事帝国的轰然解体。

俄罗斯联邦继承了苏联的大部分领土和主要的战略权益，但对于苏联的"重军抑民"发展模式进行了反思和检讨，并且作了一定幅度的调整和修改。由于冷战后美国"一超独霸"，不断实施"全球干涉"，并且继续将俄罗斯作为主要战略对手，

---

1 姚延进、于化庭、赖铭传著，国防发展模式鉴［M］.北京：解放军文艺出版社，1989，p21.

北约也始终对俄罗斯实施战略高压和军事威吓，俄罗斯不得不将军事能力作为保持战略生存和获取发展空间的主要依靠，实施的是"先军后民"的发展模式。

一是靠军事力量支撑战略能力。苏联解体以来，俄罗斯经济持续低迷，国防投入大幅减少，甚至连军队维持正常运转的资金都难以满足，部队战备水平降低，装备维护保养困难，一些武器装备不得不废弃或出售。用于发展装备和技术的资金更为短缺，主要装备和技术几乎完全停留于苏联阶段的水平。但即使是在这种情况下，由于苏联留下的国防遗产太为丰富，俄罗斯的武装力量依然不可小觑，特别是庞大的核武库，依然与美国不相上下，是维持国际核平衡的中坚力量。俄罗斯也深刻认识到这一点，要保持在国际社会的话语权，保障国家战略权益，相较不景气的经济，强大的军事力量依然是其战略能力的核心支柱。因此，近年来俄罗斯在极端困难的情况下，仍然挤出部分资金加强国防建设，特别是核武库的改善。

二是靠军火出口刺激经济发展。俄罗斯继承了苏联 70% 以上的军工企业，80% 的军工科研生产能力，85% 的军工生产设备和 90% 的科技潜力，国防工业体系庞大，国防工业基础雄厚，门类齐全，科研、生产能力强大。一方面，由于在民用技术上没有优势，在国际竞争中市场有限；另一方面，庞大的军工生产能力和比较先进的军事装备技术，国内消化能力有限，如果得不到资金支持，即将荒废。所以，俄罗斯采取了利用军火出口刺激经济发展的做法，增加财政收入，缓解经济危机，同时能够给"军转民"提供缓冲时间和启动资金。早在 1999 年 11 月 9 日，普京任俄代总理时就表示，他的主要目标之一是振兴军工产业，扩大武器出口。他说，俄需要加强军工产业，政府必须确保出售武器收入的增加，俄军火及其工厂就是资源，我们可借此全面复苏俄经济，这也有助于俄挤进经济大国的行列。[1] 从 1999 年起，俄罗斯军火出口就加大力度，突飞猛进，逐步成为继美国之后的全球第二大军火出口。为了解决同行业恶性竞争的问题，根据前总统普京的命令，俄罗斯国防出口公司自 2007 年 3 月起成为国内唯一终端军事产品专业出口商，使得俄罗斯军火收益比大幅上升。

三是靠军工优势带动全面建设。俄罗斯高层认为，当前，俄罗斯发展经济有两大优势基础，即：丰富的矿产资源、强大的军工科研和生产优势。矿产资源不可再生，其产生的收益是不可持续的，而军工科研和生产优势在实现军民两用后不仅可以创造军事价值，还可以创造经济价值，同时可以牵引其他产业的发展，以先军后民的形式带动全面建设。为此，俄罗斯大力加速军工企业结构改造，转产品质优良和富有竞争力的民用品，逐步解决军工生产与国民经济脱节的问题，从而用技术和产业链带动其他产业的发展。在法律法规方面，俄罗斯国家杜马 1998 年通过了《俄罗斯国防工业"军转民"法》，使国防工业"军转民"工作以法律形式确定下来。与此同时，俄罗斯政

---

1 冰山，俄罗斯军火越做越火［J］.长沙：国防科技，2003(8)，pp14-15.

府制订了《1998～2000年国防工业"军转民"和改组专项规划》，其中要求对军工企业实行优化改组，选出生产军品和军用技术的基本骨干企业，缩减军工企业三分之二。2001年7月，俄政府批准了《2001年至2006年俄罗斯国防工业改革和发展规划》，在经济转型过程中，确保高技术武器装备的研制生产能力。[1]

通过"先军后民"的发展方式，俄罗斯在确保国家安全和战略利益不受损害的前提下，部分解决了国防与经济严重不平衡的问题，实现国防工业生产的转轨过渡，使俄罗斯经济逐步复苏，战略能力不断增强，人民生活水平大幅提高，民族凝聚力和向心力增强，从而在大国复兴的道路上快速迈进。如2011年，俄罗斯航天工业中军品与民品生产比例为55∶45，未来将会达到1∶1。

第三阶段，俄罗斯未来可能形成的"国防工业合成体"。

俄罗斯未来的发展模式将向何处去，是诸多学者和战略家关注的问题。目前，基于《俄罗斯联邦2020年前国防工业发展政策》，多数俄罗斯专家倾向于"国防工业合成体"的模式，即：继续依靠强大的军工科研和生产优势。一方面，将军工产品和相关贸易继续做大做强，成为国家支柱产业；另一方面，大力推进从单纯的军工军品生产向军民两用品和民品生产的转型，形成民用产品的系列产业，从而实现一个工业整体、两大产业，

---

1 黄继锋、宋纯武、宋纯利，发达国家军民结合、寓军于民的经验与启示［J］. 南宁：广西经济管理干部学院学报，2008(4)，p25.

最大限度地使用国家现有的、科学的、工业的、军民两用的潜能，实现国防与经济的全面发展。

除了美国和俄罗斯（苏联）两大发展模式之外，其他国家也根据各自的国家战略要求，结合自身的发展实际和客观条件，设计并完成不同的军民融合发展战略体系，走出各自的富国强军之路，取得了不同的发展效果。这其中比较成功并较有代表性的是日本、英国、法国和瑞士等国的模式。

——日本军民融合发展实现路径

通过深藏不露的"以民掩军"建设发展模式，妄图恢复昨日的帝国风光。

由于日本是个具有军国主义传统的国家，是第二次世界大战的挑起国之一。根据《波茨坦公告》规定的原则，日本必须完全解除军队武装，永远铲除军国主义，并且不准保有可供重新武装的工业。1946 年 11 月公布的《日本国宪法》也明确规定放弃战争，不保持军事力量，不承认国家交战权。因此，日本不能名正言顺地发展军事力量，只能在富国的过程中采取变相迂回的方法，如以自卫队的名义组建军队，以专守防卫为名义拥有交战权，在国防与经济的发展模式上，采取"以民掩军"的方式，在大力发展经济、科技的同时，悄然发展强大的国防实力和军事工业，成为潜在的军事大国，逐步实现"真正的世界大国"的计划。

一是利用强大的科技水平和制造能力，采取"引进——仿制——研发"的方式，掌握了先进武器装备技术，并且拥有强大的生产能力。日本有大批二战期间就遗留下来的老牌军工企业，如三菱重工业公司、川崎重工业公司等，军工生产水平和能力雄厚。日本利用与美国同盟的良机，从六七十年代起，就不断从美国和北约国家购买先进的武器装备，同时通过技术转让或自行仿制的办法，获取核心技术和生产工艺，结合军工集团的生产水平和能力，形成了超强的先进装备生产线和战时军工生产能力。当前，日本全国拥有约 2000 家军品生产企业，军工从业人员约 7 万人，基本形成了一个完整的现代军事科研生产体系。日本私营企业承担的国防科研项目约占国防科研总数的 80%。

二是借助民用工业和技术优势，大力推动军事技术创新，根据《构筑日本国防工业生存战略》，不仅在常规军用技术上占据优势，在火箭宇航技术、武器软件技术和核技术等国防战略级技术上也取得重大突破。美国派往日本的调查组发现，日本拥有大批先进的类似民用技术但却能用于军事目的的军民两用技术，包括新材料技术、动力推进技术、生产技术和电子技术等 16 个项目。[1] 美国人称这些技术为"武器技术以外的防卫领域技术"，可直接用于军事目的。如：日本的 M-5 运载火箭，不使用经济的液体燃料，而使用昂贵但具有军事价值的固体燃料，技术水平与战略导弹相差无几。

---

1 仝爱莲，国外军民两用技术产业化发展之管理［J］．北京：军民两用技术与产品 ,2009(3)，p4.

三是在经济建设中加强国防基础建设和战备建设，构建了完善的战备工程体系，储备了充足的战备物资。像著名的"地下交通百年国土改造计划"（包括城市地下铁道及相关的供水、发电、通信和油库等配套设施等），是名副其实的地下战备工程系统。日本的高速公路，在设计时就充分考虑到起降军用战机的要求。为了保证战时国防经济的正常运行，日本战略石油储备达到 161 天，用国际标准衡量属于"很安全"的级别。日本还建立了国内 60 天消费量的稀有金属储备，其中国家储备 42 天，民间储备 18 天，可以充分满足战时高技术武器装备的制造和维修需求。

四是进一步提高自卫队整体实力和技战术水平，实现武器装备现代化，同时建设强大的国防动员潜力，伺机"修宪"，以成为真正的经济和军事大国。以日本海上自卫队为例，其"九零舰队"，由"宙斯盾"驱逐舰组成，是亚洲首屈一指的强大舰队，并且多次走出国门，参与作战支援或军事演习，实践经验丰富；由日本三井造船公司制造的"大隅"号大型坦克登陆舰，排水量为 8900 吨，在飞行甲板上可起降 CH-47 大型直升机和英制"鹞"式垂直起降战斗机，可载 1000 名陆战队员，是实实在在的准航母。日本的商业船队，基本都被列入国家战时动员计划，相当一部分运输和保障船只，在建造时就考虑到战时需求，战前简单改装后就可直接参与行动。

——英国军民融合发展实现路径

借助昔日的工业基础，依靠战略同盟的"军民合作"发展模式，实现小岛国大能量。

英国是工业革命的发源地，工业基础雄厚，虽经战争破坏，依然保留了较为完整的工业体系。二战后，英国重点发展经济，迅速恢复元气，拥有较强的经济和科技实力，并根据战略要求和自己的客观条件，确定了"军民合作"的战略发展模式，大力加强国防建设，在马岛战争、海湾战争和伊拉克战争等高技术局部战争中，充分显示了其强大的国防和经济实力，其主要做法是：

一是在国家安全战略上大力推行结盟政策。通过战争，英国充分认识到国土狭小、资源匮乏的战略局限。在战后，英国确立了与美国等国结盟，将国家利益与盟国相捆绑的战略，充分利用盟国的军事、经济力量和战略纵深，提高自己的战略实力。英国是北约的成员国家之一，在战略方向上紧跟美国，甚至将自身的核武库和核武工业完全置于美国的控制之下，不惜跟随美国连续参加科索沃战争、伊拉克战争等得不偿失的对外战争，换取美国的绝对信任与支持，成为美国的核心盟友。结盟的结果，是可以用较小的投入，换取较大的安全效益。以此为前提，即使是在冷战的恶劣环境下，英国仍然可以腾出资源和精力，大胆将发展重点放在经济建设上，取得经济建设的巨大成就。

二是在军工研发生产上实现国内外充分合作。英国是个岛国，地域有限，所需现代化武器装备数量不多，如果单独承担大型武器装备的研究和生产，代价太大，效益不高。因此，英国重视军工生产和军事技术的合作问题，一方面是与国外进行联合研制生产，另一方面是与国内私营公司联合研制生产。以空军主战装备为例，有与法国联合研制的美洲虎战斗机，与意大利、德国和西班牙联合研制的欧洲战斗机，与法国、意大利、荷兰和德国联合生产的 NH-90 直升机，与意大利、荷兰联合生产的 A129 武装直升机等。为了更好地管理和发展联合研发和联合生产的战略，2008 年，英国国防部制定了《国防技术计划》，通过以基于主要研发目标的技术路线图的形式制定研究计划，使国防部在研发方面的投资透明和连续，并形成与学术界、工业界和盟国合作的基础。[1]

三是在工业体系建设上注意军民兼容。二战后，英国为了实现技术和资源共享，以提高整体发展速度和效益，将其主要国防支柱工业，如军用航空航天、电子、兵器、舰船工业等，分别与民用航空航天工业、电子工业、机器制造业和造船工业融合，加上其他有关行业（能源、电机和仪表等），以股份制的私有私营企业为主体构成一个完整的军民兼容型工业产业结构体系。在进行国防订购与生产时，企业同军方是合同订货关系；企业之间是以主承包商牵头而形成的分工协作关系。为了保障体系平时的正常运行和战时的有效供应，政府和相关法律部门构建了比较系统的配套机制体系，包括利益机制、政策机

---

1 英国国防部编、余分子译，英国国防部 2008 ~ 2012 年国防计划［Z］. 北京：北方科技信息研究所，2008，p5.

制、计划机制、合同机制和法律机制，给予承包商在标准规范、商用惯例和供货模式上一定的自主权，有效规范了军地双方的权利和义务，刺激承包商的积极性，提高效益，降低风险。

四是在武装力量和动员体制建设上注重平战结合。由于英国是个岛国，地域狭小，人口较少，各种资源较为贫乏，常规军事力量有限，所以在战时必须实行全民动员，以国家整体力量，结合盟国支援，实现战争的胜利。为此，英国构建了平战结合的武装力量和动员体制，在打造一支精干强大的常规军事力量的基础上，组建一支有力的预备军事力量。首先，英国政府注重动员的法制保障，在制定有关国家动员法规等的基础上，特别在民事法律中写入相关国防动员条文，实现法制的军民融合，如《民航法》《运输法》和《商船法》等。其次，英国注重在平时建设中渗透战备因素，注资在民用装备和设施如商船和民航机等实施预改装，并进行相关演练，使之在战时进行简单改装后就能投入军用。再次，英国注重国民的国防意识塑造，通过国防教育和文化熏陶，使爱国主义、英雄主义、尚武精神深入民心，通过军训，使大部分国民掌握一定军事作战技术，打造强大的后备力量基础。

——法国军民融合发展实现路径

走独立自主的"军民兼顾"发展模式，作为"欧盟"的核心力量，支起新欧洲的战略复兴之路。

法国与英国同是欧盟成员国（英已逐步脱欧），但在国防、政治和经济的发展道路上有所不同。与英国依靠大国保护，采取联盟和合作方法，获取军事和其他战略支持的思想相比，法国有自己的国防哲学，正如戴高乐将军所言："法国的国防必须是法国式的。当法国进行战争时，应该是自己的战争，遂行其战争的努力也必须是自己的努力。在必要时，法国的国防当然也会和他国的防务结合在一起。但是即使在那种情况下，国防力量仍将是我们自己的"[1]。因此，在地理环境、人口数量和战略资源与英国相差不大的情况下，法国采取了自己独立自主的"军民兼顾"国防与经济发展模式。

一是制定有自身特色的基础政策和发展规划，走独立自主的国防与经济发展道路。法国国防基础政策和发展规划，主要体现在国防白皮书、远景规划、长期规划和中期计划之中。为了适应冷战后新的世界形势，法国于1994年发布了二战后第二份国防白皮书，详尽地阐述了冷战后的法国国防政策。2000年8月，法国国防部制定了《30年远景规划》，提出未来作战需求、远期目标能力、国防研究项目和研究方向等。根据国防白皮书和远景规划，法国国防部根据每个时间段的客观实际，制定了不同的长期规划和中期计划，从而将发展路线完善和丰富。在这些基础政策和发展规划的基础上，法国政府制定相应的科技和经济协同发展的规划和设计，形成有法国特色的国防与经济发展模式。

---

1 转引自：大平善梧等编、钟庆安等译，世界各国国防制度［M］. 北京：解放军出版社，1986，p124.

二是独立进行高技术军民两用项目的科研和生产，特别突出对核心技术的掌握。法国自身拥有一定的科研技术力量和工业生产能力，加之坚持独立自主战略思想的原因，在战略级核心军民两用技术的研制与开发上，通常完全依托国内力量，在国内实施军民融合式的研发路子，以保证在关键技术上不受制于人，如《2003～2008年军事计划法》所体现的那样。但在具体国内的大合作上，通过政策倾斜、法规通融和标准融合等手段，构建了体系内"军民兼顾"的合作模式。首先是政府部门间的合作，主要是国防部和研究部，通过科技合作协议和建立常设机构，在共用基础技术（材料技术、纳米和微米技术、生物技术、光电子技术等）、军用装备中使用的民用技术（信息和通信技术、集成电路等）和军转民技术（航空技术、航天技术、火箭推进技术等），实现战略合作；其次是科研机构和企业间，通过关键"合作伙伴关系"，实现军民两用技术开发和应用的一体合作；再次是大型国有和民营工业集团，通过合并、重组或建立联系，实现行业间强强战略合作；最后是鼓励中小企业参加武器装备采办的竞争，特别是在分系统和设备一级，实现技术和利益的分沾，刺激共同发展。

三是投入巨资进行军民两用大项目发展，实现对国防、经济和科技的全面拉动。法国政府在能够拉动国防、经济和科技发展的军民两用大项目投资上一直是大手笔。例如，20世纪70年代起，法国政府就投入巨资，发展空中客车飞机。虽然在飞机的研发、生产和销售过程中遇到许多困难和坎坷，甚至面临投入血本无归的风险，法国政府都一如既往地倾力支持此项目，终于使空中客车飞机成为世界上唯一能与波音飞机相抗衡的民用大飞机，并在 2003 年第一次实现出货量超过了波音，每年给法国带来数百亿美元的经济收入。同时，基于空中客车飞机核心技术的大型军用运输机 A400M 即将投入使用，这将极大提高法国军队的战略远程投送能力，使之向战略强国又迈进了一大步。从 20 世纪 90 年代开始，法国政府更加注重实施国家大型技术计划，实现对国防、经济和科技的全面拉动，所实施的大型技术计划包括"航天计划""航空计划""核能计划"和"电子、信息和通信计划"等，其中大量的技术是军民两用技术，由政府科研机构和企业共同承担，军地双方实现利益共享。

——瑞士军民融合发展实现路径

通过和平中立的"寓军于民"发展模式，实施"刺猬战略"，在两次世界大战和"冷战"中独善其身并实现安全与发展兼顾。

瑞士只是中欧小国，面积 4 万多平方公里，人口 720 万。从 1798 年起，至今 200 多年，没有遭受任何国家的侵略，也没有发生过任何冲突，成为人类发展历史上的奇迹。究其原因，除了奉行中立政策之外，更为重要的，是实施"寓军于民"发展模式，确保了国家安全与稳定，其主要做法是：

一是奉行中立政策，营造良好的安全环境。瑞士在 1815 年就宣布自己为永久中立国。这样，就从法理上避免参与大国间的战略竞争和军事斗争，消除军事强国入侵的借口，保证了能有一个更好的安全环境进行国家经济建设和全面发展。长期的和平发展，使得瑞士经济高度发达，成为世界上人均 GDP 最高的国家之一，是世界上屈指可数的福利国家。

二是采取刺猬战略，降低被入侵的可能性。中立并不能完全保证安全，安全的更大保证来自于强大的国防。"战争要靠随时都准备战争来加以防止"[1]。瑞士国家小，但由于实施"刺猬战略"，每年仍然投入大量国防经费，建设了一支现代化的高素质军队。以国土防空能力为例，瑞士空军拥有包括升级版的 F/A — 18C/D 战机在内的上百架先进战机，陆军拥有包括自行研发的"空中游骑兵"（Skyshield）防空系统在内的先进防空武器。此外，尽管长期处于和平时期，但瑞士并未停止备战，不仅储存了大量的战备物资，还建成了世界上最完善的地下掩蔽系统，平均每个公民拥有近一平方米的地下掩体。"刺猬战略"使得入侵者得不偿失，投鼠忌器，不得不打消入侵的念头。

三是实施全民皆兵，弥补军队数量的不足。瑞士的常规军仅有 3500 人，但这绝对不是战时瑞士军队的总数。瑞士战时主要兵源，来自于全民皆兵的国防动员。瑞士的总人口为 725 万，随时可以应召入伍参战的民兵有 35 万余，占全国人口的 5%，占适龄男子的 90%。联邦宪法规定，凡年满 20 周岁的男性公民，包括加入瑞士籍的外国男子，无一例外必须服兵役。瑞士男子 42 周岁退出民兵现役后，自动转为民兵预备役。此外，为了保

---

1 转引自：大平善梧等编、钟庆安等译，世界各国国防制度［M］. 北京：解放军出版社，1986，p124.

证民兵的军事素质，每年都要组织相关的军事训练活动。

四是发展军工生产，增加国家的战争潜力。瑞士工业发达，工业产值占国民生产总值的 50% 以上。在军工方面，瑞士拥有包括瑞士飞机与系统公司、瑞士军械公司、瑞士弹药公司和瑞士电子企业公司四大军工集团，以及 60 余家国有和私营军品公司，能够大批量生产部分主战装备和大多数弹药品种。近年来，瑞士连续推动国防工业的改革与重组，通过大力发展军民融合的工业生产体系，拥有了一定的战争工业潜力，为国家安全与和平发展增添了一份保证。

（二）发达国家军民融合发展实践的比较

由于客观条件和发展目标的不同，没有一成不变的固定模式和评价尺度，西方军民融合的成功之路不可复制，但经验和教训可以作为参考。

将前述代表性国家的军民融合发展战略与实践路径进行对比，通过深入研究和把握，可以得出如下启示：

1. 国家发展与国防及经济建设的相互关系

国家发展与国防及经济建设之间的关系，复杂敏感，而且环环相扣，如果处理得当，应当是相互协调、相互促进的正向作用，远超相互挤压、相互牵制的反向作用。但如果三者之间关系处理不当，矛盾激化，会出现连锁式破坏反应，对整个国家发展造成重大影响。

——国家力量的发展，应与国防力量的发展成正比

没有强大的国防，就没有国家的生存权和发展权。即使是长期奉行中立政策的瑞士，如果没有精干的国防力量和庞大的战争潜力，也不能保证避开侵略者的战争魔爪。

强大的军事力量，就是国家最强的话语权。即使是一超独霸的美国，也不敢小觑深陷经济泥潭但武力依然强大的俄罗斯，更不会派航空母舰到有争议的北方四岛耀武扬威。

要当世界大国，必须以强大的国防作支撑。日本在发展经济中，无论周边国家和国内人民如何反对，必将在军事大国复兴的路上越走越远，以期实现其成为真正世界大国的夙愿。

——国家的持续发展，关键在于协调平衡

国家要持续发展，重在保持发展经济、科研与发展国防之间的协调平衡，使之形成互助互动的发展环。

经济建设是否成功，是国家发展成败的标准依据。最终能够对人民生活和国家发展起到关键性影响的是经济。无论是美国、日本、英国还是法国，都在经济建设上有独到之处，建立了完善的经济体系，同时也为国防建设提供了有力支撑。

国防不能转换成经济利益，就会成为国家进一步发展的阻碍。苏联"穷兵黩武"式的国防投入和"赔本赚吆喝"的战争行动，使其最终走上了国家发展的死胡同，导致庞大帝国的土崩瓦解。

国防能够带来经济利益，会进一步促进经济建设。美国强大的国防科技工业和战争拉动经济的特殊发展方式，虽然不可复制，"打出来的发展，抢出来的繁荣"也不会长久，但依然可以作为国防推动经济的借鉴和参照。

—— 国家的高效发展，核心在于军民融合

军民融合的国防经济科技体系，是国家未来高效发展的核心。"军转民"和"民参军"，都是军民融合发展到一定阶段的产物，不是最终的模式。完全的军民一体融合，才是未来发展的方向。无论是美国未来的军事经济复合体，还是俄罗斯未来的国防工业合成体，都将军民融合作为发展的核心。通过军民融合，最大限度地降低发展成本，提高发展效益，实现资源互动，提高战略能力。

科技是军民融合的核心要素。美、英、法、日等国的成功经验表明，体制融合和资源融合等都是军民融合的外在表现，军民融合的真正本质在于军民兼容的技术融合。技术融合不是简单的"民技军用"加上"军技民用"，而是在共同的核心技术的基础上，实现一技两用。只有这样，才能保证国防与经济建设的一体融合，实现技术拉动的科学发展。

2. 适合国家发展的军民融合发展战略标准

军民融合发展战略，没有一成不变的固定模式和判断尺度，不能简单地区分为好与坏或者先进与落后，只能区分为适合和不适合。每个国家，都必须根据本国的国情和发展环境，做出适合自己的选择。总的来说，判断一个国家的军民融合发展战略是否符合本国的发展实际，可从以下四个方面去概略判断：

——战略决策是否科学

能否确定合适的发展模式，关键在于战略决策是否科学，战略决策包括战略分析是否透彻，战略选择是否正确，实施道路是否可行，以及战略调整是否便捷快速等。战略决策的难点在于能否对战略环境有清醒的认识，把握战略机遇。苏联在美国深陷越南战争，战略能力大打折扣时，本来赢得了一个难得的战略缓冲时间，但是最高领导层没有清醒地认识到这一点，错过良机，反而更加疯狂地发展军事，加速对外扩张，最终使自己陷入阿富汗战争，酿成败局。

——模式选择是否对路

每个国家都有自己的民族文化和历史积淀，加之战略环境和发展基础的不同，就决定了要选择适合自己的发展模式。如果法国采取英国模式，就无法广泛得到民众支持；如果英国采取法国模式，就面临无资源可用的尴尬局面。所以，英国模式不能用在法国，法国模式不能照搬到英国。日本在战后不利的环境下，采取"以民掩军"的模式，在大力发展经济的同时，悄然发展军事，是一种比较聪明的做法，既不给外界造成太多的口实，影响发展，又可以富国强军，最终可以冲击世界大国之梦。

——度的把握是否合适

融合到什么程度是最佳？要根据国情等客观实际，与时俱进，在不同的发展阶段确定不同的军民融合度和产业比重度。

如美国，在战后不同时期就采取了不同的融合度，由"以军带民"到"以民促军"，再到完全的"军民一体"，与我国的"以军转民"到"促民进军"，再到深度的"军民融合"，有异曲同工之妙。

——方法措施是否得当

改革是利益的调整，因此必有阻力。应当坚持"最大预期和最小阻力"原则，以科学的方法举措来推进。在进行军民融合发展建设时，必须要有配套的措施和科学步骤加以保障，同时要选择合适的项目进行拉动，才能确保稳定与发展。办任何事情，只有良好的愿望不行，还要有实现愿望的手段；没有理想不行，但理想应当化为发展的实际步骤。走军民融合的发展道路，应采取"路线图"的方式，有目的、有计划地进行。

3. 军民融合发展的前提与关键

军民融合发展，是一项复杂的系统工程，包括诸多的发展要素，需要一定的前提条件和关键性配套建设，使各组成部分能够最大限度地相互协调，才能取得最优的发展效益。

——科学的顶层设计

作为复杂的系统工程，科学的顶层设计就成为军民融合工作有效的前提和关键。在美国，国防部设立了完备的战略规划机制，因而国防部对国家安全战略形成、科学技术创新、战略产业的发展，具有决定性影响。国防部制定的防务科学技术战略，是实际意义上的美国国家科学技术发展战略。因此，美国的战略发展，通过国防部的顶层设计，取得了卓有成效成果。

——强力的组织领导

改革是一项铁腕事业。没有强有力的领导核心和广泛的民众支持，是难以破除阻力并坚持下去的。纵观世界军民融合发展卓有成效的国家，其领导阶层，往往是直接的改革推动者或赋予改革者强大的权力和支持。即使是在瑞士这种绝对民主化国家，其进行有关国防与经济发展的重大改革时，也要经过全民公投，来赋予改革绝对的权威性和支持率。

——系统的法制保障

由于军民融合发展涉及军地双方，波及范围较广，利益纠葛复杂，内在风险突出。为了确保改革能够强力推行，用法规制度廓定权利和义务，理顺发展中的问题处理，是必需和必要的。如英国，将国防法案融于国家法案之中。如他们的《运输法》《民航法》等，都是通过军地共同遵守的法律，共同约束和廓定发展问题，从而起到了极好的效果。美国国防部专门设有国防合同管理局，按照十几部合同法规管理着全军 36.6 万余项大型合同，总金额超过 9200 亿美元，法制化管理成果突出。

——适当的经济扶持

军民融合发展成果中包含国防效益、社会效益和科技效益等综合效益，所以不能单纯用金钱效益衡量发展的成果。在军工生产缺乏经济利益的时候，就必须由国家进行适当的经济扶持，保证参与者的积极性和项目继续实施的可能性。如日本防卫厅每年同一些主要企业签订合同，保持必要数量的军事订货，并提高价格 30% 左右[1]，以吸引和鼓励企业从事军品生产。法国为了保证空中客车大飞机项目，先后投入 5000 亿美元之巨，才力保项目突破难关，获取成功。

——统一的标准规范

采用通用标准有效消除军民之间的壁垒，实现技术融合和产品兼容，是进行军民融合发展的关键环节之一。如美国，从1994 年开始军事标准改革，形成军民通用的经济技术标准，通过对 3 万余件军用标准的逐件审查，废止了 4000 余项军用规范（含单篇规范）和 300 余项军用标准，采纳了 1784 项民用标准，大大提高了民用标准、性能规范在国防部标准化文件中的比例[2]，从而消除标准障碍，提高产出效益，同时充分发挥民间承包商的积极性和创新能力。

——合理的促进机制

在复杂巨系统中，机制往往起到基础性、根本性作用。在世界各国的军民融合发展建设中，都能够看到机制所起到的巨大促进作用。如英国政府为了保障体系平时的正常运行和战时的有效供应，其政府和相关法律部门构建了比较系统的配套机

---

1 李大光，寓军于民的日本军工体系透析［J］.北京：国防技术基础 ,2008(10)，p55.

2 石奇义、李景浩，美国推进军民一体化的主要措施［J］.北京：国防技术基础 ,2007(5)，p39.

制体系，包括利益机制、政策机制、计划机制、合同机制和法律机制，给予承包商在标准规范、商用惯例和供货模式上一定的自主权，有效规范了军地双方的权利和义务，刺激了承包商的积极性，进而提高效益，降低风险。

五

中国特色军民融合发展战略目标指向

战略设计是发展战略的基础与核心，是发展与管理过程中的灵魂与主线。科学的战略设计是建立在系统分析与准确判断的基础之上的一种带有全局性、长远性和根本性的，经过系统设计的动态可变的宏观规划与计划。

现代战略管理学的发展与实践证明，仅仅依靠厚实的经验积累或天才的直觉和创造精神，在错综复杂的发展与竞争环境下，已不可能形成系统、科学、完美特别是真正符合客观实际的发展战略，必须要经过复杂周密的系统分析，从而做出准确客观的战略判断，通过战略设计将环境、需求、计划与资源有效融合，才能形成最优战略。

中国特色军民融合发展战略，作为复杂巨系统的长期发展战略，在新的发展环境中，必须要按照现代战略管理的要求与步骤，首先进行科学的战略设计。

（一）中国特色军民融合发展的特性与 SWOT 分析

发现业已存在或即将产生的问题，分清轻重缓急，找出解决办法，并明确以后的发展方向，方能设计一套与内部资源、外部环境相适应的真正具有中国特色的军民融合发展路径。

SWOT 分析法又称为态势分析法，是战略管理中运用最持久和最广泛的分析技术之一，它包括 Strengths（优势）、Weaknesses（劣势）、Opportunities（机会）、Threats（威胁）四部分综合评估与分析，以及相应的战略对策确定。利用 SWOT 分析法对中国特色军民融合发展的特性，特别是内在的竞争优势和竞争劣势以及外在的机会和威胁，进行分析研究，可以系统明确并把握发展中对自己有利的、值得发扬的因素，避开对自己不利的东西。

1. 优势与劣势分析

发展的关键在于自身状态。事物内在的本质性的优势与劣势，将直接决定事物发展的未来。因此，厘清优势（Strength）和劣势（Weakness），是确定中国特色军民融合科学发展目标的前提。

——**优势**（Strength）

★社会主义制度先进有力

军民融合发展是一项铁腕事业，必须有坚强的组织领导核心和先进有力的政治制度作为依托。我国走的是中国特色社会主义道路，有中国共产党作为坚强领导核心，能够确保形成发展的思想共识和组织合力，确保了能够集中全国的力量办大事、要事，能够真正实现全国、全民、全军、全心、全力的军民融合发展。

★国家计划调控经验丰富

中国特色军民融合发展模式，并非简单的计划型或市场型发展模式，而是由顶层的规划引导层，和底层的行政与市场有机结合的复合调控层，共同组成的复杂发展模式。由于历史和政治的原因，我国在经济上保留有系统的组织计划和行政干预体系，在统一规划引导和行政干预调控方面，具有特殊的优势和经验。这些优势与现代市场调控手段结合，能够确保中国特色军民融合发展规划的科学性和组织落实的可行性。

★历史文化传统底蕴厚重

实现军民融合深度发展，必须要有基于相关文化底蕴和民众思想认识的软支撑。我国五千年来"崇文尚武"的历史积淀，形成了"文武兼备"发展的文化底蕴。中国在历史上无论是经济、科技、文化还是军力，都长期是世界的翘楚，但从宋朝开始的重文轻武体制和从明朝开始的闭关锁国政策，导致发展的失衡和科技的落后，使得十九世纪以来，国家和民族不断饱受侵略之苦, 丧权辱国。强烈的民族自豪感与近代落后挨打的屈辱史形成的巨大反差, 促使全民抱有民族复兴和大国崛起的强烈愿望。厚重的文化底蕴和统一的民众思想, 成为"富国强军"建设发展强力的软支撑。

★科学技术体系较为完整

军民兼容的技术融合, 是军民融合的本质所在。科技是军民融合的核心要素。经过六十余年发展, 我国已经建立了相对完整的科学技术体系。"总体上看, 科技整体水平不断提高, 与世界科技前沿的差距在缩小, 在一些重要领域能够紧跟世界科技发达国家的步伐, 有些领域已经达到国际先进水平, 某些新兴领域已经位居世界前列; 科技发展速度居世界首位, 科技产出增长显著加快, 科技创新能力显著提升; 科技进步对经济社会发展的贡献不断增强, 全民创新意识和科学素养大幅提高"[1]。国家科技的迅猛发展, 为军民融合深度发展奠定了坚实的技术基础。

★现代经济体系较为完善

从建国初期起, 我国经济建设着重于发展工业, 特别是与军事相关的重工业, 在较短时间内就建立了较为完整的民用及国防工业体系。改革开放后, 我国抓住机遇, 大力发展经济, 在各方面全面发展的基础上, 大力发展现代工业和高新技术产

---

1 中国科学院, 科技革命与中国的现代化 [R]. 北京: 科学出版社 ,2009, p28.

业，产业结构不断完善，基本实现由农业为主，向一、二、三次产业协同发展的转变，构建了较为完整的现代经济体系。经济体系的发展完善和经济总量、质量的不断提高，为军民融合深度发展奠定了坚实的经济基础。

★人力资源供应较为充足

我国的人力资源基础坚实，人口总量世界第一，其中也蕴含了人才、人力资源的优势所在。改革开放以来，通过教育事业的不断发展和科技投入的稳步增加，全民教育普及程度已接近中等收入国家平均水平，我国科技研发人员总量已居世界第二位，劳动力群体的科技和人文素质不断提高。总体上看，无论是数量还是质量，都能够为军民融合深度发展提供基本的人力资源。

★矿产资源种类丰富多样

我国疆域辽阔、矿种较为齐全丰富。"截止到 1992 年，我国已发现 168 种矿产，探明储量的矿产则为 151 种，已发现的矿床、矿点 20 多万处，详细查明的近 2 万处。在已探明储量的矿种中，燃料矿产 4 种，金属矿产 56 种，非金属矿产 87 种，以及地下水、地热和矿泉水等 4 种"[1]。这些资源对国防、经济和科技发展，均具有重大战略意义。例如有"工业维生素"之称的稀土，在国防、经济特别是高技术领域战略价值极高，其

1 张雷，我国可持续发展的矿产资源基础[J]. 北京：自然资源学报，1998（2），pp133-138.

储量和产量均为世界之首，有"中东有石油，中国有稀土"之称。这些丰富的矿藏，能够满足军民融合深度发展所需的大部分的矿产资源。

★基础设施体系较为完备

国家基础设施从使用对象区分，主要包括民用、军用和军民两用三大部分。国家基础设施对经济与国防的发展，起到重要的硬支撑作用。我国基础设施建设，长期依靠政府主导和推动，近年来开始尝试市场化和产业化运作。经过六十余年发展建设，构建了一套功能完备、齐全配套的基础设施体系。如：多年"深挖洞、广积粮"工作，构建的国防战备基础设施体系；近年来快速发展的以铁路为骨干，公路、水运、民用航空和管道组成的综合运输网；初步覆盖全国、通达世界、技术先进、业务全面的国家信息通信基础网络等。

★竞争能力基础较为坚实

按照现代经济学观点，竞争能力的最主要指标是商品的销售情况和市场占有率。我国有着世界最庞大、最活跃和最有发展潜力的市场，因此在竞争能力上占有得天独厚的优势。加之中国制造商品在世界范围内一直享有"物美价廉"的声誉，产品销路一直看好。此外，我国坚持独立自主和友好互助的外交策略，与广大发展中国家关系良好，在军工产品销售和有关军事用途技术输出上，不存在大障碍。综合以上几点，我国实现中国特色军民融合深度发展，拥有一个巨大的军用和民用市场支持，因此具有较强的竞争优势。

——**劣势**（Weakness）

☆全民国防意识不够强烈

军民融合深度发展，意识统一是基础。近年来，随着经济的进一步发展，国防建设的投入适度加大后，国内出现了一些意识形态上的杂音，认为中国能够且只能走和平发展道路，不应该加大国防投入，应该继续把所有力量用于经济，富国自然就是强国。在国外敌对势力的介入和支持下，这些杂音对国防建设也起到了一些干扰和迷惑的效果，个别领导、专家乃至部分群众痴迷于 GDP，直接或间接反对加强国防建设。军民融合深度发展，必须对这些错误认识进行纠正，同时要防止这些杂音干扰。

☆军地互动机制不够健全

军民融合深度发展，前提在于能够军民互动。军地之间本身就有一些界限和不同，需要机制加以协调。但近年来，由于一些客观的原因，军地互动机制发展与社会经济发展之间存在一定滞后性，不能完全满足互动需求，主要表现在：某些地方为了经济发展，不考虑国防的需要；一切向钱看，"扒掉英雄坟，盖起别墅群"；甚至一些关系到国家核心利益的战略军事基地，都被开发成旅游景点等。部队在科技强军中，较少考虑从社会寻求支撑，并把民间的科技创新成果及时转化军用。这些问题都会影响到走军民融合发展道路的步伐。

☆经济投入重点不够突出

军民融合深度发展，必须要有足够的投入。近年来，伴随着经济的进一步发展，国家建设中资金投入的数量逐渐增多，但投入军民双向需求的高新科技还不突出。同时，由于一些行业占用了过多资金和资源，挤压了其他产业的正常发展。诺贝尔奖获得者斯蒂格利茨认为："在 21 世纪初期，影响世界最大的两件事，一是新技术革命，二是中国的城市化"[1]。但当前，我国应用于"城市化"的精力、投入等，远大于新技术革命，而在"城市化"的过程中，房地产的投入又占据了大部分。这样，就给人以中国"现代化"就是"城市化"，"城市化"就是"房地产化"的感觉。如果经济投入重点的问题不解决，将直接影响和制约军民融合深度发展建设投入。

☆高端人才数量不够充足

军民融合深度发展，人才的需要不仅仅是数量，更在于质量。当前，我国在国防、经济和科技建设中，高端技术人才的匮乏问题，一直难以解决。国内的高素质人才，因为种种原因大量流于国外。国外的人才又难以引进，引进后又不能充分使用。双重因素导致国内在信息电子、生物科技、机械制造等重点产业和技术方面，缺乏真正的领军人才。高端人才的缺乏，将直接影响到军民融合深度发展建设的水平和速度。

☆科技强国认识不够到位

军民融合深度发展，重点在于发展实实在在的高新技术，

---

1 转引自：范正伟，"围堵"无助化解矛盾［N］.北京：人民日报，2010-9-20，p9.

而发展高新技术的基石在于国家的整体理工基础水平。近年来，国家发展过程中，"重文轻理"的情况有所抬头，无论是科研投入数量、院校教学规模，还是人才待遇水平，在经济学、文化学、语言学等文科，都逐渐超过传统理学、工学和生物学等理工基础学科，社会上也形成了一些学理不如学文、学经济等错误认识。加之投入不到位，我们在一些核心技术和关键技术上，始终难以突破，特别是最基本的工艺水平和材料加工问题，这些将直接影响到走向高端的军民融合深度发展。

☆能源资源供给不够稳定

现代国家发展的重要支柱是能源资源。没有能源支撑的国防与经济，是空虚的国防与经济。能源安全问题，业已成为影响我国国防与经济发展的重要风险之一。以石油为例，由于国内能源储量和产量有限，而需求日益增加，从1993年起，我国就成为石油制品净进口国。这其中尚不包括每年约100亿美元的化肥、乙烯及化纤等石油化工产品的进口。国内现有石油战略储备依然比较有限，而对外能源战略通道，已基本上被以美日为首的战略对手所控制，战时将很可能陷我于无油可用的境地。

☆矿产资源效益不够理想

矿产资源是国家的重要硬财富，是军民融合深度发展的重要资源和经费来源。当前，我国矿产资源的效益较低，依然属于粗放型开发利用。一方面，外购矿产越来越贵、越来越难；另一方面，国产矿藏越来越贱，越来越少。加之有效供给和利用水平低下，导致产出效益低，产品水平低，得不偿失，还损失大量资源和经费，导致越产价格越赔、越产环境越脏。矿产资源的效益不高，将会严重影响军民融合深度发展建设的可持续性。

☆国防设施建设不够完善

国防设施是国防战备和建设的基础。一段时间以来，我国国防设施建设较之经济发展速度相对滞后，存在的一些问题将直接影响到国家战备建设。一是部分设施过于陈旧。当前使用的国防设施，部分建于 20 世纪六七十年代，年久失修，状态堪忧。二是部分设施被挪用。以防空洞为例，很多已经被改造成地下商场甚至娱乐设施。三是数量和质量有一定不足。国防设施建设，并未完全跟上社会经济的发展速度，军用的港口码头、机场、公路铁路等大项设施建设，都需要双向思考、双向规划，走出融合的步子。

☆核心竞争能力不够强大

军民融合深度发展在军事上的体现是核心战斗力的提升，在经济上的体现是核心竞争力的提升。当前，我国的核心竞争力现状并不够强大，用通俗的话说，就是"中国创造"和"中国制造"的品牌区别，就在于"大飞机"和"衬衣"的技术差。发展核心竞争力的问题，往往不是因为能力不足，而是由于发展的底气和重视程度不够。以大飞机项目为例，上世纪 70 年代，中国喷气式客机研制与法国几乎同时起步。80 年代初，采用大量新材料、新标准、新工艺，并拥有完全独立自主知识产权的运十大型飞机就取得重大技术突破，但后来由于种种原因，研制处于停滞状态。此后 30 年里，法国却坚持向"空客"投入数千亿美元，使之成长为可与"波音"抗衡的世界民机巨头，创造了可观的国防和经济效益。

2. 机会与威胁分析

发展的依托是外部环境。外部环境的机会和威胁，将直接影响到事物发展的过程。所以，明确机会（Opportunity）和威胁（Threat），是确定军民融合发展路线和方法的基础。

——机会（Opportunity）

★和平与发展大势尚存

一方面，在当今世界，"和平"与"发展"依然是两大主题，世界反战力量日趋壮大，和平发展呼声不断提高，发动战争的政治、经济、社会及其他代价不断加大。另一方面，中国国家地位不断提高，制约大战的能力也不断增强，只要战略决策得当，国防发展有力，就可以延长战略机遇期。

★技术交流的渠道顺畅

技术无国界。在信息社会，没有穿不透的绝对意义上的技术壁垒，只有困扰发展的技术障碍。世界范围的技术交流，已经或明或暗地呈现出越来越顺畅的态势。没有得不到的技术，只有消化不了或不允许使用的技术。所以，当前对待技术封锁，主要还是愿不愿破除困难积极引进、敢不敢创造条件主动引进的问题。

★市场占有可能性提高

在我国内市场占有的基础上，国外也能够扩展合适的战略级市场。在亚洲、中南美洲的发展中国家，以及非洲的大部分地区，可以发挥物美价廉的优势，抢占中低端军民商品市场。在发达国家，我们也可以将一些成熟的，对我军事威胁较小的高端产品进行输出，获取比以往"血汗加工商品"更高的综合利益。但无论哪种输出，都将遇到强大的行业竞争压力和贸易保护壁垒，必须要敢于突破困难，才能给军民融合发展提供市场支持和贸易动力。

★对手可能的决策失误

当前，世界各主要强国都陷入或面临经济和金融危机的困局。破局的迫切性和局势的复杂性，使各大国极易走出战略险着乃至败着。在中东、中亚、非洲和其他一些大国利益的交汇处，将成为新的战略陷阱。一旦有主要大国遭遇类似美国陷入越南战争之类的战略泥潭，将成为其他国家发展、超越，并获取战略利益的重大战略机遇期。

★战略合作可能性增强

现阶段，我们在全球范围都有相对稳定的战略朋友。在西方阵营中，由于其内部的利益纠葛和权力矛盾激化，一些国家和组织，也可以和我们在一些问题上成为朋友，甚至建立战略伙伴关系。"没有永恒的朋友，只有永恒的利益"。在霸权控制下的战略联盟不是永恒的，只要我们工作做得好，就能争取最大范围的支持与帮助，特别是在"一带一路"的战略大局下，能够使军民融合深度发展建设最大可能减少外界阻力。

—— 威胁（Threat）

☆周边安全环境日趋严峻

相对和平并不代表太平无事。随着美国战略重点东移，"重返亚洲"的步伐加快，我国周边安全形势急剧变化。在美国的支持下，东北方日韩挑事，西部"三股势力"持续分裂破坏，中印边界领土斗争形势日趋严峻，美日在台湾问题上继续大做文章，南海的主权争夺也已出现国际化趋势。未来一处有事，可能发生连锁反应，处处有事，对我国家安全和发展建设造成重大威胁。

☆能源依存系数不断提升

我国的快速发展，一方面对外影响力不断提高，另一方面对外依存系数也不断提升，特别是能源安全问题愈来愈突出。中国的能源进口主要集中于中东、中亚和非洲，而这些地区是大国势力介入集中地区，战火不断。主要能源出产国政府也基本都有大国支持背景。在我与大国发生冲突或摩擦时，这些能源国家极有可能以能源供应为武器，对我施加压力。此外，我国主要的能源国际运输线较为单一，主要运输节点如霍尔木兹海峡、好望角和马六甲海峡，随时可能被大国切断和控制，导致能源物流的中断，战略上被"釜底抽薪"。

☆金融风险事故影响增大

金融是现代经济的核心。金融风险将直接影响到国家安全与发展建设的全局。中国是一个在经济上快速发展和转型的国家，由于金融体制结构不够完善，金融管控和斗争经验不足，金融风险问题更加复杂。近年来，伴随着国际金融环境的恶化和金融危机的影响，使得中国金融体系本身的投资结构、融资结构和国际收支等结构性风险日渐扩大，加之国际金融资本不断冲击和外部政治势力强行干涉，以及不平等的国际金融规则，金融事故已经开始不断发生。今后，这类事故一旦处置不当，将酿成国家的重大金融损失，对战略全局造成严重影响。

☆价格歧视程度日趋恶劣

价格是剥夺利益的利器。近年来，我国在发展建设过程中遭受了严重的价格歧视，"卖啥啥便宜、买啥啥涨价"，在对外贸易中遭受不少损失。究其原因，一是遇到国际价格壁垒，被利益团体实施垄断价格剥削。二是缺乏谈判技术和经验，在谈判中处处受制于人。三是被国外安插大量利益代理人，核心利益屡屡被出卖。如果这些问题不解决，未来军民融合深度发展建设中遭受的损失便是双向的。

☆核心技术依赖逐渐增强

我们在国防与经济建设中，核心技术依赖的问题已经逐渐凸显，并影响到国家的安全与稳定，制约发展的速度与质量。当前，我国整体科技水平与世界发达国家相比，还存在有较大差距，在一些核心技术上独创性差，一些关键性技术难点没有突破。这样，就容易产生两大问题：一是核心技术难以引进，导致技术真空，形成技术障碍，制约了战略项目推进和战略技术发展，如飞机发动机技术，制约了军用战机和民用大飞机的研制开发。二是核心技术被单纯买进却没有掌握，形成技术陷阱。解决了当前的一些难题，可能会诱发以后更大的风险，如军用和民用计算机基本上都使用 Windows 系统，暗藏了信息泄露、系统崩溃等问题，在战时会导致难以预计的损失。

☆市场挤压力度日渐加大

我国对外出口，特别是高端产品的出口，容易遭受贸易壁垒封锁。如果出口产品是军工产品，更可能遭受政治强行干涉。军民融合深度发展，军民两用技术产品出口将是获取利益、良性发展的必由之路，一旦市场遭受挤压，会对商品的价值实现和生产扩大再投入造成不良影响。

中国国防建设和经济发展的特性与 SWOT 分析如图 5.1 所示：

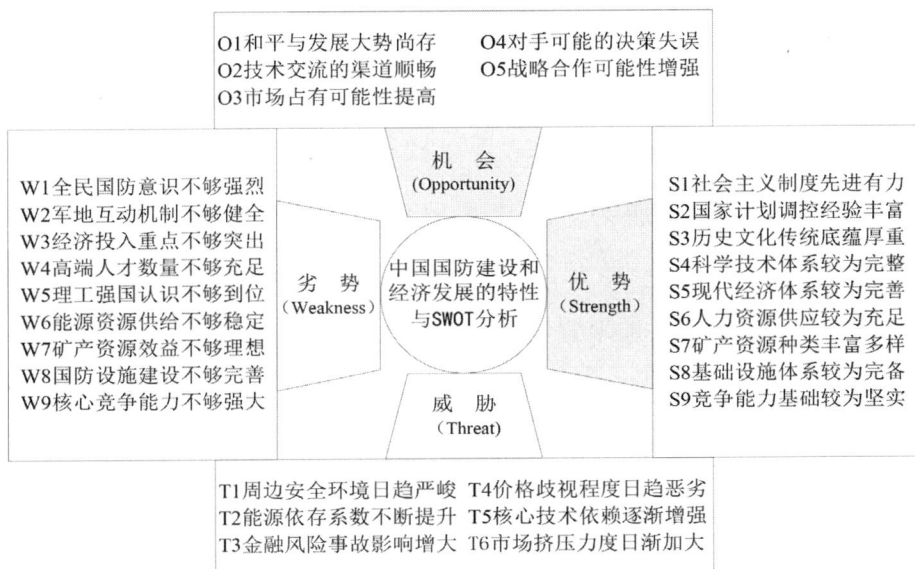

图 5.1 中国国防建设和经济发展的特性与 SWOT 分析图

3. 基于 SWOT 分析的战略对策

对战略决策需要的信息进行 SWOT 分析后，按照抓住要点、发挥优势、克服劣势和利用机会、化解威胁的思路，将各种因素加以组合分析，便可以制定出相应并可选择的战略对策。

由于国防与经济建设体系是复杂巨系统，多项数据难以准确定量，具有相对模糊的特点，决定了根据 SWOT 概略分析确定的国防与经济发展特点结论制定出的战略对策，只能是宏观对策性的战略方针。

——SO 战略

SO 战略是依靠内部优势，利用外部机会的战略。在当前情况下，中国特色军民融合发展可选择的 SO 战略包括以下八项内容：

一是把握当前的发展机遇期，借助各种有利条件，集中全国力量，及时进行国防与经济建设相融合的战略转型。

二是大力研发军事、经济意义均为重大的大科学、大技术，吸收国外先进科技成果，强化军民融合发展核心要素——融合科技的发展。

三是全面构建现代复合型经济，大力发展技术经济和军事经济，综合提高国家 GDP 的质量与数量。

四是通过外交上的磋商、交流与合作，结合经济上的渗透、收购与联合，拓展军工和民用产品的外部市场。

五是运用政治、经济和军事上的援助与合作，稳定大国地缘政治中重要的战略要点，延长战略机遇期。

六是在错综复杂的危机时期，利用战略对手可能的失误，及时获取平时难以染指的政治、军事和经济的战略利益。

七是借助掌握的战略资源，团结一切具有共同利益点的力量，构建战略合作的联盟，在重大国际事务中争取支持。

八是利用大国间的矛盾和冲突，瓦解或弱化对我不利的战略同盟，在主要对手附近培养"敌人的敌人"，减轻军事和经济对抗的压力。

—— ST 战略

ST 战略是利用内部优势，回避外部威胁的战略。在当前情况下，中国特色军民融合发展可选择的 ST 战略包括以下八项内容：

一是适度实施适当的军事威慑和武装介入，保证周边地区的相对稳定，保护战略利益不受损失。

二是扩大和保护战略能源的输入渠道，并扩充战略储备规模，降低能源供应短缺的风险。

三是控制国内金融开放的速度、幅度和范围，加强对金融业的控制，确保国家金融的独立自主和安全稳定。

四是利用外汇充足的优势，借助主要国家金融危机的时机，获取诸如信用评级等金融规则权利，制定和完善自己的金融标准。

五是评估和选择更符合我战略利益要求的国际投资商和被投资项目，实现选择性被投资，加强投资和运行过程监管，防止战略利益通过被投资渠道损失。

六是借助自身特有的能源和矿产资源，加上国内的市场优势，通过谈判和斗争捍卫价格利益。

七是全力加大军民融合重点项目和关键技术的研发力度，突破核心技术的制约和禁锢。

八是提高国内需求和消化的能力和水平，通过以国内市场换取国外市场，以产品市场换取技术市场的方式，综合扩大市场。

—— WO 战略

WO 战略是利用外部机会，克服内部劣势的战略。在当前情况下，中国特色军民融合发展可选择的 WO 战略包括以下八项内容：

一是总结和借鉴国外发展经验，结合近代以来战略利益损失的惨痛教训，强化全民国防意识。

二是通过破除军地技术隔阂入手，实现军民在人才、技术等方面的大交流，促进军地了解与互动。

三是参考国外在国家投资上的经验教训，引导和规范投资方向，控制和摈除投机性投资，从长期利益和战略利益着眼，确定支柱产业，实现国家科学投资。

四是在国外人才市场紧缩期，扩大人才特别是理工人才的引进规模，提高引进质量，给予生活和工作上的优惠与便利，人尽其才，扩大理工高端人才群体。

五是利用当前发达国家的财经困境，采用引进产品或技术——掌握技术——发展技术的模式，实现技术追赶和技术跨越。

六是通过控制资源出口数额和加工产品输出标准，提高国内资源利用效益。

七是在经济危机期间，通过购买品牌或集团兼并的方式，破除国外市场壁垒，扩大高端产品、品牌产品和军工产品市场。

八是通过合作开发和市场互惠，提高产品和技术的战略竞争能力。

——WT 战略

WT 战略是弥补内部劣势，回避外部威胁的战略。在当前情况下，中国特色军民融合发展可选择的 WT 战略包括以下六项内容：

一是通过动员和教育人民，提高爱国意识和战斗精神，在领土出现争议和受到霸权干涉时，实现万众一心和同仇敌忾，提高国家捍卫利益的意志力。

二是按照军民融合国防与经济的建设要求，通过优化和完善国内产业布局，提高应对金融和经济危机的能力。

三是强化理工强国的意识，加大在理工教育和科研上的投入，提高人才供应量和待遇水平，发展军民融合的技术根基，突破技术短板，迈入技术大国行列。

四是提高战略资源的管理控制，提高在国际上的销售价格，并创新战略竞争和对抗中的有效应对手段。

五是以主要作战对象为目标，按照核心军事能力要求，加强战备设施建设和维护，通过军事演练和国防教育等方式提高设施平时利用率。

六是提高核心竞争能力，以产品的性能、质量、价格和技术的军民兼容来对抗市场挤压。

（二）中国特色军民融合发展战略设计

战略必须为整个军事行动规定一个清晰可见的目标，依此拟制出战争计划；必须把达到这一目标的一系列行动同这个目标联系起来，拟制出各个战局的方案并部署其中的战斗。

在进行充分的客观战略分析和对策排列归纳后，可以结合对事物和理论的主观认识，进行系统的战略设计。但是，在得出最终的战略体系之前，必须明确战略目标、要素、架构和特征。

1. 军民融合发展的战略目标

美国战略理论家柯林斯说："一切有意义的计划、纲领和行动都必须以明确的目的为基础"[1]

中国特色军民融合发展的最终建设目标是：与国家总体发展目标相适应，为履行好军队使命，有效应对多种安全威胁，圆满完成多样化军事任务，构建一个中国特色军事经济融合体，

1（美）柯林斯著，解放军军事科学院译，大战略［M］. 北京：战士出版社，1978，p21.

将我国现有的以及将来的军事资源、经济资源、科技资源和社会资源在内的国家战略资源统筹集成，实现合理流动、相互转化和包容增长，对外形成以强大的经济竞争力、军队战斗力和文化软实力组成的整体战略合力，使我国成为社会主义现代化强国，实现中华民族的伟大复兴。

军民融合发展建设的基点和难点，就是构建中国特色的创新型军队和复合型经济。

中国特色的创新型军队，是拥有成熟的创新理念、迫切的创新需求和科学的创新应用的军队。创新型军队，既是信息化军队的本质体现，又是中国特色军民融合发展的伟力所在。创新型军队能够随时根据外界环境、理论理念和技术装备的发展变化，提出新的需求，并合理利用军地创新基础和创新成果，即时创新、调整和完善自身军事理论、军事技术和军事装备，完善自身并融合各种与军队有关力量，从而始终占据核心战斗力的制高点。创新型军队的战斗力来源于中国特色军事经济融合体，而创新型军队连绵不断的创新需求，又能够牵引、拉动和刺激中国特色军事经济融合体的发展。

中国特色的复合型经济，是高质量、高效益、高技术的知识经济。复合型经济，是基于中国特色创新战略和复杂系统工程，将基础性经济、军事性经济和社会性经济三大功能模块，科学融为一体的经济模式，以科技创新为动力，以整体发展为主线，以包容增长为要求，使各种经济模块能够依据需求，资源合理地流动和转化，相互促进和支持，最大限度提高经济的发展效益和系统综合能力。复合型经济既是中国特色军事经济融合体的经济支撑，也是力量融合的提供者，国防和军队依托复合型经济实现自身的又好又快发展，而中国特色军事经济融合体为复合型经济提供安全保障和发展动力。

2. 军民融合发展战略体系的构成要素

军民融合发展战略体系是一个复杂巨系统，包含诸多的构成要素，相互关系也错综复杂，但从体系的基本要素和关系构成来分析，主要包含有以下四类八大要素（体系的八个战略支柱）：

★顶层要素——发展规划融合体

作为一个发展建设中的战略体系，顶层设计即战略规划是必须首先确定的要素。军事经济融合体的顶层设计在发展规划融合体，即把国防建设与军队建设的规划，融入国家经济社会发展的总体规划之中，在国家发展战略中确定军事战略和国防发展战略，提高国家整体发展效益。

★核心要素——科技创新融合体

在体系构成的众多要素中，必然要有不同于其他体系的，用以支撑整个体系架构的核心要素。科技创新融合体，就是军民融合的核心要素。军民兼容的技术融合，是军民融合的本质所在。构建坚实的科技创新融合体，是通过科技创新作用于其他所有要素融合发展的基础工程，从而真正把科技强国与科技强军融为一体，实现用军民兼容的核心技术引导和支撑国家整体发展，提高国家战略能力。

★功能要素——国防动员融合体、社会保障融合体

任何体系，都必须有实现基本功能的要素。军事经济融合体建设，不是单纯的军民融合型经济建设，必须有实现国防功能的要素，才能真正体现其国防价值和意义，并能够支撑起创新型军队。对于现代战争而言，在国家宏观层面为军事系统主要提供的是强大的国防动员能力和社会保障能力。因此，军事经济融合体必须包含两大功能要素，即：国防动员融合体和社会保障融合体。通过国防动员融合体，把国防动员融入国家应急管理体系，建立"敏捷动员"机制，提高国家动员速度和动员实力，保证随时获取所需。通过社会保障融合体，把大部分后勤保障、装备保障及多种作战勤务保障融入社会保障体系，从而充分开发社会保障潜力和资源，提高军队保障能力和保障效益。

★支撑要素——信息基础融合体、产业发展融合体、人才教育融合体、基础设施融合体

任何体系，都必须有最基本的支撑要素，满足体系生存与发展的基本需求。对于任何国家的经济和国防的建设与发展来说，信息基础、核心产业、人才教育和基本设施建设都是最基本的支撑，也是复合型经济的生产基础。因此，军事经济融合体，包含有信息基础融合体、产业发展融合体、人才教育融合体、基础设施融合体四大支撑要素。通过信息基础融合体，把军队信息化建设融入国家信息化建设大体系之中，实现信息的基础

设施和知识系统的军民共用共享，提高整体信息能力，夯实信息基础。通过产业发展融合体，把军工产业融入国家产业体系，从需求、投入、产出和标准方面实现产业一体化，提高产能和产效。通过人才教育融合体，把军事人才培养融入国民培养体系，军事教育融入国民教育，提高军事人才的培养力度和培养效益。同时，从另一个层面提高全民国防意识和军事素质。通过基础设施融合体，按照军事斗争准备要求和国家发展需要，把战场建设和战备部署，融入国家基础设施体系，增大平战结合的程度，既促发展，又保国防。

中国特色军事经济融合体构成要素与相互关系如图 5.2 所示：

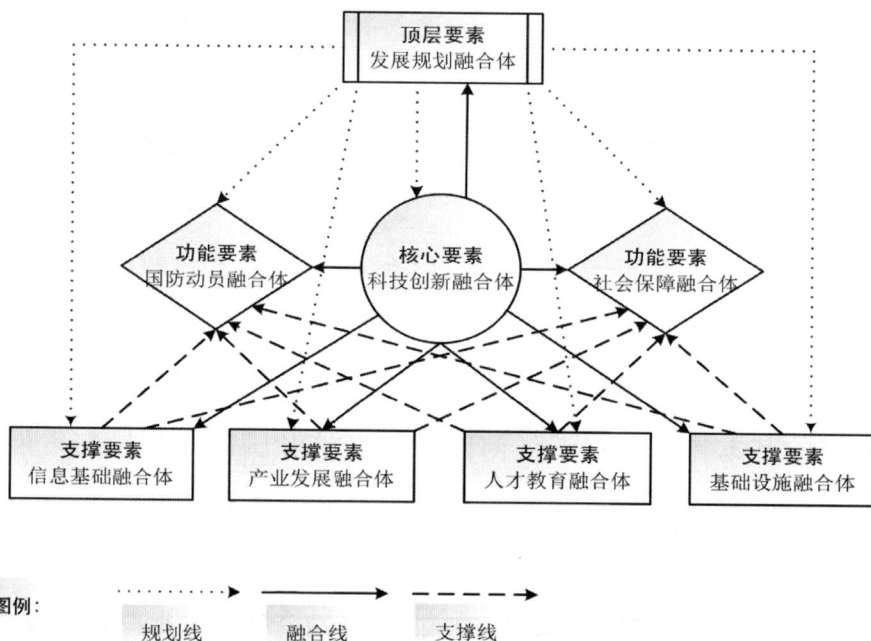

图 5.2 中国特色军事经济融合体构成要素与相互关系图

3. 军民融合发展战略体系的主体架构

军民融合发展战略体系纵横交错，规模庞大。所以中国特色军民融合发展战略不是一个单纯的发展战略，而是一套综合决策与规划群，既包括主体性战略（总战略），也包括相关性工程建设以及支撑性融合体。

整体而言，中国特色军民融合发展战略体系的主体架构，包含三个层次：

主体性战略。主体性战略即总战略，是整个战略体系架构的核心支柱。本书所述的主体性战略是军民融合发展战略。

相关性工程建设。相关性工程建设，是从主体性战略衍生出来的辅助性配套工程，或者是在总体战略的实施和落实中，根据相关因素的需求，提出和涉及的一些具有促进作用的战略配套工程。军民融合发展战略体系的相关性和衍生性工程包括：理论建设工程、文化建设工程、组织建设工程和机制建设工程等。其实，也都是一种支撑性战略，用以支撑军民融合发展的总体战略，确保国家在发展建设中的有利态势和地位。

支撑性融合体。支撑性融合是支持主体性战略成立和形成的基础，是从多个局部和多个侧面的集合，形成主体性战略的支柱，以确保主体性战略得到全面的贯彻和实施。军民融合发展战略体系的支撑性融合体，包括：科技创新融合体、发展规划融合体、国防动员融合体、社会保障融合体、信息基础融合体、产业发展融合体、人才教育融合体和基础设施融合体等。

中国特色军民融合发展战略体系的主体架构如图 5.3 所示：

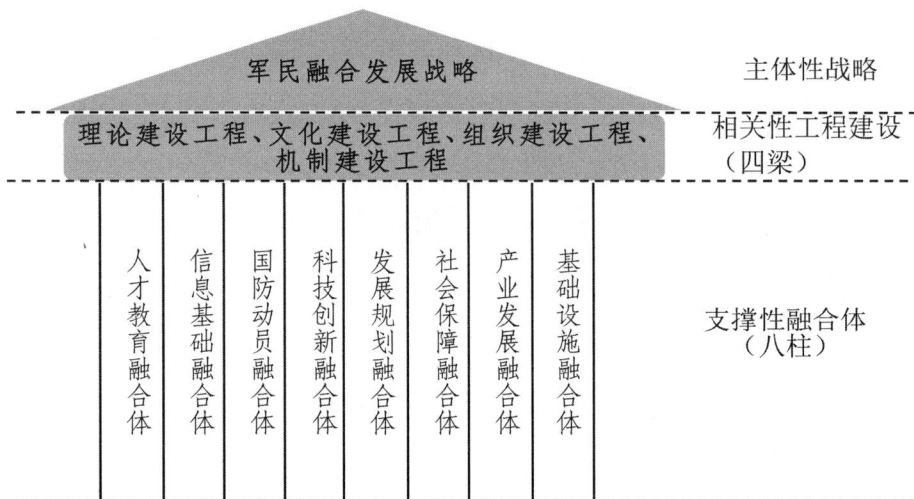

图 5.3 中国特色军民融合发展战略体系主体架构图

4. 军民融合发展战略体系的主要特征

较之其他国防和经济的发展建设模式，军民融合发展战略体系最本质特征是巨大的综合效益，因此也可称之为效益型国防。其效益主要包括增殖与发展的持续效益、国防与经济的功能效益两大部分。

战略发展模式的特征是其本质的外在表现，具有特殊性，表现着与其他模式间的区别和不同。同时，战略发展模式的特征也是发展的限制和要求，是发展过程中保持发展方向的限制条件。军民融合发展战略体系的综合效益，表现出以下四个主要特征：

★融合特征——技术集成

科技是人类现代化的发动机。[1]科技也是军民融合的核心要素。在科技水平一定的情况下，最佳的技术发展效益来自技术集成。军民融合发展模式与传统发展模式相比，重要领域技术都呈现出高度的军民融合集成化，实现利用一套技术、支撑全面发展的最佳技术效益。技术集成也就成为军民融合发展战略体系的融合特征。

★表观特征——军民一体

军民融合发展模式的军民一体，是指国防和经济建设中的军民一体。从外在角度看，国防与经济建设中的关键产业融为一体，更具弹性和活力。原先的军民两大经济体系，两套生产过程，合为一个经济融合体和同一生产过程，依靠军民兼容的核心能力，既能应对国防需求，创造军事价值；又能发展经济，创造产业价值。因此，军民一体就成为军民融合发展战略体系的表观特征。

★状态特征——平战结合

在传统国防与经济发展模式下，战时与平时比较，国家整体状态和综合能力差距较大。为了应对战争，战前需要进行大规模临战动员，科技与工业都要进行较大调整。一旦遭遇突发战争，准备时间紧促，会极大地影响到国家军事战略能力。在

---

1 中国科学院，科技革命与中国的现代化［R］.北京：科学出版社,2009,p1.

军民融合发展模式下，国家平时与战时的整体状态和综合能力差别不大，战前无须作大调整，即可应对战争或其他战略层面的危机，使得应对速度更快，力量更大，效益更高。平战结合便成为军民融合发展战略体系独有的状态特征。

★机能特征——双向互动

在军民分离的国防和经济的发展模式中，民用资源、军用资源基本处于双轨流动。随着时代的发展和科技的进步，民用资源与军用资源在种类、标准和用途方面不断趋于融合。在这种情况下，双轨并为一轨，资源双向流动，可以极大地提高资源供应能力和使用效益。军民融合发展模式，就采取了双向互动的单轨运行模式，军民资源可以相互补充、转化，共同促进国防与经济的发展。因此，双向互动就成为军民融合发展战略体系的机能特征。

（三）中国特色军民融合发展战略的实证研究

思想是照亮通向未来之路的明灯，方法是开辟通向未来之路的利器。调查研究、数学统计、数学建模、定性定量相结合，是理论创新的基本方法。

为验证以上战略设计的科学性、合理性及可实践性，同时确定各具体战略要素的建设需求，本书就中国国防建设与经济发展的关系和特性，以及未来建设需求等关键问题设计了问卷，并精心选定具有权威性、科学性和相关性的问卷对象，对包括

6 名两院院士在内的 30 余名涉及军地两用技术的高级专家，以及近 20 名在原总装备部、军事科学院、国防大学、国防科技大学等部门任职的高层领导进行访谈和调查，获取了第一手权威真实的资料。

本节将简要介绍该问卷调查的设计、发放、回收及分析过程，包括对问卷的设计量表的选择和设计、因变量和自变量的操作化定义、被调查对象的基本情况统计和问卷数据的统计分析。问卷数据的主要分析方法包括假设检验和因子分析。分析从实证的角度验证或否定第五章第二节提出的各个要素的可信度与可行性，并据此总结出其彼此之间的层次关系，同时确定各要素建设需求。

1. 问卷设计

这里将对研究模式中的所有变量进行操作化定义和问卷量表的设计，为使问卷量表具有信度和效度，采用经过信度、效度证实的量表。

——问卷及量表设计

量表是指根据特定的法则，把数值分派到受试者、事物或行为上，以测量其特征标志的程度的数量化工具。这里根据研究需要采用等距量表。李克特 (Likert) 量表是现代调查研究中被普遍采用的一种测量量表，李克特量表具有实施与记分既快速又经济、有助于项目分析程序、适用多数的态度测量情境的优点。由于研究中的变量没有直接的量化指标，变量的衡量依靠被测者对问题所持的态度，因此本研究变量指标都采取李克特量表进行量化。问卷设计分为问卷初稿设计、抽样预调查、确定问卷终稿三部分。

★ 问卷初稿设计

根据研究目的、相关文献数据与研究结构等方面考虑，尽量采用已有相应变量的量表，并根据本研究的实际情形，加以修订、增删，具体问卷内容设置在后面介绍。预试问卷的编制采用非常不同意、不同意、无意见、同意、非常同意五点式量表，向度均为正向。由于在本研究中经常有一个变量由多个问题项解释的情况，而不同问题项都是采用的正向向度，所以对于对变量解释含义相反的问题项要加以注意，最后计分时要逆向计分。预调查问卷分为四部分：第一部分是咨询项目团队基本情况介绍，包括项目成员人数；填写问卷人员的工作年限、年龄、性别；第二部分是影响因素指标体系；第三部分是知识创造水平评价指标体系；第四部分是调查者所在企业及咨询项目团队、联系方式和提出自己认为关键的影响因素。

★ 抽样预调查

预调查问卷编拟完成后，在符合研究要求的高级专家和一些部队高层领导中，实施预调查。发放 12 份问卷，共回收 12 份，全部采用访谈和讨论的方式。这部分问卷的发放对象都是相关领域的资深专家和高级领导，有丰富的实践管理经验，而且对军民融合有前瞻性和权威性认识。回收问卷后对问卷结果进行整理，主要结果有：（1）问卷填写人员提出对个别专业词汇不是很理解；（2）普遍认为问卷可以更简洁，因为调查对象平时工作比较紧张，烦琐的问卷使他们不想填写或者填写质量不高。

★ 确定问卷终稿

根据问卷的初稿和预调查的问题反馈，问卷的终稿更加注重了逻辑性。正如第五章第二节关于军民融合建设研究的分析过程一样，本小节的实证研究也具有循序渐进的过程，以此来增强实证研究的客观性，提高结论的说服力。

调查问卷分为四部分，其中一、三两部分为被调查者基本信息调查，下文中会包含对被调查者基本信息数据的统计，从而检验该实证研究的可信性。问卷第二部分，用于获取被调查者认为的国防军民融合建设的要素。该部分采用了五级李克特量表进行度量，量表一次设计为程度"十分重要""比较重要""一般重要""不太重要""不重要"五个级别，根据2003年国家统计局下发的《三次产业划分规定》，结合国防与军队发展需求，列举了19个可能的军民融合要素，同时，为了进一步追求客观与可信，该部分还设计了"其他"，允许被调查者填写真实意见。

问卷第四部分用于统计军事经济融合体可能的问题与需求，题目类型设计为主观题、客观单选题与客观多选题。客观单选题采用李克特量表进行度量，针对不同题目，采用的级数不同，但每题均设置了"不清楚"等中间选项，有效地避免了被调查者由于无法找到合适的选项形容自己的想法，而选择倾向社会大众的方向作答等问题，提高了调查问卷的准确性。客观多选题与主观题两者具有一定的相关性，用于统计军民融合问题及改革需求，这样的设计，可以帮助被调查者梳理思路，有效地避免了答案过宽、过偏的问题，提高了问卷的价值。

此外，为了防止问卷的过分引导性（即引导被调查者的思考与意见，像前文涉及的八大要素方面过分靠拢），该调查问卷设计没有直接向被调查者提出相关要素，诱导其做出可证实结论的答案，取而代之的是调查当前存在的问题，收集可行的改革需求，再根据这些数据，经过公正的数理分析，得出结论验证假设。这样做的目的，是为了保证问卷的客观性与可信性，同时也证明本文的研究价值。

——被调查对象的基本情况统计

本研究共发放问卷 80 份，最终回收问卷 51 份，其中有效问卷 51 份。由于该问卷探究国防建设，因此被调查人员主体覆盖我国高层军职人员和高级军用科技专业人员等。

问卷回收后，进行了严格的检查筛选，对筛选完后的问卷加以编号，客观题部分，单选题由"1、2、3、4……"代替各选项，多选题针对每个选项，采用 1 为选中，0 为不选的方式加以统计，以利于将来核对数据，并依问卷内容有顺序地键入计算机。调查问卷中客观题部分的数据信息录入到 Microsoft Excel 数据库管理系统及 SPSS 软件中，主观题部分的数据信息录入到 Microsoft Word 数据库管理系统中。为防止由于录入错误而引起的偶然误差，在录入后对数据库中的部分信息进行了抽查检验，检验结果表明，错误率为 0。

我们根据报告所填信息，对被调查者身份进行了统计，如图 5.4 所示：

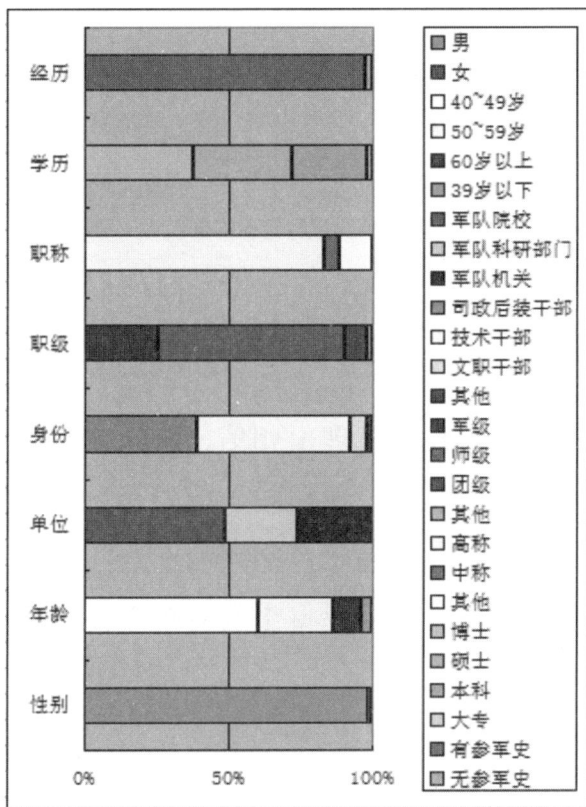

图 5.4　被调查者基础信息统计

根据图 5.4 我们发现，被调查者以男性为主，年龄集中在40 至 60 岁，身份主要为军队院校及机关的技术或司政后装干部，并且大多为师级及以上人员，大部分具有高级职称、本科及以上学历，此外，几乎所有被调查者均有参军史。

对于被调查者研究专业方向统计如图 5.5 所示：

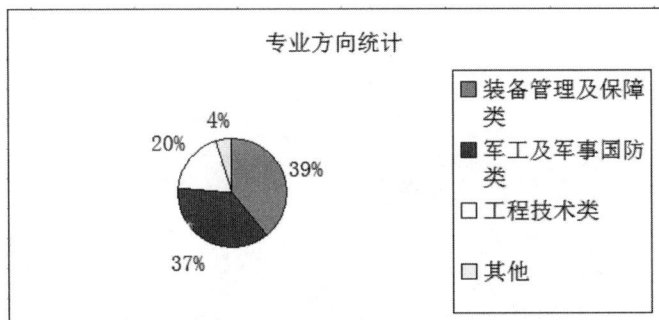

图 5.5　被调查者专业方向统计

图 5.5 的统计图表说明了被调查者大部分从事军事国防、装备和工程技术类工作。

通过如上统计，我们有理由相信，所选被调查者在国防建设方面有充分的工作经验，他们对于国防建设相关问题有着充分的思考和认识。因此，基于这些人的调查问卷所进行的数据统计及处理是有价值的，由此得出的有关军民融合发展建设问题的结论是具有代表性的。

2. 变量说明

——因变量的操作化定义

如前文所述，问卷第二、四部分将用于验证有关八大融合体的设想。下面分别介绍这两部分的因变量操作化定义。

第二部分：根据我国军民融合发展建设的要素以及前面的 SWOT 分析内容，根据 2003 年国家统计局下发的《三次产业划分规定》，设计了 19 个测量项，内容覆盖了科教文卫、经济、发展、生产、社保等诸多方面，其中每一测量项均用 Likert 五点量表计分,由被调查者根据自己的意见分别对这些选项评分。调查完成后,由数据处理者对上述选项的人数比例进行降序排列,并按照常规需求,选择人数比例在 75% 的选项认定为军民融合深度发展的重要因素。

第四部分:这部分调查我国军民融合深度发展存在的问题和改革的需求,是证实上文基于 SWOT 分析提出的八大融合体的主体部分,在问卷设计过程中,考虑到实证分析的客观性,该部分的因变量没有要求被调查者直接参与评价前文中的八大融合体,而是统计被调查者对于相关领域问题的看法,然后根据这些侧面的结论,分析总结出相应的正面结论。下面分别介绍各个部分的操作化定义和问卷问题设置情况。

★科技创新部分

根据第五章第二节的内容,科技创新融合体在军事经济融合体中应起支撑作用,属于八大要素中的核心要素。此部分的因变量一共采纳了 14 个测量项,最终题目设置为:当前军地之间的科研投入上的合作紧密性;当前部队不同机构在科研投入上的差别程度;当前地方不同机构科研投入差别程度;当前军地在关键性核心技术上的差别程度;当前军地之间的专家组成类型差别程度;当前军地不同单位的专家合作程度;当前军地不同单位的科研成果共享程度;当前军地之间的技术标准的差别程度;当前军地各自科技研究项目出现重复浪费的程度;当前军队科研创新与生产脱节程度;当前地方科研创新与生产脱节程度;当前军地科研存在的问题;军地之间科技创新建设必须满足的需求；当前军地科研的改革需求。

★ 发展规划部分

根据第五章第二节的内容，发展规划融合体在军事经济融合体中应起引领作用，属于八大要素中的顶层要素。此部分的因变量一共采纳了 11 个测量项，最终题目设置为：当前军地之间在发展规划上的紧密程度；当前国防与军队发展规划工作，国家是否有专门的行政机构体系；当前军地"智库"在人员组成类别上的差别程度；当前各种"智库"受外界非学术干扰程度；当前国家和军队对于民间"智库"成果的利用重视程度；当前军地发展规划还存在的重大问题；"智库"建设必须满足的需求；军地"智库"需要的重大改革需求；是否需要把国防建设与军队建设规划融入国家经济社会发展总体规划；是否需要在国家安全战略中确定军事战略；军地发展规划建设需要的重大改革需求。

★ 国防动员部分

根据第五章第二节的内容，国防动员融合体在军事经济融合体中应起国防动员作用，属于八大要素中的功能要素。此部分的因变量一共采纳了 8 个测量项，最终题目设置为：当前国防动员的需求是否明确；当前国防动员的动员边界是否清晰；当前国防动员的法律法规是否健全；当前国防动员的机构设置是否统一；当前国防动员关系协调是否容易；当前国防动员信息流通是否容易；当前国防动员存在的问题；国防动员建设必须满足的需求；国防建设还需要的重大改革需求。

★ 社会保障部分

根据第五章第二节的内容，社会保障融合体在军事经济融合体中应起军事保障作用，属于八大要素中的功能要素。此部分的因变量一共采纳了 8 个测量项，最终题目设置为：当前军队保障社会化发展程度；当前军队保障社会化组织机制健全程度；当前军队社会化保障稳定程度；当前军队战时是否能够实行社会化保障；当前军队保障社会化实际运行效益；当前军队保障社会化还存在的重大问题；军队保障社会化必须要满足的需求；军队保障社会化的重大需求。

★ 信息基础部分

根据第五章第二节的内容，信息基础融合体在军事经济融合体中应起信息支撑作用，属于八大要素中的支撑要素。此部分的因变量一共采纳了 9 个测量项，最终题目设置为：当前军队对信息化并轨建设的真实思想认识程度；当前我军是否有专门领导机构指导信息化工作；当前我军内部信息"烟囱"是否很多；当前我军信息化程度与地方差别程度；当前军队与地方信息化的标准规范一致程度；当前我军信息化建设发展的运行机制完善程度；当前军地信息基础建设存在的问题；军地信息基础建设必须满足的需求；军地信息建设还需要的改革需求。

★ 产业发展部分

根据第五章第二节的内容，产业发展融合体在军事经济融合体中应起产业支撑作用，属于八大要素中的支撑要素。此部分的因变量一共采纳了 9 个测量项，最终题目设置为：当前军工生产体系与国家工业生产体系融合程度；当前军工生产技术能力水平；当前军工集团生产的军用及民用产品国际市场占有率；当前部分军工集团与原下属科研单位分离是否影响现有技术和装备的改造提升和新技术和装备的投入生产；当前优势民营企业进入军工领域难易程度；当前国防科技工业体系是否打破计划经济体制下的行政性构架；军地工业一体化建设存在的重大问题；军地工业一体化建设必须满足的需求；军地工业一体化建设的重大改革需求。

★人才教育部分

根据第五章第二节的内容，人才教育融合体在军事经济融合体中应起人才支撑作用，属于八大要素中的支撑要素。此部分的因变量一共采纳了9个测量项，最终题目设置为：当前军地院校管理机构互联互通和互动难易程度；当前军地院校技术专业设置重复程度；当前国防生军政素质与部队要求差距程度；当前军队指挥人才培养能力；当前地方院校学生军事素质、国防意识和知识程度；当前军地之间学历通用程度；当前军地人才教育融合建设存在的重大问题；军地人才教育融合建设必须满足的需求；军地人才教育融合建设的重大改革需求。

★基础设施部分

根据第五章第二节的内容，基础设施融合体在军事经济融合体中应起设施支撑作用，属于八大要素中的支撑要素。此部分的因变量一共采纳了2个测量项，最终题目设置为：军地基础设施融合建设必须满足的需求；军地基础设施融合建设的重大改革需求。

——自变量的操作化定义

调查问卷的三种题目类型，决定了自变量的操作化定义。针对客观单选题，测量项利用 Likert 量表计分，各因素的测量项按照相同重要程度处理，权重系数相同。客观多选题提供相关备选选项，用"0、1"记法表示是否选中，权重系数相同。主观题允许被调查者自由发表意见，统计过程中根据数据选定相关范围进行归类处理。

3. 问卷统计分析

问卷数据的处理采用 SPSS 软件，主要分析方法包括描述性统计分析、假设检验和因子分析。

——描述性统计分析

该问卷分为四部分，其中，一、三两部分为被调查人基础信息调查，其统计结果及描述性统计分析作为问卷设计的一部分。问卷第二部分，是希望通过被调查者认为的当前建设需要的军民融合要素进行一个统计，初步证实 SWOT 分析的结果是否与实证结果一致。基于此，我们得到统计，如表 5.1 所示：

表 5.1　当前国家建设需要军民融合的要素

军民融合要素统计					
要素／重要性	非常重要	比较重要	一般重要	不太重要	不重要
科技创新	48	2	0	0	0
发展规划	39	12	0	0	0
国防动员	27	15	8	0	0
综合保障	22	23	4	1	0
工业生产	21	22	6	0	1
基础设施	18	22	8	2	0
信息基础	30	18	2	0	0
人才教育	33	16	1	1	0
房地产业	4	11	22	4	8
文化宣传	8	17	20	4	1
社会服务	16	15	17	3	0
交通运输	19	20	11	1	0
医疗卫生	20	19	9	3	0
农林牧渔	2	12	8	15	12
金融产业	7	10	12	9	11
仓库储备	9	22	14	4	1
批发零售	1	0	17	13	17
住宿餐饮	2	6	12	14	15
公共管理	10	13	15	10	2

　　我们对上述数据进行处理，将"非常重要"和"比较重要"两项设定为重要并进行排列，可以得到当前国家建设需要军民融合的八大要素，如图 5.6 所示：

　　因此，在这一部分的调查中，我们可以得出初步结论，军民融合的建设与发展应该围绕科技创新、人才教育、信息基础、发展规划、综合保障、工业生产、国防动员、设施建设八个方

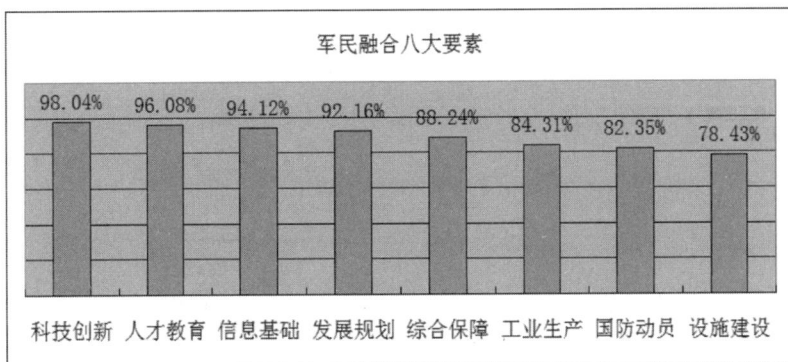

图 5.6 军民融合八大要素统计

面展开。后根据专家组意见，将综合保障变为社会保障，工业生产变为产业发展，设施建设变为基础设施。

第四部分的调查问卷，主要涉及军民融合发展建设存在的问题与需求分析，调查上述八个方面存在的问题及目前的需求，由于篇幅所限，具体的描述性统计结果不予一一列示。

——假设检验

该问卷样本容量为 51，总体分布的具体形式是未知的。基于此，我们采用非参数检验 (nonparametric testing) 对该问卷第四部分进行分析。结合题目类型，我们采用符号检验方法，即将假设结论设为检验值，设定置信区间为 95%，利用 SPSS 软件进行操作，对第四部分问题进行分析。

例如对第四部分题目 1 的假设检验过程如下：

根据描述性统计结果显示，该题第 3 选项占 56%，第 4 选项占 18%，检验第 3、4 选项。

H0：不选择第 3、4 选项人数比例 =38%

H1：不选择第 3、4 选项人数比例 <38%

进行重新编码，将选项 3、4 设为 1，其余为 0；检验比例：0.38；（检验结果见表 5.2）

表 5.2　二项式检验

二项式检验							
		类别	N	观察比例	检验比例	渐近显著性（单侧）	精确显著性（单侧）
重新编码后的数据	组 1	0	13	.25	.38	.042a，b	.042c
	组 2	1	38	.75			
	总数		51	1.00			

a. 备择假设规定第一组中的案例比例小于 .38。

b. 基于 Z 近似值。

c. 将为该检验提供了精确结果而不是 Monte Carlo。

表 5.2 显示，单侧 p 值为 0.042，小于水平 a=0.05，因此可以拒绝零假设。

检验结论：不选择第 3、4 选项的人数比例小于 38%，选择第 3、4 选项的人数比例超过 60%。

根据检验，我们可以得出结论，56% 选择题目 1 的第 3 选项，28% 选择题目 1 的第 4 选项，这是具有统计意义的。结合题目内容本身，我们得出题目 1 的结论：当前军地之间的科研投入合作不太紧密。

——因子分析

在完成每道题的假设检验后，我们根据每类题的相关内容，利用 SPSS 软件进行因子分析。因子分析模式为主成分分析法（principal components）。正交旋转将采用变值尽简法（varimax solution），这一方法的准则是尽量使所有变量在每一因子上负荷量上的平方和达到最大值。可以使因子结构简单容易解释。因子分析中缺失值用均值代替（replace with mean）。

以问卷中涉及科技创新的第 1 ~ 14 题为例，SPSS 结果如表 5.3 所示

表 5.3 KMO 和 Bartlett 的检验

KMO 和 Bartlett 的检验		
取样足够度的 Kaiser-Meyer-Olkin 度量		.639
Bartlett 的球形度检验	近似卡方	129.289
	df	55
	Sig.	.000

表 5.3 显示，Barlett 值 =129.289，P<0.0001，即相关矩阵不是一个单位矩阵，考虑进行因子分析。

KMO 值 =0.639，其值相对接近 1，因此，因子分析的结果可以被接受。

具体分析过程如表 5.4 ~ 表 5.7 所示：

表 5.4　成分矩阵

成分矩阵 [a]				
	成分			
	1	2	3	4
当前军地之间的科研投入上的合作紧密性	.532	.410	−.278	.033
当前部队不同机构在科研投入上的差别程度	.368	−.291	.348	−.461
当前地方不同机构科研投入差别程度	.791	−.212	−.018	−.242
当前军地在关键性核心技术上的差别程度	.520	.131	.414	−.010
当前军地之间的专家组成类型差别程度	.681	.214	.357	−.052

当前军地不同单位的专家合作程度	.678	.478	−.188	.170
当前军地不同单位的科研成果共享程度	.226	.050	−.712	.071
当前军地之间的技术标准的差别程度	.567	−.322	−.322	−.341
当前军地各自科技研究项目出现重复浪费的程度	.050	.761	.230	.082
当前军队科研创新与生产脱节程度	.263	−.411	.198	.761
当前地方科研创新与生产脱节程度	.668	−.359	−.024	.362

提取方法：主成分分析法。

a. 已提取了 4 个成分。

表 5.5 旋转成分矩阵

旋转成分矩阵 [a]				
	成分			
	1	2	3	4
当前军地之间的科研投入上的合作紧密性	.492	.096	−.011	.527
当前部队不同机构在科研投入上的差别程度	.116	.670	−.041	−.299
当前地方不同机构科研投入差别程度	.293	.744	.200	.223
当前军地在关键性核心技术上的差别程度	.562	.289	.176	−.167
当前军地之间的专家组成类型差别程度	.690	.372	.156	−.047
当前军地不同单位的专家合作程度	.673	.077	.131	.526
当前军地不同单位的科研成果共享程度	−.109	.036	.019	.743
当前军地之间的技术标准的差别程度	−.045	.701	.052	.385
当前军地各自科技研究项目出现重复浪费的程度	.658	−.380	−.250	−.025
当前军队科研创新与生产脱节程度	.007	−.081	.918	−.085
当前地方科研创新与生产脱节程度	.163	.376	.699	.224

提取方法：主成分分析法。

旋转法：具有 Kaiser 标准化的正交旋转法。

a. 旋转在 13 次迭代后收敛。

表 5.6 成分转换矩阵

成分转换矩阵				
成分	1	2	3	4
1	.591	.626	.369	.351
2	.698	−.493	−.477	.206
3	.397	.054	.134	−.906
4	.079	−.602	.786	.115

提取方法：主成分分析法。

旋转法：具有 Kaiser 标准化的正交旋转法。

表 5.7 解释的总方差

解释的总方差						
成分	提取平方和载入			旋转平方和载入		
	合计	方差的	累积	合计	方差的	累积
1	3.128	28.438	28.438	2.060	18.723	18.723
2	1.573	14.297	42.735	2.026	18.415	37.139
3	1.237	11.241	53.976	1.512	13.744	50.883
4	1.142	10.381	64.358	1.482	13.475	64.358

提取方法：主成分分析。

表 5.7 显示，上述 11 个问题可以归纳为四个因子，共可解释总方差的 64.358%，具有良好的解释度，四个因子的有效贡献度分别为 18.723%、18.415%、13.744%、13.475%。

4. 实证研究结论

通过数据统计和数据分析后，我们将对该调查问卷进行总结。首先是根据经过数据分析的每道题目的结论讨论，并总结出每类题的结论。然后根据每类题的结论讨论并总结出该调查问卷整体所得到的信息。

类别一：科技创新融合体

所得子结论：

◆当前军地之间的科研投入合作不太紧密。

◆当前部队不同机构在科研投入上的差别很大。

◆当前地方不同机构在科研投入上的差别很大。

◆当前军地在关键性核心技术上的差别很大。

◆当前军地之间的专家组成类型的差别很大。

◆当前军地不同单位间较少合作。

◆当前军地不同单位的科研成果很少共享。

◆当前军地各自科技研究项目经常出现重复现象。

◆当前部队科研创新与生产的脱节程度较高。

◆当前军地科研存在的问题：科研效率问题；创新能力问题；成果共享问题；加大投入问题；资源共享问题；统一规划问题。

◆军地之间科技创新建设必须满足的需求：资源共享；力量互动；平台共用；标准一致；项目优化；研产一体；统一产权。

◆当前军地科研的改革需求：规范标准；统一规划；资源共享；力量互动；平台公用。

上述子结论说明了两方面内容：一方面，主要涉及目前我国科技创新建设存在的一些问题。在军队科研上，问题存在于投入、效率等方面，问题显著性比较高；在地方上，上述结论显示了问题存在于投入在不同机构差别大的问题。而军地间合作的科技创新建设,问题集中于科研效率、创新能力、成果共享、投入、资源共享、规划六个方面上,问题的严重度不容忽视。

另一方面,主要涉及了目前我国实现军地科研创新建设的需求,主要体现在资源共享、规划统一、力量互动等几个方面。另外,根据最后两则子结论我们发现,统一规划、资源共享、力量互动、平台公用、规范标准这五个方面既是建设必须满足的需求,又是当前的改革需求,这说明当前我国军地间这五方面还存在一定欠缺,应加强对其的重视程度,加大力度作好这五个方面。

根据该报告第二部分数据统计显示,科研创新位居军民融合八大要素之首,而根据第三部分数据分析显示,我国军地间在这方面还存在很大问题。事实上,科研创新融合体必须满足的需求,如资源共享、力量互动等,对于军事经济融合体是起核心融合作用的,基于此,我们可以得出结论:

科技创新融合体是中国特色军事经济融合体不可或缺的组成成分,它是发展建设的核心要素。

类别二:发展规划融合体

所得子结论:

◆当前军地之间在发展规划上不太紧密。

◆当前军地"智库"在人员组成类别上差别较大。

◆当前国家和军队对于民间"智库"成果的利用不太重视。

◆需要把国防建设与军队建设规划融入国家经济社会发展总体规划。

◆需要在国家安全战略中确定军事战略。

◆当前军地发展规划存在的问题：统筹规划问题；管理机制问题；人才技术问题。

◆当前"智库"建设必须满足的需求：研究结论立场公正；数据资料真实充分；规划方案先进科学；实施措施可行有效；针对问题反应快速；研究范围军民一体。

◆军地"智库"需要的重大改革需求：完善规划机制；完善资源共享；提高建设经费。

◆军地发展规划建设需要的重大改革需求：设立管理机制；制定合理规划；实行资源共享。

上述子结论说明了两方面内容：一方面，主要涉及目前我国军地发展规划上存在的一些问题。这些问题集中在军地间发展规划的合作不紧密上，指出了统筹规划及其周边的管理机制、人才技术的问题，同时还包括对于军地"智库"不重视的问题，问题包括规划方案、实施措施、研究范围等，其严重度不容忽视。

另一方面，主要涉及了目前我国实现发展规划的需求，在肯定了需要把国防建设与军队建设规划融入国家经济社会发展总体规划的前提下，给出了军地"智库"以及军地发展规划建设的重大改革需求，包括完善规划机制、制定合理规划、实行资源共享等。其中制定合理规划和实行资源共享的需求被二者反复提出，应加强对其的重视程度，加大力度作好这两个方面。

根据该报告第二部分数据统计显示，发展规划是军民融合八大要素之一，而根据第三部分数据分析显示，我国军地发展规划还存在一些问题。发展规划融合体是中国特色军事经济融合体的引领部分，各融合体均需要统一规划与标准。基于此，我们可以得出结论：

发展规划融合体是中国特色军事经济融合体不可或缺的组成成分，它是发展建设的顶层要素。

类别三：国防动员融合体

所得子结论：

◆当前国防动员的动员边界不太清晰。

◆当前国防动员的法律法规不太健全。

◆当前国防动员机构设置不统一。

◆当前国防动员关系协调不太容易。

◆当前国防信息流通不太容易。

◆当前国防动员存在的问题：缺乏宏观规划；缺乏法规制度；缺乏协调机制；缺乏理论支撑；缺乏动员效率；缺乏民众动员意识。

◆国防动员建设必须满足的需求：与国家应急管理体系衔接；法规健全手段多元；明确动员级别层次范围对象；突出技术与能力的动员；提高动员反应速度；尽可能降低平战时状态差别。

◆国防动员建设还需要的重大改革需求：健全法规制度；完善体制机制；加强国防训练；提高国防动员宣传；加强国防信息化建设。

上述子结论说明了两方面内容：一方面，主要涉及目前我国国防动员建设存在的一些问题。这些问题集中体现在当前我国国防建设的欠缺上，包括法律法规、机构设置、宏观规划、信息流通、民众意识等，这些问题对于国防动员建设的发展起到一定的负面作用。

另一方面，主要涉及了目前我国实现国防动员建设的需求，包括提高动员效率、健全法规、降低平战差别等；同时，最后一项子结论给出了针对当前我国国防动员现状的改革需求，正是对上述问题的改革意见，主要体现在提高动员宣传、加强信息化建设等方面。这些需求与改革，其主体部分是需要注重军民一体、平战结合的理念。

根据该报告第二部分数据统计显示，国防动员是军民融合八大要素之一，而根据第三部分数据分析显示，我国军地间在这方面还存在一定问题。国防动员融合体实现军事经济融合体的国防动员功能，它是国防建设价值和意义的体现。基于此，我们可以得出结论：

国防动员融合体是中国特色军民军事经济融合体不可或缺的组成成分，它是发展建设的功能要素。

类别四：社会保障融合体

所得子结论：

◆当前军队保障社会化发展程度一般，还存在一些问题。

◆当前军队保障社会化组织机制不太健全。

◆当前军队保障社会化稳定程度一般，还存在一些问题。

◆当前军队战时很少能实现保障社会化。

◆当前军队保障社会化运行效益一般，还存在一些问题。

◆当前军队保障社会化还存在的重大问题：法规和体制问题；保障程度问题；住房和医疗水平问题；核心保障能力问题；利益融合问题。

◆军队保障社会化必须满足的需求：保障综合效益要高；保障管理科学有力；保障过程安全稳定；保障核心能力要强；保障范围覆盖要广；全时全域全程保障。

◆军队保障社会化的重大需求：完善法规及机制；完善医疗住房等保障社会化；提高保障社会化程度；完善一体化保障体系。

上述子结论说明了两方面内容。一方面，主要涉及目前我国军队社会保障存在的一些问题。这些问题集中体现在当前军队保障社会化的不足，包括发展程度、组织机制、稳定程度、运行效益、保障能力等的欠缺，这些问题制约了社会保障的实施，同时降低了军队战时保障的能力。

另一方面，主要涉及了目前我国实现社会保障的需求，包括提高效益、稳定保障、提高保障范围等；同时，最后一项子结论，提出了针对我国发展保障社会化的建议，正是对上述问题的改革方案。

根据该报告第二部分数据统计显示，社会保障是军民融合八大要素之一，而根据第三部分数据分析显示，我国军地间在这方面还存在不足。社会保障融合体实现军事经济融合体的军事保障功能，它是国防建设价值和意义的体现。基于此，我们可以得出结论：

社会保障融合体是中国特色军事经济融合体不可或缺的组成成分，它是发展建设的功能要素。

类别五：信息基础融合体

所得子结论：

◆当前军队对信息化并轨建设的真实思想认识程度不太统一。

◆当前我军内部信息"烟囱"相对较多。

◆当前军队与地方信息化的标准规范一致程度不太统一。

◆当前我军信息化建设发展的运行机制完善程度一般，还存在一些问题。

◆当前军地信息基础建设存在的问题：缺乏统一规划和标准；缺乏资源共享；信息建设能力不足；缺乏军民融合。

◆军地信息基础建设必须满足的需求：突出整体建设的联动效益；突出整体信息力发展效益；实现平稳转型过渡；突出军队结构力发展效益；突出增殖发展效益。

◆军地信息建设还需要的改革需求：实现资源及成果共享；统一规划及标准；实现军民融合；加强建设研究及管理；提高核心技术。

上述子结论说明了两方面内容。一方面，主要涉及目前我国信息基础存在的一些问题。这些问题集中体现在当前我国军队信息化水平的不足，包括与地方的标准不统一、资源不共享、建设能力不足、缺乏军民融合等问题。由于这些差异的存在，限制了我军信息化建设的发展。

另一方面，主要涉及了目前我国发展信息基础融合体的需求，包括整体建设、突出增殖发展等；同时，最后一项子结论给出了发展信息基础融合体的改革需求，包括提高核心技术、实现军民融合、实现资源共享等，其主体部分是需要注重技术融合和资源共享的理念。

根据该报告第二部分数据统计显示，信息基础位居军民融合八大要素前三，而根据第三部分数据分析显示，我国军地间在这方面还存在一定问题。信息基础融合体在军事经济融合体中应起信息支撑作用。基于此，我们可以得出结论：

信息基础战略是中国特色军事经济融合体不可或缺的组成成分，它是发展建设的支撑要素。

类别六：产业发展融合体

所得子结论：

◆当前军工集团生产的军用及民用产品国际市场占有率一般，并有偏低的趋势。

◆当前优势民营企业进入军工领域困难程度很高。

◆当前国防科技工业体系很少一部分打破计划经济体制下的行政性构架。

◆军地工业一体化建设必须满足的需求：规划融合；研制融合；体制融合；生产融合；市场融合。

◆军地工业一体化建设的重大改革需求：提高规划与体制建设；提高军民、科技融合；提高平台及资源优化整合。

上述子结论说明了两方面内容：一方面，主要涉及目前我国工业生产存在的一些问题。这些问题集中体现在三个部分，一是军工集团的市场占有率偏低；二是民营企业进入军工产品行业难度很高；三是目前的经济体制对军工生产发展有制约。这些都限制了我国工业生产建设的发展。

另一方面，主要涉及了目前我国实现产业发展融合体的需求，包括规划融合、体制融合、市场融合等；同时，最后一项子结论，给出了产业发展融合体的改革需求，包括提高规划计划、实现科技融合、优化整合资源等，其主体部分是需要注重技术融合和资源共享的理念。

根据该报告第二部分数据统计显示，工业生产是军民融合八大要素之一，而根据第三部分数据分析显示，我国军地间在这方面还存在一定问题。产业发展融合体在军事经济融合体中应起工业支撑作用。基于此，我们可以得出结论：

产业发展融合体是中国特色军事经济融合体不可或缺的组成成分，它是发展建设的支撑要素。

类别七：人才教育融合体

所得子结论：

◆当前军地院校管理机构互联互通和互动不太容易。

◆当前国防生军政素质与部队要求差距很大。

◆当前军队基层指挥人才培养能力相对较好。

◆当前地方院校学生军事素质、国防意识和知识程度一般，相对较低。

◆当前军地人才教育融合建设存在的重大问题：标准体制不明；融合程度不够；建设规模不够；学用结合不足；缺乏资源共享。

◆军地人才教育融合建设必须满足的需求：实现军地联合人才教育；军地人才互动交流；专业互通有无；普通高校及职业学校毕业生具有良好军事素质和国防意识；增加军政干部培养数量。

◆当前军地人才教育融合建设的重大改革需求：完善管理体制和规划；加强军地人才交流；加强各类资源融合；改良军队国防生教育体制。

上述子结论说明了两方面内容：一方面，主要涉及目前我国人才教育存在的一些问题。这些问题集中体现在三个部分，一是军地院校间的互通问题；二是国防生素质的问题；三是地方院校学生的国防意识问题。而建设规模上的、资源共享上的问题也加大了我国实施人才融合教育的难度。

另一方面，主要涉及了目前我国实现人才教育融合体的需求，包括实行联合人才教育、加大军地互通水平等；同时，最后一项子结论给出了人才建设融合体的改革需求，包括提高规划与体制、加强人才交流、加大资源融合等，其主体部分是需要注重军民一体、双向互动的理念。

根据该报告第二部分数据统计显示，人才教育位居军民融合八大要素第二，而根据第三部分数据分析显示，我国军地间在这方面还存在一定问题。人才教育融合体在军事经济融合体中应起人才支撑作用。基于此，我们可以得出结论：

人才教育融合体是中国特色军事经济融合体不可或缺的组成成分，它是发展建设的支撑要素。

类别八：基础设施融合体

所得子结论：

◆军地基础设施融合建设必须满足的需求：提高使用效益；提高建设效益；提高建设质量；提高建设能力；提高建设速度。

◆军地基础设施融合建设的重大改革需求：加强统一规划；设立长远规划；健全协作机制；提高保障效益；提高建设质量。

上述子结论主要涉及了目前我国实现基础设施融合体的需求，包括提高使用效益、建设效益、建设效率等。这也正是当前军地基础设施问题所在；同时，第二项子结论，给出了发展基础设施融合体的改革需求，包括提高规划与体制、加强保障效益、提高建设质量等，其主体部分是需要注重技术融合和资源共享的理念。

根据该报告第二部分数据统计显示，设施建设是军民融合八大要素之一，而根据第三部分数据分析显示，我国军地间在这方面还存在一定问题。基础设施融合体在军事经济融合体中应起设施支撑作用。基于此，我们可以得出结论：

基础设施融合体是中国特色军事经济融合体不可或缺的组成成分，它是发展建设的支撑要素。

综上所述，我们可以得到该报告所给出的结论：发展规划融合体、科技创新融合体、国防动员融合体、社会保障融合体、信息基础融合体、产业发展融合体、人才教育融合体、基础设施融合体为中国特色军事经济融合体八大要素。其中，发展规划融合体为顶层要素；科技创新融合体为核心要素；国防动员融合体和社会保障融合体为功能要素；信息基础融合体、产业发展融合体、人才教育融合体和基础设施融合体为支撑要素。在统计中我们还发现，技术融合和资源共享两个需求，是上述八大要素共同的需求，因此应加大重视力度。

六

中国特色军民融合发展战略蓝图绘制

　　构建军事经济融合体，是一项复杂、完整、严密、科学的系统工程。为了稳妥、全面、整体、高效地推动建设，必须根据我国国防与经济发展的客观实际，遵循科学的原则，按照"整体——要素——整体"的系统发展思路，采取有效的技术方法，将整体建设目标，划分为合理的要素建设任务与要求，通过完成一系列要素建设活动，实现既定的整体目标。

（一）中国特色军民融合发展的基本原则

　　中国特色军民融合发展是一项复杂、完整、严密、科学的系统工程。为了加快速度、提升效益并控制风险，就既要解放思想、主动作为，也要实事求是、关照全局、讲究科学。

中国特色军民融合发展建设指导思想是：以富国强军为目标，以"四个全面"战略布局、实践"五大发展理念"为纲领，以包容性增长为要求，着眼全面提高国家整体战略能力，立足构建中国特色军事经济融合体，围绕"创新型军队"和"复合型经济"建设，以技术融合为抓手，以法规制度为准绳，以体系发展为关键，以管理创新和技术创新为动力，积极推进国防与经济建设转型，实现国防与经济一体发展模式，推动国家战略整体的科学、协调、持续、系统、高效发展。其基本原则如下：

1. 立足国情、着眼全局

立足国情、着眼全局的原则，是指在明确中国特色军事经济融合体建设目标和任务时，一是要结合国家与军队的实际，处理好发展需求与客观现实的关系，解决好稳定发展与快速发展的问题，确定现实可行的建设目标和任务；二是要从国家发展全局高度考量，处理好国防改革与经济改革的关系，解决好局部发展与整体发展的问题，确定具体有效地实现路径。

2. 包容增长、突出效能

包容增长、突出效能的原则，是指在确定中国特色军事经济融合体建设路线的过程中，一是按照包容性增长要求，实现各组成要素改革与建设整体的平衡推进，给予同等的发展机会，防止出现"短板"和"空白"，利益均享，真正体现出军民融合发展包容性增长的优势；二是要将产出效能作为检验改革成败的核心指标，促使改革过程中的模式自我修正与改进，降低不必要的损耗，力争以最小的资源获取最大的产出效能，真正体现出军民融合发展高效产出的优势。

3. 标准对接、利益驱动

标准对接、利益驱动的原则，是指在制定中国特色军事经济融合体建设的具体措施时，要采取军民均可接受和实施的统一的方式方法：一是优先军用和民用的标准规范统一，从而消除军民融合的最大障碍，为实现资源共享、技术转移和产品互通奠定基础；二是在使用行政和计划等"硬驱动"手段的同时，更加注重市场经济条件下合理、合法的利益等"软驱动"手段，促进改革前进。

4. 依托制度、科学管理

依托制度、科学管理的原则，是指在实施中国特色军事经济融合体建设的管理工作时，以统一有效的法律法规为管理准绳，采取现代战略管理、项目管理、系统管理和风险管理等科学的管理模式手段，确保中国特色军事经济融合体建设与运行的持续、稳定、安全、高效。

（二）中国特色军民融合发展体系的八大支柱

中国特色军民融合发展的体系，以八个分融合体为支柱，支撑理论体系的架构，每一根支柱的建设都是系统中的一部分。为了不出现短板效应，必须及时梳理确定所有分融合体各自的建设任务。

确定中国特色军民融合发展的战略任务，必须要通过科学的分析方法。质量功能展开（QFD），起源于20世纪60年代的日本，由赤尾洋二博士提出，是一种在世界上比较流行的质量管理技术和方法，最初运用于日本汽车工业，取得了巨大成功，被认为是日本式质量管理的特点，也是最重要的工程管理方法之一。近年来，质量功能展开理论传播到全球几十个国家，在应用范畴上也远远超出了单一的工业生产。

质量功能展开实质上代表了一种思想，是一种开发、设计、生产和质量保证的方法论，它要求开发要面对需求，在设计阶段就考虑工艺和制造问题，从某种意义上说，它既体现了一种逆向思维哲学，也是一套计划和沟通工具。

将质量功能展开思想用于战略设计与管理，是一种大胆的创新，其最大的困难来自于战略问题往往难以量化。因此，如果将质量功能展开用于战略研究，必须结合德尔菲法或其他能够将战略问题定性和定量相结合的方法使用，通过定性和定量相结合的战略需求分析，实施质量功能展开，完成对需求的解决方案，从而确定科学、合理的发展目标和建设任务，实现高效、可行的发展。

长期以来，在我国改革与发展过程中，一直存在一种发展思路，即不断建设先进或好的新东西。而按照质量功能展开理论，真正要建设的是合理并且需要的新东西，并按照需求确定路线。因为最好的未必是最需要的，而不需要的往往就代表浪费。因此，为了更好和更有效确立中国特色军事经济融合体建设要素的具体建设目标和任务，本文运用质量功能展开思想，对军事经济融合体的构成要素进行具体分析和探讨。

为了更好和更准确地确定建设需求，本文在充分参考国内外研究成果的基础上，邀请了众多知名专家和高层领导，进行问卷调查和现场咨询，经总结得出各融合体建设需求的专家意见。

1. 发展规划融合体建设任务

——现状分析

★现有发展规划机构

地方官方研究机构：包括中国国际经济交流中心、中国科学院、中国社会科学院、国务院发展研究中心、北京大学中国经济研究中心、中国国际问题研究所等数百家"智库"型研究机构。

地方官方行政机构：以纵向的国家和各地方发展和改革委员会，连同横向的各国家部委发展规划司，及省市厅局的发展规划处，组成的发展规划和指导体系。

军方研究机构：军事科学院、国防大学、军委各部及各军兵种相关研究单位。

军方行政机构：中央军委及所属部门对军队的总体发展与改革，作相关的战略决策、规划和指导。

地方民间相关机构：主要是大量的民间"智库"和研究个人，能够以网络、报刊和其他出版物，对国家及军队发展工作提供参考性意见和舆论影响。

★现行发展规划流程

目前，军地都没有类似 PPBE 的明确发展规划制定流程法规文件，发展规划通常是按照上级——下级的习惯性模式进行。

地方流程：国家领导人参考地方"智库"或各部门及单位汇总的报告及建议，确定总体战略思路，由国家发改委制定总体宏观规划，国务院其他部委确定具体规划方案，经全国人大审议批准后交由业务部门及各地方政府具体执行。在执行过程中，地方"智库"和执行单位，可根据实际运行情况提出修正报告及建议，由国务院研究后进行相关规划内容的调整。

军方流程：中央军委参考军方"智库"或各部门及单位汇总的报告及建议，确定总体战略思路，由军委各部确定规划并由业务部门制定详细计划，由战区、军兵种及所属部队具体执行。在执行过程中，军方"智库"和执行单位，可根据实际运行情况提出修正报告及建议，由军委各部研究后进行相关规划内容的调整。

★存在主要问题分析

问题之一：军队和地方发展规划，基本是两个流程。各自的规划机构在运行中，虽然也有沟通协调，但缺少总体架构，导致政策相融性不够。国家战略发展规划和国防与军队发展规划，缺乏兼容。

问题之二：关于国防与军队发展规划工作，目前的军委战略规划办公室，力量依然相对薄弱，运行机制还需进一步完善，规划、计划、预算和执行相对封闭。

问题之三：地方"智库"在人员组成上，均以经济和管理学家为主，缺少国防及军事专家，研究出的成果不可避免地过度偏重于经济，提出的有关国家战略建议特别是牵涉军事及安全战略的建议，"含金量"不够。军方"智库"研究又高度集中于国防和军事，对于经济问题研究只限于国防经济，缺少对国家宏观战略的研究。

问题之四：各种"智库"受外界非学术干扰较大，如：一些"智库"生存发展受到各级主管部门影响，成为承担政策维护和解释功能的机构；一些民间"智库"为境外势力利用，甚至成了外部利益的代言人。这样，各种"智库"常常在重大问题上不能真正发挥好"外脑"作用。

问题之五：对于有远见、报国心切的民间"智库"的研究成果，利用、重视不够。

——需求分析

对于军事经济融合体中发展规划融合体建设的需求，通过专家问卷调查，经过后续研究调整，得出如下主要需求结构：

★"智库"研究需求

需求之一：研究任务高端前沿。

需求之二：研究结论立场公正。

需求之三：规划方案先进科学。

需求之四：研究范围军民一体。

需求之五：数据资料真实充分。

需求之六：针对问题反应快速。

需求之七：实施措施可行有效。

★发展规划需求

需求之一：把国防建设与军队建设规划，融入国家经济社会发展总体规划。

需求之二：确立国家安全战略，依据国家安全战略，确定军事战略、国防和军队发展战略，并形成完善的规划、计划、预算和执行体系，利用科学的机制保证战略实施。

需求之三：打破专家研究领域局限，实现杰出科学家和战略学家的"两家"结合，共同参与国家战略和军事战略的制定，在战略规划计划环节实现最前端和最尖端的"两端"融合。

——解决方案

★"智库"建设方案

研究任务高端前沿——主动参与国家战略规划制定和军队战争样式设计，引领第四次工业革命新产业链设计，探索跨域综合集成和新的大科学装备问题。

研究结论立场公正——支持设立不从属于官方和财团的独立研究"智库"，利用基金运营。

规划方案先进科学——各"智库"从各大专业院所、国家研究机构及海外研究人员中广泛吸取优秀人才。

研究范围军民一体——军地研究机构加强协作，各"智库"研究人员军民皆有，科学家、战略学家和军事学家集中一起，能够把军事、经济、科技和社会的高层次问题融入一个整体研究。

数据资料真实充分——国家尽可能提供资料来源和便利条件，拓宽从国外获取资料的路子。

针对问题反应快速——鼓励研究焦点、热点和敏感问题，提倡学术争论自由。

实施措施可行有效——建立高级官员退休后进入"智库"工作机制，使研究成果更为符合实际，避免纸上谈兵。

★机构建设方案

把国防和军队建设规划，融入国家经济社会发展总体规划——在中央军民融合发展委员会统一领导下，国家发展和改革委员会设立与军方协调的部门，军委各相关部门可考虑增加军民融合发展的规划职能，使军地发展规划机构流程实现互通互动，在涉及军民融合的大项目、大工程时，坚持一体筹划、联合研究和共同参与。

依据国家安全战略，制定确定军事战略、国防和军队发展战略，并形成完善的规划、计划、预算和执行体系，利用科学的机制保证战略实施。——借鉴美军经验，在军队中设立联合战略规划体系，由中央军委战略规划办公室牵头设立联合战略规划系统，在军委联合参谋部设立PPBE系统和联合作战指挥系统、在军委装备发展部设立全系统、全寿命国防采办系统。所有这些系统均在中央军委统一部署之下运行，从属于国家安全战略。

——建设任务构想

中国特色发展规划融合体建设，主要有以下两大建设任务：

一是构建军民融合发展规划"智库"群及其运行机制。以中国科学院、中国社科院和军事科学院等为核心的军地综合研究"智库"为主体，以各种社会性民间"智库"为补充，扬其所长，共同承担军民融合发展规划的研究任务。构建科学完善的"智库"运行机制，从政策、资金、人事、资料等全方位提供必要的支持与协助，赋予良好的软硬研究环境，重视研究成果评估和利用。

二是构建军民融合发展规划领导及组织机构体系。在国家发展规划部门中，融入军方发展规划的代表，促使军地共同拟制国民经济、国防建设和社会发展战略，联合推动、实施、监督和管理发展行动，在涉及军民融合的大项目、大工程时，一体筹划、联合研究和共同参与。军队建立由综合战略规划系统，规划、计划、预算与执行系统，国防采办系统和联合作战指挥系统和协调配套的运行机制，共同组成完整的联合战略规划体系。

——建成后的中国特色发展规划融合体设想

中国特色发展规划融合体，是主导未来中国国家发展的权威机构，是军民融合统一的最高发展规划机构。在研究和制定战略方面，有成熟和先进的军民融合型超级智库群，可以对国家各种战略方针、政策、策略和措施提供预先设计、综合咨询和全面评估。在战略研究方面，有能力提出国家发展战略、国家安全战略、国家军事战略的战略体系。在具体规划和实施方面，通过权威的军民一体的规划组织领导机构，统筹军民发展全局，统筹经济建设和国防建设，统一确定规划方案、管理规划流程、推动规划实施和进行规划调整，并在每个时期推出具有时代性、及时性的军民融合型大项目、大工程和大科学，牵引和推动国家科学发展。中国特色发展规划融合体，是军事经济融合体的顶层要素，通过对各条规划线，将军事经济融合体各要素链接在一起，成为一个完整统一的复杂巨系统。

2. 科技创新融合体建设任务

——现状分析

★现有科技创新机构

地方研究机构：国内地方科研机构主要有独立（主要由政府资助，如中科院）和隶属于高校或企业两种，研究的范围主要有基础、应用和公益三大领域。其中基础和公益研究，主要由独立或隶属高校的相关研究所承担，应用研究主要由从各个产业部门转制而来的高新技术企业承担。

军方研究机构：解放军科研机构主要由军委科技委、军事科学院、军种研究院和隶属军队院校的研究部门，以及军工科研机构组成。

★军地科技创新区别

科研投入不同：地方科研经费主要由国家部委和各地方进行投入。此外，各研究单位可以自行寻求科研项目投资。军队科研经费主要由军费支持。

课题方向不同：地方科研单位主要研究与科技、经济、社会发展有重大关联的项目。军队科研单位主要研究有重要军事意义的项目。

市场范围不同：地方科研项目，主要应用于社会发展，在地方市场中获取利润。军队科研项目，主要运用于国防和军队建设，在军事行动中显示价值。

★ 存在主要问题分析

问题之一：力量分散。在科研力量上，不仅军地之间，在军队和地方各自科研单位之间，由于部门的不同和研究方向不一，力量不便整合，难以互动，相互合作均较为困难。在资金投入上，每个单位在具体组织科研时，所能够筹措到的资金较为有限，在完成重大或高难度科研项目时，能力有限。

问题之二：技术分家。主要表现在核心技术上，军地之间相互分离；在技术的规范上，采用不同标准体系；在科研人才队伍上，各单位拥有不同专长的专家群体，但不便于共享。

问题之三：用途单一。地方研究成果难以消除隔阂，引进军队；军队研究成果难以突破限制，投入地方。从而造成了谁研究、谁使用、谁受益的局面。

问题之四：效益低下。一是科研效益低，军地之间乃至各大单位之间自成体系，重复研究的现象较多；二是产出效益低，军地科研创新都出现科研生产"两张皮"的现象，技术的产业化工作滞后，经济和科技效益均不高，难以出现科研——市场——科研的滚动式发展局面。

——需求分析

对于军事经济融合体中科技创新融合体建设的需求，通过专家问卷调查，得出如下主要需求结构：

需求之一：资源共享。

需求之二：力量互动。

需求之三：项目优化。

需求之四：平台共用。

需求之五：标准一致。

需求之六：统一产权。

需求之七：研产一体。

——解决方案

资源共享——构建统一的国家战略研究领域和发展纲要，加大"公用性"投资数量和范围，将军队核心技术研究和国家核心技术研究接轨，以军民融合的核心技术为主要突破方向。

力量互动——采取有效机制，实现科研单位在科研人员、特长技术上的互通共享。

项目优化——健全国家科技决策和协调机制，统筹规划和协调优化各研究单位研究项目，避免重复研究。

平台共用——在科研设备等条件资源、平台管理人员以及专属程度较高的科研人员（如学术带头人）方面，实现科研单位之间的共用。

标准一致——统一军地之间技术标准和规范。建立科技项目统一的立项、申请、评审、考核和奖励机制。

统一产权——统一军地产权管理，将知识产权管理纳入国家整体科技管理全过程，利用知识产权制度提高军民融合科技创新水平。

研产一体——采取"项目式组织、项目式管理"管理方式，以科研项目产业化获取军事和社会价值，以及经济利润，实现"需求——科研——产出——新需求"的滚动式发展，同时促进新技术的广泛应用。

——建设任务构想

中国特色科技创新融合体建设，主要有以下四部分建设任务：

第一部分，建立统一的科研规划体系。一是将国防科研、武器装备发展规划融入国家科技创新规划之中。二是在国家科研重大专项计划中，突出军民融合核心技术的项目研究。三是项目分配模式上，重点看技术专长和研究能力，不分军队地方，平等参与分配。

第二部分，建立统一的科研管理体系。一是统一军地技术标准规范。二是统一军地产权管理。三是统一科技项目的立项、申请、评审、考核和奖励机制。

第三部分，建立统一的科研力量体系。一是按照科研需要共同使用科研平台。二是依据技术需求交流使用科研人才。三是根据项目任务组合科研单位。

第四部分，建立统一的技术市场体系。主要是按照共同标准实施军品和民品技术、产品的采购，统一促进研制与生产的协调，促进军民科技各环节的有机结合。

——建成后的中国特色科技创新融合体设想

中国特色科技创新融合体，是引领未来中国科研创新的机构。建成后的中国特色科技创新融合体中，军方地方各科研单位互通、兼容，不论国有私营，均为现代企业制度型单位，各单位可以自由组合或联合合作，实现资源共享。中国特色科技创新融合体，在科研的宏观流程上国家统一规划、计划、分配、管理和奖励，并突出军用项目的鼓励、引导和资助；在科研的微观流程上各科研单位同等条件立项、申请、研发和收益；在技术上不分军用民用，统一技术标准规范、产权管理系统和技术市场体系，从而构成一个统一的复杂结构体。中国特色科技创新融合体，不仅具有各种有形的要素，更通过军民融合科技这个无形要素，作用和融合其他军民融合体，成为军民融合的核心要素。建成后的中国特色科技创新融合体，真正把科技强国与科技强军融为一体，实现用军民兼容的核心技术引导和支撑国家整体发展，提高国家战略能力。

3. 国防动员融合体建设任务

——现状分析

★现有国防动员体制

国防动员决策机构：《中华人民共和国宪法》规定：全国人民代表大会常务委员会，决定战争状态的宣布和全国总动员或局部动员的决定。中华人民共和国主席，根据决定，宣布战

争状态，发布动员令。《宪法》还规定，国务院负责领导和管
理国防建设事业，中央军委领导全国武装力量。因此，我国国
防动员工作，是在党的统一领导下，由国务院和中央军委，按
照《宪法》规定的职责，分别组织实施。

国防动员管理机构：国家设有国家国防动员委员会，下设
综合办公室、国家人民武装动员办公室、国家经济动员办公室、
国家人民防空办公室和国家交通战备办公室，负责主管全国国
防动员工作。各战区、省（自治区、直辖市）、地区（地级市）、
县（区、县级市）人民政府也设有相应国防动员委员会，负责
主管本区域的国防动员工作。

国防动员执行机构：政府各有关部门，根据各自的业务范
围，负责分管业务范围内的动员工作。从中央、省（自治区、
直辖市）到重点人防城市的基层单位，先后建立人民防空领导
机构，形成人防动员体系。解放军在军委国防动员部、军兵种
和战区，都设立了专门的动员执行机构，形成了完整的军队动
员网络。

国防动员法规体系：基本动员法规有 2010 年 2 月 26 日出
台的《国防动员法》，武装力量动员法规有《中华人民共和国
兵役法》《中华人民共和国预备役军官法》《征兵工作条例》《中
国人民解放军动员工作条例》和《民兵工作条例》等，人民防
空动员法规有《中华人民共和国人民防空法》。

国防动员计划体系：有综合动员计划、专项动员计划和动
员方案。

2008 年 7 月 14 日，时任国务院总理温家宝同志在国家国防动员委员会第六次全体会议上强调：国防动员建设是国防建设的重要组成部分，是和平时期积蓄国力、巩固国防的战略性工程，要坚持平时服务、急时应急、战时应战，把服务应急工作摆上国防动员建设的突出位置。

★ 存在主要问题分析

现行国防动员体制的基础，主要是六七十年代，为应对大规模作战的需求而构建的，随着时代的发展，与打赢信息化条件下局部战争，特别是应对非传统威胁，完成多样化军事任务的要求相比，出现了一些不相适应的情况。

问题之一：军事需求不明确。缺少应对各种战争、冲突、危机和威胁的需求方案。

问题之二：动员边界不清晰。在危机处理上，与国家应急管理机制在职能、内容上有重复。

问题之三：法律法规不健全。缺少更具现实意义的经济动员法规和政治动员法规。

问题之四：机构设置不统一。主要表现在基层执行机构上，直接影响实际动员能力。

问题之五：动员关系难协调。动员环节复杂，反应速度慢；市场经济条件下，动员对象多元，但相应动员手段缺失。

问题之六：动员信息难流通。与国家信息化发展速度相比，国防动员信息化发展相对滞后，军地之间的联系存在障碍，影响动员速度和效益。

——需求分析

对于军事经济融合体中国防动员融合体建设的需求，通过专家问卷调查，得出如下主要需求结构：

需求之一：提高动员反应速度。

需求之二：突出技术、能力的动员。

需求之三：廓清动员级别，明确动员层次、范围和对象。

需求之四：法规健全、手段多元。

需求之五：与国家应急管理体系衔接。

需求之六：尽可能降低平战时状态差别。

——解决方案

提高动员反应速度——减少动员环节，提高动员信息化水平，实现军民融合的科研、生产工作，平时作好战时动员准备工作。

突出技术、能力的动员——与大型、重点研究机构和生产部门构建快速反应机制，提高动员速度，实现"敏捷动员"。

廓清动员级别，明确动员层次、范围和对象——建立分级动员体制，对不同威胁、任务，统一明确动员要求与内容。

法规健全、手段多元——根据市场经济环境条件和国防动员要求，制定和完善国防动员法规体系，利用行政和经济杠杆充实动员手段和提高动员力度。

与国家应急管理体系衔接——把国防动员融入国家应急管理体系，成为国家应急管理体系最高级别反应模式。

尽可能降低平战时状态差别——作好"未雨绸缪"工作，将国家经济动员规划融入国家经济和社会发展规划。

——建设任务构想

中国特色国防动员融合体建设主要有以下五项建设任务：

一是构建军地一体化动员体系，强化党中央领导下的国家国防动员委员会管理体制。

二是把国防动员融入国家应急管理体系，成为国家应急管理体系最高级别反应模式。

三是制定国防动员计划和方案体系，建立分级动员体制，对不同威胁、任务，统一明确动员要求与内容。

四是构建和完善军地一体国防动员法规体系，利用行政和经济杠杆充实动员手段和提高动员力度。

五是将国家经济动员规划融入国家经济和社会发展规划，与科技创新融合体、产业发展融合体、信息基础融合体等建立紧密联系机制。建立"敏捷动员"机制。

——建成后的中国特色国防动员融合体设想

中国特色国防动员融合体，是中国应对未来战争和其他突发事件的启动器，是党中央统一领导下的军地一体动员体系。将国防动员融入国家应急管理体系，将国家经济动员规划融入国家经济和社会发展规划，通过制定完整的国防动员计划和方案，依托完善的军地一体国防动员法规体系，利用行政和经济杠杆，敏捷动员和充分使用科技创新融合体、信息基础融合体、产业发展融合体、人才教育融合体、基础设施融合体中蕴藏的国防动员力量，完整发挥军事经济融合体的国防动员功能，从而快速高效地构建起国家应对战争和紧急状态的强大力量。

4.社会保障融合体建设任务

——现状分析

★现有军事保障工作

作战保障：我军的作战保障主要包括为直接军事行动服务的勤务工作，如侦察、气象、水文、机要、通信、工程和电子对抗等。

后勤保障：我军的后勤保障工作主要包括：经费、军需物资油料、卫生、交通运输、基建营房等保障军事需求的活动。

装备保障：我军的装备保障工作主要包括：装备的调配保障与维修保障，以及弹药保障等活动。

★社会化可行性分析

作战保障：作战保障社会化，在不考虑安全因素的情况下，技术上不存在障碍，如：可以依托地方卫星、雷达等高技术设施设备，实施军事侦察；可以借助地方通信器材，条件允许时可直接借助通信网络，加强军事通信工作；可以使用地方工程设备和工程技术，进行战场工程建设；可利用地方设备和技术，进行电子对抗活动等。

后勤保障：在平时条件下，军需物资油料、卫生、交通运输、基建营房等方面，逐步实现社会化保障。在战时条件下，同样可以根据情况，依然实施社会化保障。

装备保障：装备及弹药生产与供应，可由产业发展融合体承担。平时装备维修保障，均可由地方保障力量参与；战时装备维修保障，在安全区域，可以借助地方保障力量。

★现行军事保障状况

出于安全考量、观念禁锢、体制限制等原因，我军各种保障的社会化程度不高。当前，仅驻大中城市的军以上领导机关和非作战部队，基本完成了生活保障社会化、通用物资储备社会化、基础设施建设社会化、公务用车社会化、非公务电话通信保障社会化、人才培养社会化、军人子女教育社会化。与此同时，正在进一步推进军事科研社会化、装备生产和维修保障社会化，以及全面深化事业单位和职工管理制度改革的工作。

★存在主要问题分析

问题之一：社会化程度低。在作战保障方面，依然完全由军队单独承担；在后勤和装备保障方面，战时保障全由军队承担，平时保障仅部分社会化。

问题之二：组织机制不健全。社会化工作基本上由各单位与地方自发、自行组织实施，模式不规范。

问题之三：保障稳定性差。相关法规制度不完善，合同签署上存在风险，给军队管理和调控造成障碍。

问题之四：战时保障困难。一些新型和高技术装备，由于部队不能组织维修，战时地方力量又无法或不愿参与保障，战时将造成使用风险。

问题之五：保障效益不高。目前，尚没有大型地方实业集团参与部队社会化工作，无法产生规模效益，社会化的优势尚未真正体现出来。

——需求分析

对于军事经济融合体中社会保障融合体建设的需求，通过专家问卷调查，得出如下主要需求结构：

需求之一：保障综合效益要高。

需求之二：保障范围覆盖要广。

需求之三：保障核心能力要强。

需求之四：全时全域全程保障。

需求之五：保障管理科学有力。

需求之六：保障过程安全稳定。

——解决方案

保障综合效益高——重在实现规模效益、技术效益和质量效益。因此，要与科技创新融合体、产业发展融合体、信息基础融合体和基础设施融合体之间，实现紧密的体系联系，从中获得最有效的保障资源。

保障范围覆盖广——尽可能将作战保障、后勤保障和装备保障，更多地融入一个社会化保障体系。

保障核心能力强——保障专业化程度高，具有不亚于军队的专业保障能力。

全时全域全程保障——保障单位和保障人员，能够不惧战场风险，实现与军队无差别作战的社会保障。可借鉴日本由退役军人组成的半军事化社会保障实体——"安全保障联合企业团"，进行组织管理和保障。近年来，日本选择的这种保障模式，已经逐步取代现有保障预备役单位。他们强调："必须极力避免将士兵用于本职任务之外的劳务。特别是在后勤业务中，必须最大限度地使用各种劳务力量"[1]。

保障管理科学有力——将现代企业管理与军队管理模式结合，通过完善法规制度，实现准军事化的科学管理。

保障过程安全稳定——综合运用军事和经济手段，营造保障的客观安全环境，同时培养保障实体战场适应力，使之具有一定防卫能力，从而实现安全稳定的保障。

——建设任务构想

中国特色社会保障融合体建设，主要有以下四项建设任务：

一是成立由退伍军人组成的半军事化社会保障实体，隶属于有保障业务的大型实业集团，使之既能从事平时的社会化保障工作，又可承担战时保障的能力和意愿。

二是将作战保障、后勤保障和装备保障业务，按照专业要求，遵循"非核心保障任务——部分核心保障任务——战时保障任务"的顺序，进行物流组合，逐步实现社会化。

三是建立社会保障融合体与科技创新融合体、人才教育融合体、产业发展融合体、信息基础融合体和基础设施融合体等之间的紧密联系机制，从中汲取技术、资源和能力。

四是完善社会化保障的法规制度和合同条款，以及统一相关保障标准规范，实现法制化管理、标准化保障和项目化运作。

---

1 （日）近藤清秀，《后勤概论》［M］．北京：解放军出版社，1989，p200.

——建成后的中国特色社会保障融合体设想

中国特色社会保障融合体，是未来中国军队平时战时结合的社会保障体系，是具有计划性和市场性的综合军事保障体系，能够承担和充分完成军队大部分后勤保障、装备保障及多种作战勤务保障任务。中国特色社会保障融合体，保障力量来源：包括由退伍军人组成的半军事化社会保障实体，完全市场化的社会保障实体，通过法规制度和合同条款，按照统一的保障标准规范，充分发挥军事经济效益的保障功能，实现平时与战时的全时、全域、全维社会保障。中国特色社会保障融合体，通过科学机制，从科技创新融合体、人才教育融合体、产业发展融合体、信息基础融合体和基础设施融合体中汲取技术、资源和能力，从而充分开发社会保障潜力和资源，提高军队保障能力和保障效益。

5. 信息基础融合体建设任务

——现状分析

★军地信息基础概况

地方信息化发展概况：我国信息化建设是从20世纪90年代开始的，相继启动了以金关、金卡和金税为代表的重大信息化应用工程，党的十五届五中全会把信息化提到了国家战略的高度；党的十六大进一步做出了以信息化带动工业化、以工业化促进信息化、走新型工业化道路的战略部署；党的十七大再一次强调，发展现代产业体系，大力推进信息化与工业化融合。

20 年来，在信息化过程中，信息产业取得了可喜的进展，成为我国的支柱产业。

按照中科院 2009 年数据，"2007 年我国电子信息产业销售收入 5.6 万亿元，增加值 1.3 万亿元，电信运营收入 7280 亿元。据信息产业"十一五"规划，到 2010 年，我国信息产业总收入将达到 10 万亿元（包括电信业收入 8860 亿元），增加值达到 2.6 万亿元，占 GDP 比重达到 10%"[1]。

信息网络技术发展较快，如：根据 2003 年启动的"中国下一代互联网示范工程（CNGI）"计划，我国于 2010 年建成全球最大规模的下一代互联网络，在下一代互联网络标准、技术和产业上占有重要地位。同时信息化的法规、制度、标准和规范，正逐步建立、统一和完善，信息化人才和科研实力不断加强。

根据 2006～2020 年国家信息化发展战略显示，我国信息技术在国民经济、政治和社会各领域的应用效果日渐显著：电子政务、电子商务发展迅速，现代化金融服务体系初步形成，应用信息技术改造传统产业势头良好，科技、教育、文化、医疗卫生、社会保障、环境保护等领域信息化步伐明显加快。信息安全问题初步得到解决，制定并实施了国家信息安全战略，相关管理体制和工作机制已经建立。

军队信息化建设情况：我军信息化建设发端于 20 世纪 80

---

1 中国科学院，科技革命与中国的现代化［R］.北京：科学出版社,2009，p62.

年代前期，经历了长时间的探索过程。2005 年以来，军委、四总部以筹划军队信息化中长期建设发展为目标，在军队建设规划和全军信息化建设规划的总体框架下，分别制定颁发了军队信息化建设 2020 年前规划和"十一五"计划，对事关全局和长远的建设目标、任务和措施进行了全面部署并取得了重要进展，如：组织实施了一批军事信息系统重点工程，军事信息基础设施建设取得长足进步，主战武器系统信息技术含量不断提高，作战信息保障能力显著增强，信息安全防护手段发展较快，信息化支撑环境进一步完善等。但与地方信息化建设相比，无论是发展的幅度、技术的高度或经验的成熟度方面，都还有较大差距。

★信息化建设军民融合的意义

一是信息技术通用，使得国家信息化建设可以为军队信息化建设提供大量的、成熟的先进信息技术，降低成本，提高速度和效益，加快建设步伐。

二是基础设施共享，用国家信息基础设施，弥补我军信息基础设施不足，提高综合信息能力。

三是人才群体互动，充分利用国家的人才资源，特别是尖端领域的优秀人才，充实我军信息化建设人才库，直接为军队信息化建设服务。

四是建设经验交流，国家信息化建设中的经验教训，特别是有关顶层设计和标准规范建设方面，对我军有直接的借鉴指导作用，为我军信息化建设提供支持。

★存在主要问题分析

建设中国特色信息基础融合体，实质上是军队信息化建设并入国家信息化建设，两条线合为一条线的过程。当前，存在的主要问题有以下几点。

问题之一：军地对信息化并轨建设的思想认识不统一。主要表现是没有用国家大战略统领军地信息化全局，缺乏从国家整体转型的观念思考信息化，信息安全问题阻碍了融合的进路。

问题之二：无专门机构研究和规划军地信息化融合工作。

问题之三：军地各自的信息"烟囱"多，系统林立。

问题之四：军地信息化的标准规范不统一。

问题之四：军地信息化技术水平差异较大，军队基础设施建设相对落伍，与地方接轨需要一个过程。

问题之五：军地信息化建设发展的运行机制都还不够完善。

——需求分析

对于军事经济融合体中信息基础融合体建设的需求，通过专家问卷调查，得出如下主要需求结构：

需求之一：突出整体建设的联动效益。

需求之二：突出增殖发展效益。

需求之三：突出整体信息力发展效益。

需求之四：突出军队结构力发展效益。

需求之五：实现平稳转型过渡。

——解决方案

突出整体建设的联动效益——将军队信息化建设发展规划

与国家信息化建设发展规划融为一体，实现信息基础设施、知识系统、人才群体的军民共用共享。

突出增殖发展效益——实现技术的"双向性设计"，努力把单纯消耗型信息化建设变为增殖型信息化建设，既创造国防价值，又实现经济效益，形成良性循环，使国家和军队信息化建设科学发展。

突出整体信息力发展效益——抓好顶层设计，统一建设信息网络、标准规范、数据中心、信息安全体系，借助国家信息基础设施和众多人才，实现军队信息力的量级扩张。

突出军队结构力发展效益——借助国家信息化建设优势，推进军事变革；按照信息传输、流动的特性，改变作战流程、保障流程等，从而改革军队结构、作业程序，形成新型作战能力。

实现平稳转型过渡——构建军地统一的信息化法规制度，制定转型领导管理机制、建设机制和管理机制，科学提出信息基础融合体建设的"路线图"和"时间表"。

——建设任务构想

中国特色信息基础融合体建设，主要有以下五项建设任务：

一是军队与国家信息化建设发展规划相融合，制定重点领域的指导文件，明确阐述重要领域的发展方向、发展目标和能力要求。实现信息基础设施、知识系统、人才群体的军民共用共享。军队集中力量进行作战指挥系统、武器系统信息化和信息战建设。

二是统一军队与国家信息基础建设的顶层设计，统一建设信息网络、标准规范、数据中心、信息安全体系。借助国家信息化基础设施，实现军队信息力的量级扩张。借助军队信息化建设，促进国家信息化建设的升级。

三是研发"双向性"信息技术产品，实现增殖型信息化建设，既创造国防价值，又实现经济效益，使国家和军队信息化建设科学发展。

四是借助国家信息化建设优势，促进中国特色的新军事变革；从改革体制编制入手，把军队信息化建设逐步转到建设信息化军队的轨道。

五是设置高层次指导机构，健全法规标准体系和运行机制，按照"路线图"和"时间表"，使信息化建设快速、持续、有序、协调发展，确保信息化转型顺利实施。

——建成后的中国特色信息基础融合体设想

中国特色信息基础融合体，是未来中国提升社会生产力和军队战斗力的基石。建成后的中国特色信息基础融合体，通过发展规划融合体，将军队与国家信息化建设发展规划相融合，统一进行军队与国家信息基础建设，包括统一建设信息网络、标准规范、数据中心、信息安全体系，实现军地之间信息基础设施、知识系统、人才队伍的军民共用共享。中国特色信息基础融合体，借助国家信息力，推进军队变革与转型；借助军队信息化建设，促进国家信息化建设发展，从而奠定坚实的国家信息力基础。

6. 产业发展融合体建设任务

——现状分析

★ 国家工业体系概况

我国经 60 年发展建设，已建立起独立的、比较完整的、有相当规模和较高技术水平的现代工业体系，成为世界经济发展引擎、全球的制造基地。

工业结构门类逐渐齐全，从以轻工业为主到轻、重工业共同发展。已拥有 39 个工业大类、191 个中类、525 个小类，包括联合国产业分类中所列的全部工业门类。随着工业化进程的加快，以机械电子工业、石油化学工业、汽车制造业、航空航天工业等为主体的重工业加快发展，工业内部结构向更高层次演进。

工业生产规模不断壮大。工业增加值在 2008 年达到 129112 亿元。工业供给能力的增长，从根本上改变了长期困扰我国经济生活的工业品短缺局面，市场供应由萧条、匮乏走向繁荣和充裕。

工业主导地位显著加强。2008 年，工业增加值占 GDP 的比重高达 42.9%。我国财政收入的近一半来自工业。

高新技术和装备制造业飞速发展。高技术制造业规模已位居世界第二。我国装备制造业增加值 2008 年占全国工业的比重达 28%。

★ 军工生产体系概况

经过 60 年发展，我国也建立起比较完整的，包括兵器工业、航空工业、船舶工业、原子能工业、航天工业、电子工业在内的军工生产体系，技术发展加快，生产能力也不断提高。多年来，集中人力、物力、财力，研制生产了一大批性能先进、质量优良的武器装备；不断加强国际技术交流，引进生产线、购买关键零部件、直接进口、技术合作等，提高先进武器装备的研发生产能力。

从80年代初开始，军工系统就开始了"军转民"和"军民两用"的改革，支援国家经济建设，实现军民结合的发展道路。2001年3月，九届全国人大四次会议批准的《中华人民共和国国民经济和社会发展第十个五年计划纲要》中明确规定：把"坚持军民结合，寓军于民，大力协同，自主创新，建立适应国防建设和市场经济要求的新型国防科技工业体制"，"发展军民两用技术"，作为"十五"期间我国国防科技工业改革的总要求。[1]经过"十五"发展，国防科技工业通过能力建设、改革脱困和结构调整，实现了手段全面更新、技术全面提升和队伍全面发展，为军民结合提供了更好的物质和能力基础。同时，社会主义市场经济体制不断完善和国民经济持续快速发展，也为军民结合创造了良好的外部环境。[2]

根据《简氏防务周刊》2008年7月30日报道，中国现有11家大型国有国防工业公司：

1 闻晓歌军民融合"制度变迁研究［J］．武汉：军事经济研究，2008（9），p27.
2 沙志龙，改革开放以来我国国防科技工业的军民融合式发展［J］．北京：中国军转民，2009（1），p39.

核工业领域：中国核工业集团公司（CNNC）负责国家核武库和民用核能项目，中国核工业建设集团公司（CNECC）则主要负责核电站的建设以及与国防相关的核设施。

舰船制造方面：中国船舶工业集团公司（CSSC）是基本的中国海军装备提供者，中国船舶重工集团公司（CSIC）主要建造民用船只。

航天及导弹方面：中国航天科技集团公司（CASTC）核心力量在于发射飞行器、有人驾驶飞船、人造卫星，以及战略和战术导弹；中国航天科工集团公司（CASIC）则注重导弹系统的研发和制造，以及微型卫星和信息技术的研发。

军械武器方面：中国兵器工业集团公司（COIGC）负责坦克和装甲车的研制，以及弹药供应。中国兵器装备集团公司（COEGC）主要业务是民用车辆的生产。

航空工业方面：中国航空工业集团公司(AVIC)主要承担飞机、直升机等航空武器装备的研制、生产。中国商用飞机有限责任公司（CACC），是实施国家大型飞机重大专项中大型客机项目的主体。

★存在主要问题分析

问题之一：军工生产体系与国家工业生产体系结合不够紧密，无法形成联动效益和规模效益。

问题之二：军工生产水平依然有限，一些关键部件武器装备尚不能自主生产。

问题之三：军工集团生产的军用和民用产品在国际市场受

限，受政治和外交影响较大。

问题之四：部分军工集团与原下属科研单位分离，影响现有技术和装备的改造提升，以及新技术装备的投入生产。

问题之五：优势民营企业很难进入军工领域，先进技术和设备，无法产生效益。

问题之六："国防科技工业体系尚未完全打破计划经济体制下的行政性架构，更未形成适应市场经济体制的产业性框架。军工集团公司对上是'企业'，享有充分的自主权；对下则成为事实上的行政管理层，严重束缚了下属企业，极不利于形成公平健康的竞争环境"[1]。

——需求分析

对于军事经济融合体中产业发展融合体建设的需求，通过专家问卷调查，得出如下主要需求结构：

需求之一：体制融合。

需求之二：规划融合。

需求之三：研制融合。

需求之四：生产融合。

需求之五：市场融合。

——解决方案

体制融合——将现有国防科技工业单位整体转制，并进行

---

1 向先登、张翠芳，略论军民融合型军工企业自主创新［J］．武汉：军事经济学院学报，2009（3），p35.

市场化和股份化改造，成为国家工业生产体系中的普通国企组成部分的一分子，从而真正形成国家工业生产大体系。

规划融合——将军工发展规划融入国家工业发展规划。

研制融合——军地工业技术核心软件平台实现标准化基础上的系列化、通用化和组合化，将主要军民两用产品研制和生产技术引入工业软件平台。各军工企业集团继续和科研单位联合，研发优势产品和技术。同时军工与其他工业生产单位可以合作研发产品和技术。积极推动军用知识产权的军转民工作。

生产融合——军工生产单位与其他国有工业生产单位享有平等生产权，可单独或联合生产。

市场融合——军工生产单位与其他国有工业生产单位相比，在生产民品时享有同等市场待遇，生产军品时享有一定优惠条件，并可优先享有售后服务保障和合同保障权。建立完善地方准入机制，统一军地标准规范，鼓励优势地方企业加入军品生产行列。

——建设任务构想

中国特色产业发展融合体建设，主要有以下六项建设任务：

一是吸收改制后的军工集团，重组新的国家工业生产体系，把军工生产融入国家工业生产。

二是将原军工发展规划，融入国家工业发展规划。

三是保持原军工单位下属科研部门的优势，继续实行设想、设计、研制、生产一条龙。加快推动军用知识产权的军转民工作。

四是整个国家工业生产体系都可以平等生产军品和民品，并实施售后保障服务，国家鼓励并补偿开发军民两用技术和生产军品。

五是整个国家工业生产体系享有同等市场权利。

六是军品和民品统一通用技术的标准规范，军地工业技术核心软件平台实现标准化基础上的系列化、通用化和组合化。

——建成后的中国特色产业发展融合体设想

中国特色产业发展融合体，是中国走新型工业化道路的工业主体。吸收改制后的军工集团和下属科研部门，重组新的国家工业生产体系，在发展规划融合体的统一规划下，把军工生产融入国家工业生产。中国特色产业发展融合体，实现了军地之间工业生产的体制融合、规划融合、研制融合、生产融合和市场融合，整个国家工业生产体系都可以按照统一通用技术的标准规范，平等生产和销售军品和民品，并进行售后保障服务，通过规模效益、科技效益，奠定并提高国家坚实的现代工业生产力。国家通过财政投入、税收制度倾斜，鼓励并补偿开发军民两用技术和生产军品，突出优势产品，军用知识产权可以民用，从而提高国家大工业生产力，同时大幅度提高军队所需产品的生产能力。

7. 人才教育融合体建设任务

——现状分析

★地方培养单位情况

截至 2009 年 6 月，全国共有全国高等院校 1909 所。其中大学、独立设置的学院主要实施大学本科以上教育，高等专科学校、高等职业学校实施专科层次教育。其他机构是承担国家普通招生计划任务的不计入校数的机构，包括普通高等学校分校和批准筹建的普通高等学校等。

此外，截至 2008 年底，全国共有职业学校 15951 所；年招生规模达到 1120 万人，为社会培养大批合格的应用型、技能型人才。

2000 年 5 月，国务院、中央军委作出《关于建立依托普通高校培养军队干部制度的决定》，对依托普通高等教育，培养军队干部作了详细规定，正式确立了依托社会力量进行军队干部培养的历史性转变。[1] 根据罗剑明等专家提供的数据，2009 年全军和武警部队计划依托 117 所普通高校，在全国 31 个省（自治区、直辖市）的普通中学高中毕业生中招收国防生 7500 名。其中，国防生招生专业 76% 为军队信息化建设急需的电子信息、机械、武器、航空航天、航海、测绘和气象专业，24% 为医疗、财会、外语、新闻、法学等专业，学历层次均为大学本科。[2] 2017 年 5 月 26 日，国防部宣布不再从普通高中毕业生中定向招收国防生，也不再从在校大学生中考核选拔国防生，今后逐步调整为面向地方院校毕业生直接选拔招录，为更多地方优秀人才进入部队提供宽阔平台。

---

1 罗剑明等著，国防和军队建设与军事科学［M］．上海：上海人民出版社，2009，p130.

2 罗剑明等著，国防和军队建设与军事科学［M］．上海：上海人民出版社，2009，p159.

★军队培养单位情况

军队院校分为两大类型：① 军官学历教育院校，承担预提军官本科、专科学历教育以及军官研究生教育任务；② 岗位任职教育院校，分为初级、中级和高级任职教育院校和士官学校，主要承担现职军官和士官任职培训及轮训任务，部分院校还承担研究生教育任务和少量预提军官专科学历教育任务。

此外，军委各部、各军兵种均有一定数量的专业训练基地，培训军官及士官的专业技能。军以下作战单位除有各种专业训练单位外，还有教导队，实施士兵短期业务培训任务。

★军地教育管理机构

国家院校教育主管和招生主管为国家教育部。院校行政和人事主管为院校所属各部委和地方政府。

部队院校教育主管为军委训练管理部院校局，招生主管为军委政治工作部干部局招生办。

★存在主要问题分析

问题之一：军地院校管理机构错综复杂，难以互联互通和互动。

问题之二：军地院校部分专业设置重复。

问题之三：地方院校毕业生军政素质与部队要求有一定差距。

问题之四：军队指挥人才培养能力不足。

问题之五：地方院校学生缺乏军事素质，国防意识淡薄。

问题之六：军地之间，部分学历特别是职业教育学历不能互认。

——需求分析

对于军事经济融合体中人才教育融合体建设，通过专家问卷调查，得出如下主要需求结构：

需求之一：实现军地联合人才教育，突出培养效益。

需求之二：专业互通有无，构建科学培养体系。

需求之三：普通高校及职业学校毕业生应有良好军事素质和国防意识。

需求之四：增加基层指挥和政治工作军官培养数量。

需求之五：军队体系培养人才可以同其他体系培养人才进行必要的互动交流，各取所需。

——解决方案

实现军地联合人才教育，突出培养效益——将军队人才教育培养规划融入国家总体人才培养规划。

专业互通有无，构建科学培养体系——军队人才教育培养专业与国家人才培养专业相融，构成完善的人才培养专业体系。

普通高校及职业学校毕业生具有良好军事素质和国防意识——借助军队培养机构对普通高等院校和职业学校学生，实施有效的每年一定时间的规范化军训和国防教育

增加基层指挥和政治工作军官培养数量——适当扩大基层指挥专业和政治工作专业学历教育的规模和比例。

军队体系培养的人才，可以同其他体系培养的人才进行必要的互动交流，各取所需——构建必要的人才双向流动机制。

——建设任务构想

中国特色人才教育融合体建设，主要有以下五项建设任务：

一是构建和完善军民融合型人才培养学科体系，削减军地重复的军队院校或专业，借助地方院校培养相关技术军官，同时增加指挥专业及政工专业学历教育培养规模和比例，满足指挥军官和政工军官岗位需求。

二是将军队人才教育培养规划融入国家总体人才培养规划，促使学历、学位和教育模式标准化。

三是构建普通高等院校和职业学校与军队指挥、政工院校交流机制，使学生军训和国防教育规范化和常态化，并作为重要的培养指标。

四是构建必要人才的双向流动机制，必要时，各培养单位可以采取短期或任务交流模式，进行互动。

五是改革地方院校教育培养制度，提高毕业生的军政能力教育质量和效益。

——建成后的中国特色人才教育融合体设想

建成后的中国特色人才教育融合体，在发展规划融合体的统一规划下，实现学历学位和教育模式标准化，将军队通用人才教育培养融入国家总体人才培养体系。军队主要负责指挥专业及政工专业学历教育培养，满足指挥军官和政工军官岗位需求。通过中国特色人才教育融合体，军地体系培养的人才间可进行必要的互动交流。军队支持帮助地方人才培养系统的军训、国防教育，使之规范化和常态化；通过中国特色人才教育融合体，可协助加强国民综合素质以及爱国主义和尚武文化的传承。同时，用最经济高效的方式为军地发展提供充裕的可用人才，为国家战略能力提高奠定坚实的人力和人才支撑。

8. 基础设施融合体建设任务

——任务分析

★国家基础设施建设任务

国家基础设施是指为社会生产和居民生活提供公共服务的物质工程设施。主要建设项目包括：住宅区、公寓等居住建筑项目，商场、写字楼，办公楼等办公商用建筑项目，石油、煤炭、天然气、电力等能源动力项目，铁路、公路、航空、水运、道桥、隧道、港口等交通运输项目，水库、大坝、污水处理、空气净化等环保水利项目，电信、通信、信息网络等邮电通信项目等。

★军队基础设施建设任务

军队基础设施实质为保障军队作战、战备、训练和生活服务的物质工程设施。主要建设项目包括：营房等居住建筑项目，工事、仓库、洞窟等作战或战备建筑项目，油料、煤炭、电力等能源动力项目，铁路、公路、航空、水运、道桥、隧道、港口等交通运输项目，电信、通信、信息网络等邮电通信项目等。

★融合的可行性和必要性分析

一是国家与军队基础设施功能和建设技术上，在较大范围具有通用性。融合可以互助实施建设，提高建设速度。

二是国家与军队基础设施建设任务上，具有相当比例的重复性。融合可以避免重复建设，提高经济效益。

三是国家与军队基础设施能力和水平上，各有长短，具有差距性。融合可以取长补短，整体提高建设能力和水平。

——需求分析

对于军事经济融合体中基础设施融合体建设的需求，通过专家问卷调查，得出如下主要需求结构：

需求之一：提高建设效益。

需求之二：提高建设速度。

需求之三：提高建设质量。

需求之四：提高建设能力。

需求之五：提高使用效益。

——解决方案

提高建设效益——将军队基础设施建设规划融入国家基础设施建设规划，统一建设，尽可能一套设施，平战两用，避免重复建设。

提高建设速度——军地之间联合实施统一的基础设施建设，就近就便接受任务。

提高建设质量——军地之间根据建设能力和水平，选择优势项目进行分工建设。

提高建设能力——军地之间进行技术交流，提高各自建设能力和水平。

提高使用效益——非保密军用基础设施和民用设施建立共享机制。

——建设任务构想

中国特色基础设施融合体建设，主要有以下六项建设任务：

一是构建军地联合的国家基础设施建设力量。

二是制定军地一体、平战结合的国家基础设施建设规划，将国家重大战略国防工程，纳入国家基础设施建设体系。

三是建立军地统一的施工标准规范。

四是平时按照施工区域、建设水平和建设能力，招标划分建设任务。战时，由军队建设力量承担军事斗争设施和战场建设任务。

五是建立军地之间基础设施建设技术交流机制。

六是军地之间，非保密军用基础设施和民用设施建立共享机制。

——建成后的中国特色基础设施融合体设想

建成后的中国特色基础设施融合体，在发展规划融合体的统一规划下，制定军地一体、平战结合的国家基础设施建设规划，将国家重大战略国防工程纳入国家基础设施建设体系。中国特色基础设施融合体，使用军地联合的国家基础设施建设力量，按照军地统一的施工标准规范和军民融合的施工技术，统一平等地进行施工建设。平时按照施工区域、建设水平和建设能力，招标划分建设任务。战时，由军队建设力量承担军事斗争设施和战场建设任务。非保密军用基础设施和民用设施可以共享，从而大幅度提高设施使用效益。通过中国特色基础设施融合体，可为国家战略发展提供坚实的设施基础和建设能力。

（四）中国特色军民融合发展体系的四大主梁

有柱无梁，难搭起房。建设中国特色军事经济融合体是一项复杂的系统工程，单纯进行国防与经济改革，难以实现体系转型的大目标，必须从各方面统筹规划，构建和完善配套体系。

总的来说，建设中国特色军事经济融合体，需要做好包括创新军民融合理论建设、创新军民融合文化建设、创新军民融合组织建设、创新军民融合机制建设等四大配套工程，即搭建军民融合深度发展的"四梁"。

1. 创新军民融合理论建设与实现路径

中国特色军民融合理论体系，是基于中国特色军民融合理论的综合理论演绎集合，包括基础理论、专业理论和应用理论，各种理论相辅相成，组成了关于中国特色军民融合建设的理性认识基础，用以指导中国特色军民融合建设具体实践和全面发展。

——建设意义

创新军民融合理论建设的主要意义有：

★夯实理论支撑

建设转型必须要有相应理论作引导和支撑。建设中国特色军事经济融合体，其成功与否源于对军民融合内在规律和外在因素的深刻把握，因此相关理论研究必须系统展开和逐步深入。创新军民融合理论建设，可以从宏观和微观角度，把握理论与实践的结合，全面夯实中国特色军事经济融合体的理论支撑。

★指导具体实践

建设中国特色军事经济融合体，不是海阔天空地空想，而是踏踏实实做事。因此，不可避免地将在实践中遇到各种各样的难题和障碍。创新军民融合理论建设，可以使各种问题和障碍，用新的理论与方法加以解决和突破，甚至在问题和障碍出现前就提前处理和消灭，从而实现建设与转型工作的平稳和顺利。

★提高整体效益

"工欲善其事，必先利其器"。先进实用的理论体系，就是提高中国特色军事经济融合体整体建设效益和发展速度的利器。创新军民融合理论建设，可以减少损耗，提高建设速度，同时使建设工作少走弯路，达到事半功倍的效果，从而提高中国特色军事经济融合体整体发展效益。

——**建设目标**

创新中国特色军民融合理论建设的目标是：从中国国家战略实际出发，从军民融合发展的新角度，以提高国家整体战略能力为标准，创新思想、理论和观念，构建并不断完善一个全新的，符合中国国情的，对建设中国特色军事经济融合体有指导意义的完整的理论体系。

——**建设内容**

创新中国特色军民融合理论建设的内容主要包括：

★创新基础理论建设

基础理论是指在理论体系中起基础作用，并具有稳定性、根本性、普遍性的理论原理。创新中国特色军民融合基础理论建设，主要是指创新研究中国特色军民融合发展中的一般规律或主要规律，并为应用理论研究提供有指导意义的共同理论基础。

★创新专业理论建设

专业理论是指在理论体系中对具体学科专业起支撑作用的理论原理。创新中国特色军民融合专业理论建设，主要是指创新研究中国特色军事经济融合体建设中涉及的各学科专业中的新规律、新矛盾、新问题，并为学科方向研究提供有指导意义的具体理论基础。

★创新应用理论建设

应用理论是指在理论体系中对具体实践工作起指导作用的理论原理。创新中国特色军民融合应用理论建设，主要是指创新研究中国特色军事经济融合体建设中遇到的各种具体规律、客观矛盾和现实问题，并为中国特色军事经济融合体具体建设实践提供具有指导意义的理论措施。

——建设原则

创新中国特色军民融合理论建设的原则主要包括：

★解放思想

中国特色军民融合发展是一个新思想、新问题和新领域，是用新的思路、视角和观点看待国防与经济建设问题，因此在研究时，必须要敢于解放思想，大胆创新，才能取得新的历史性突破。解放思想，一是要冲破传统国防与经济建设思想的制约，把国防与经济建设融合成一体，进行研究和探索。二是打破各学科研究方法的禁锢，综合运用各种方法和思路，研究军民融合发展大问题。三是敢于染指学术研究全区域，大胆提出自己创新的观点和看法。

★ 实事求是

关于中国特色军民融合发展的任何理论研究都需要有前提条件，即中国特色，因此在研究时，都必须从中国的实际出发，实事求是，才能提出具有指导性、针对性和可行性的科学理论。实事求是，一是研究的前提实事求是，从实际出发，研究与中国特色军民融合发展有关的、有意义和有价值问题。二是研究的过程实事求是，力求每一步的研究都突出真实性，切实研究出真实可信的科学成果。三是研究的结果实事求是，能够结合我国和我军实际，融合后形成中国特色军民融合理论体系。

★ 与时俱进

理论的核心观念往往是它的时代精神的凝结。所以理论的发展是一个动态过程。中国特色军民融合理论也不是一成不变的，会随着国防与经济的内部要素和外在条件变化而变化，因此在研究时，必须要与时俱进，用发展的眼光看待问题，使理论能够符合时代特征和现实需要。与时俱进，一是要结合当前客观发展环境以及国防和军队建设中遇到的新问题和新挑战，发展这些思想和理论，使之与现实更加紧密地结合，力求起到更为科学的指导作用。二是要大胆借鉴国内外与"军民融合"

有关的研究成果、方法和思路，不断完善已有理论体系，保持理论的先进性。

——建设方法

创新中国特色军民融合理论建设的方法主要包括：

★ 统一规划协调

正确的理论创新源于准确的战略定位。军民融合理论创新是以国家安全需求为牵引、为国家战略服务的，因此，必须抓好战略层次的顶层、规划与构想。要以国家战略为前提，通过建立健全对军民融合理论体系基础理论、专业理论、应用理论各层次的设计、开发、监管、检验、执行、评估的具体机构，以融合为核心，以系统集成为途径，有效地指导、约束、协调转型变革和理论创新的各项活动。

★ 理论创新交流

理论的创新需要一个宽松自由的环境，来保障理论创新主体的多元化和交流平台的多样化。中国特色军民融合理论创新，必须超出"纯军事"和"纯经济"的范畴，融入社会大系统，实现理论创新主体的多元化，从各自的专业角度出发，把各领域最先进的观念和研究成果带进军民融合理论领域，本着信息互馈、经验交流、优势互补、资源共享的原则，实现全方位、多领域、高起点地合作，使得各种社会智力资源在本领域得到有效利用，提高理论创新的数量和质量。

★ 专业检验评估

理论创新的价值实现不能完全寄托于最高层的决策者，它需要一套完善的检验评估保障。军民融合理论创新的检验评估，必须依托军民融合的理论评估机构。这种机构可视被评估理论的内容临时组建，组成人员包括军方及民间的理论专家和相关的技术专家，一旦发现有价值的新思想、新概念，可在相关实验室的虚拟实践中进行检验，找出缺陷，逐步完善。

★配套成果转化

理论创新作为个体认识，必须经过社会承认环节，上升为整个社会群体的共同认知，成为实践的理论指导，转化为实际价值，才算最终完成。因此，实施科学合理的创新成果配套转化十分关键。军民融合理论，要加速创新成果的转化，必须要充分利用各种信息载体，使其在第一时间进入决策层的视野，将创新成果纳入国家法律或国防发展长远规划实现转换。同时，顺畅转化渠道，使军方、地方的理论创新成果都能得到及时转化，从而进一步刺激创新，形成创新的良性循环。

——建设路径

★建设难点分析

创新中国特色军民融合理论建设的难点主要包括：一是我国军民融合理论研究与实践的整体情况，与发达国家相比，较为落后。二是在现代国防与现代经济学科，仍有部分领域比较薄弱，将两者融合为军民融合理论，需要先补上缺差。三是当前国防与经济学科的研究队伍，较为分散，军地之间界限明显，且研究各有千秋，需要将研究单位与人员进行交流，实现融合型研究，方能破解相关理论难点。

★建设阶段划分

根据当前军民融合型理论研究现状和各专业发展情况，结合理论研究的客观条件。建议创新中国特色军民融合理论建设分三步走：

起步阶段（2017年～2018年）：在此阶段，一是实现军民融合理论研究的顶层设计，统一规划，正确区分基础理论、专业理论、应用理论研究的总体任务；二是组建军地结合的军民融合理论研究队伍；三是构建军地理论创新交流和成果转化机制；四是重点突破军事经济融合体基础理论，为下一步应用研究奠定基础。

攻坚阶段（2018年～2020年）：在此阶段，一是配合军民融合国防的整体建设情况，重点研究军民融合型的相关专业理论和应用理论，指导解决改革中遇到的实际问题；二是大力促进理论创新交流和成果转化，提高理论创新速度，提高成果质量和加快价值实现，构建军民融合理论的创新良性循环。

深化阶段（2020年～2030年）：在此阶段，一是全面展开中国特色军事经济融合体基础理论、专业理论和应用理论的深化研究，全面指导中国特色军事经济融合体建设；二是继续发展现有科研机构、研究内容和运行机制，并逐步与创新科技融合体全面融合，最终实现整体转型。

2. 创新军民融合文化建设与实现路径

军民融合文化是由国家整体创造的新文化体系，是与军民融合发展有关的知识体系、价值观念体系、思维方法体系和外在影响体系等的统一，是军民融合的软实力体现和软支撑所在。

——建设意义

创新军民融合文化建设的主要意义有：

★ 夯实文化支撑

转型，只要牵涉到人的因素，都必须要有转型的文化支撑，否则难以形成转型的整体合力。中国特色军民融合文化，既是社会主义国家文化的重要内容，又是构建中国特色军事经济融合体的坚强支撑，塑造良好的军民融合建设发展环境。文化对中国特色军事经济融合体建设的支撑是隐性的，但作用性质是根本性、基础性的，作用于国防与经济建设的方方面面。我们在进行军民融合发展建设时，必须优先重视如何渗透军民融合的价值观和方法论，这是中国特色军民融合文化的核心。

★ 增强战略能力

中国特色军民融合发展的目的是增强国家整体战略能力。而在当今时代，文化等软实力在国家战略能力中占有越来越重要的地位。"文化越来越成为民族凝聚力和创造力的重要源泉、越来越成为综合国力竞争的重要因素"[1]，为此，胡锦涛同志在党的十七大报告中着重强调："要坚持社会主义先进文化前进

---

1 胡锦涛，高举中国特色社会主义伟大旗帜　为夺取全面建设小康社会新胜利而奋斗，中国共产党第十七次全国代表大会文件汇编［P］. 北京：人民出版社，2007，p32.

方向,兴起社会主义文化建设新高潮,激发全民族文化创造活力,提高国家文化软实力"[1]。中国特色军民融合文化，是对中国传统爱国文化、尚武文化和全局文化的继承和发展，创新中国特色军民融合文化，就从新的角度进一步丰富和发展了国家文化软实力，增强了国家战略能力。

★提高发展效益

文化具有"力场"作用，能够对国家的科技、社会、经济、国防等的发展起到推动作用，提高发展速度和效益。文化对中国特色军民融合发展所起的作用，主要是通过文化的凝聚作用来推进和影响军民融合发展的。文化同时还具有"定位"作用，能够对国家、社会、经济、国防等的发展起到引导和规范作用。有什么样的文化，往往就会促成什么样的成果，正如淮南之"桔"生到淮北就成为"枳"，所以，创新中国特色军民融合文化，能够促使建设少走弯路，更进一步提高发展速度和效益。

——建设目标

创新中国特色军民融合文化建设的目标是：在中国优秀传统国防文化的基础上，以科学发展观为指导，以社会主义核心价值体系为支撑，构建符合先进文化发展方向，体现国家战略

---

1 胡锦涛，高举中国特色社会主义伟大旗帜 为夺取全面建设小康社会新胜利而奋斗，中国共产党第十七次全国代表大会文件汇编［P］.北京：人民出版社，2007，p32.

能力内在要求，反映我国文化特点、本质和内涵，具有中国特色和时代特色的军民融合发展的精神价值体系、知识结构、行为方式和思维方法等，构成的具有强大传播力的复合体。

——建设内容

创新中国特色军民融合文化建设的内容主要包括：

★创新"富国强军"的发展观

中国特色军民融合发展，首先要塑造中国特色"富国强军"发展观。虽然，"富国强军"的国家发展观，在中国由来已久，如《商君书·壹言第八》就有"故治国者，其抟力也，以富国强兵也"[1]，构建了中国特色农耕文化的"富国强军"发展观，并于唐代达到顶峰，开创了中国历史上最为强盛时期的"贞观之治"。但唐之后，"富国强军"的发展观逐渐被统治者淡化，国防与经济的比重不再平衡，综合国力日渐衰弱，最终陷于落后挨打、丧权辱国的命运。

历史步入二十一世纪，如何走好中国特色"富国强军"之路，是摆在全民族面前的重大问题。单纯靠党中央和政府部门的号召与领导远远不够，需要整个中华民族都提高对文武兼备、全面发展的认识，在民族文化中再次凸显"富国强军"理念，树立新的中国特色"富国强军"发展观。这也是创新中国特色军民融合文化建设的首要任务。

---

1 商鞅，商君书［M］．北京：中华书局，1974，p82.

★创新"崇文尚武"的价值观

中国特色军民融合发展，需要整个社会对"文武之道"有统一而正确的价值认同，才能形成建设的思想合力。当前，整体情况不容乐观。

诚然，中华民族自古就有文武并重的传统。《诗经·小雅·六月》就有"文武吉甫，万邦为宪"[1]的句子。文圣孔子也从文武兼备的教育思想出发，继承并发展了西周传统教育，确立了"礼、乐、射、御、书、数"作为"六艺"。此后，文人习武艺，武将读圣书，成为中华民族的优秀文化传统。但从宋朝起，文武的天平出现倾斜，金钱和权谋战胜了武备和耿直，在统治阶层呈现出价值异化。国家与民族的"性格""体格"都逐渐羸弱，到近代已被称为"东亚病夫"，实乃国家民族之痛。

历史证明，要有强大的国家，首先要有强悍的民族"性格"和"体格"。中国人也要重新把"文能附众，武能威敌"，作为民族成员的价值取向和成功标尺。任何"好男不当兵，好铁不打钉"的民族，都不能在世界民族之林捍卫自己的权益，拥有自己的领域。同样，任何不能"崇文尚武"，只要"东西"的国家，是建不成军事经济融合体，也不会成为真正的世界强国的。所以，创新"崇文尚武"的价值观，也是创新中国特色军民融合文化建设的艰巨任务。

---

1 高亨注，诗经今注［M］. 上海：上海古籍出版社，1980，p245.

★创新"止戈为武"的方法论

"止戈为武"是中华民族文化中的璀璨奇葩，这其中既蕴含了孙子"不战而屈人之兵"的全胜战略思想，也能看到今日中国所提倡"和平共处"的理论身影，更能体现出中华民族"热爱和平，不畏强暴"的民族精神。

"止戈为武"的观点起源于春秋五霸中的楚庄王。《左传·宣公十二年》中记载：潘党曰："臣闻克敌，必示子孙，以无忘武功"。楚庄王回答："非尔所知也，夫文，止戈为武"[1]。楚庄王对"武"作出了让今人也叹为观止的科学解释："夫武，禁暴、戢兵、保大、定功、安民、和众、丰财者也，故使子孙无忘其章"。

按照楚庄王的理解是：从中国文字组成上讲，"止戈"才是"武"，止息兵戈才是真正的武功。武功应该具备七种德行：禁止强暴、消除战争、保持强大、巩固基业、安定百姓、团结民众、增加财富，才能使子孙永世不忘其功勋。

"止戈为武"是一种科学的方法论，是国家谋求和平与发展，必须要遵从和施行的定理。后来，在中国历史上又出现了"止戈兴仁"和"止戈散马"的思想，并且影响一时，到今天依然有这些理论的身影，这些皆属于不切实际盲目追求和平和发展，按此理论，最终是既不能和平，也不能发展。

中国特色军民融合发展，就是在新的历史时期，秉承和创

---

1 左丘明著，杜预注，十三经注疏·春秋左传正义 [M]. 北京：北京大学出版社，1999，p 652.

新"止戈为武"方法论。我们应当摆脱"中国人民热爱和平，不怕战争"的传统思想束缚，树立"中国人民可以制止战争，获得和平"的全新民族理念。正如《吕氏春秋·不广》所言："文武尽胜，何敌之不服"[1]。创新"止戈为武"的方法论，就成为创新中国特色军民融合文化建设的必要任务。

——建设原则

创新中国特色军民融合文化建设的原则主要包括：

★ 把握方向

文化要有正确的方向。军民融合文化，需要正确的引导和把握，否则会有向军国主义倾斜的危险。中国特色军民融合文化方向问题，主要有两点需要把握：一是文化本身的正确发展方向。中国特色军民融合文化，要符合先进文化的发展方向，即民族的、科学的、大众的文化，同时要有着正确的政治方向，符合全面实施党和国家发展战略的需要。二是通过文化引导主流意识形态正确方向。通过创新中国特色军民融合文化建设，协助构建和完善社会主义核心价值体系，端正社会主流意识中的人生观和价值观，大力培育文明风尚，巩固全党全国各族人民团结奋斗的共同思想基础。

★ 突出精神

文化要有崇高的精神作为支柱。中国特色军民融合发展最

---

1 吕不韦著，张双棣等译注，吕氏春秋译注［M］．长春：吉林文史出版社，1986，p474.

大特色，是强化了民族文化和社会主义文化中的精神支柱——爱国主义、英雄主义、奉献精神和尚武精神。创新中国特色军民融合文化，是一项艰巨而复杂的任务，是一个在实践中不断学习、坚持、树立、弘扬和加强的过程。在这个过程中，必须要突出精神支柱建设，并作为依托，使之为广大人民群众所熟悉、感知、认同、接受，身体力行、坚持不懈，有效转化为全民族的行为和内在品德，使人民精神风貌更加昂扬向上，成为建设中国特色军事经济融合体与社会主义和谐社会的重要保证。

★包容发展

文化要有包容性，才能形成百花齐放的整体发展氛围。文化整体有活力，社会才会有活力，才会激发一切生产要素的活力与一切创造社会财富的活力，才能促动军事经济融合体建设的各种力量竞相迸发，喷薄而起。创新中国特色军民融合文化建设的包容性体现在：一是与时代包容。胡锦涛同志在中国文联第八次全国代表大会讲话中指出："只有与时代同步伐，踏准时代前进的鼓点，回应时代风云的激荡，领会时代精神的本质，文艺才能具有蓬勃的生命力，才能产生巨大的感召力"[1]。二是与其他文化包容。坚持弘扬主旋律的基础上，与其他具有时代先进性和正确价值导向的文化相互包容，力争兼容并包各种文化所长，成为开放性军民融合复杂文化体。

---

1 引自十六大以来重要文献选编（下）［Z］. 北京：中央文献出版社，2008，p753.

★注重传播

文化是传播着的文化，没有传播，文化便失去生命。文化也有战争，文化的战争就是传播的厮杀，败阵的文化就会消亡。要在文化的战场取得胜利，实现"消灭敌人，保存自己"的目标，就要大力提升自身的文化传播力。中华民族文化，从未像今天这样危急，拜金主义、个人主义、实用主义等思潮对传统价值观造成强烈冲击。国内外各种复杂的意识形态模式和主体文化对中华民族文化已经展开了全面侵略。因此，创新中国特色军民融合文化建设，必须突出传播力建设，借助现代传播思想、传播理论、传播工具和传播模式，夯实整个中华文化的战斗力，借助提升国家"软实力"的战略布局时机，实现从"单纯防御"到"攻防结合"的转换，使中华文化和文明能够世世代代传承下去。

——建设方法

创新中国特色军民融合文化建设的方法主要包括：

★转变理念

转型，首先要理念转型。先进的文化理念，是引导军民融合文化建设向科学化方向发展，全面提高发展水平和建设效益的先决条件。创新中国特色军民融合文化建设理念，通常包括：

一是创新文化的发展理念。军民融合文化是创新发展的文化。一方面，必须坚持传统，把中华民族传统历史文化，与过去在社会主义革命和社会主义建设中创造的优秀文化中好的方面，进行坚持和发扬。另一方面，必须摆脱传统思想、方法、体制的束缚，以变革的精神作好军民融合文化建设工作。

二是创新文化的融合理念。军民融合文化是融合建设的文化。一方面，要突破传统文化中军地分离的障碍，把军队文化与社会文化融合。另一方面，要打破"劳心者治人，劳力者治于人"的观念误区，将人的全面发展置于文化中，实现"文"与"武"的文化融合。

三是创新文化的传播理念。军民融合文化是攻防兼备的文化。一方面，要牢守核心价值观的"纲"。"纲举"才能"目张"。另一方面，要把握文化传播力的"目"。要按照现代传播思想，坚持以我为主，走开放式的文化传播道路，主动积极作为，挖掘亮点和特色，进行合理包装，将军民融合文化及时"传出去"。

★打造队伍

人是创造文化、发展文化、传播文化的核心要素。文化人才队伍素质的高低，对创新中国特色军民融合文化建设至关重要，必须认真贯彻"人才先行"的重要思想，占领人才制高点，把人才建设放在重要战略位置抓紧抓好，构建一支"军民融合"的人才队伍：

一是要培养创新型"军民融合"文化领军人才队伍。文化建设也需要领军人物，从一定意义上说，文化领军人物的数量和水平高低，决定了一个时代文化的发展水平，如唐代以李白、杜甫、韩愈、白居易等为代表的诗坛大师和巨匠，"不尽长江滚滚来"，创造了一个盛唐的文化巅峰。而以王维、王昌龄、高适、岑参为代表的唐代的边塞诗人群体，成为了当时"军民融合"文化的领军人物。

二是要培养创新型"军民融合"文化创作人才队伍。高素质的文化创作人才队伍的状况，决定"军民融合"文化生产力的高低。高素质的文化创作人才队伍组成多元，一方面，要有一支出身"科班"的，政治坚定、知识丰富、成就卓著、影响广泛的专业创作人才队伍。另一方面，要有一批出身"草根"的，思想进步、创意突出、才能特殊、富有激情的业余创作人才群体。

三是要培养创新型"军民融合"文化传播人才队伍。"军民融合"文化要提高文化传播力的核心和基础，是拥有一支高水平的创新型文化传播人才队伍。高水平的传播人才队伍成员，应大多经过传播专业科班的系统培训，系统掌握现代文化传播专业基础理论和技能，能够驾驭新型传播媒介，熟悉文化传播业务，能够担负其"军民融合"文化传播工作的具体实施和技术保障任务。

四是要培养创新型"军民融合"文化把关人才队伍。文化也应该构筑必要的防线，规范文化发展建设，应对和抵制不良文化的侵袭。因此，构建一支创新型"军民融合"文化把关人才队伍，是必需和必要的。该队伍具有高度的政治觉悟、原则性和敏感性，能准确把握国家和军队的宣传方针，从政治、法律、思想、文化等角度对文化发展与文化交流严格把关，确保文化建设、发展、传播的安全规范。

★ 拓展平台

文化平台是文化工作的硬件支撑。文化平台的占有数量和利用效益，是文化发展建设的重要指标，也是当前我国文化建设的薄弱环节。因此，必须最大限度发挥后发优势，走跨越式的发展道路，拓展"军民融合"的文化平台和利用模式：

一是实现平台的中外结合。要打破文化平台建设"重内不重外"的现象，将文化平台拓展到国外，加强在世界范围的话语权，这也是提高国家整体战略能力的重要组成部分。一方面，可以组建新的有国际影响力的中国国际传媒或文化集团。另一方面，可用控股或提供资源的方式，与境外著名媒体或文化集团合作。从这个意义上说，购买破产的米高梅电影公司，与购买"悍马"，是有同等价值的战略举措。

二是实现平台的军民融合。要解决军队与社会文化平台"两张皮"的问题，将军地平台融为一体，提高国家文化平台的整体实力和规模效益。首先，按照军民融合发展方向，将现有军队文化平台转型，实现军地一体。其次，将转型后的军地一体平台工作领域覆盖军民融合文化的整个领域。

三是实现平台的新旧整合。要解决传统平台利用不力和现代平台利用不够的问题，根据不同的文化内容和受众，合理区分使用文化平台，以达到最好的利用效益。一方面，将电影、电视、广播和书报等传统平台效用发挥到极致。另一方面，大力开发和利用网络、手机等现代平台的作用，提高平台高技术化和人性化。

★强化产业

文化也能创造出价值。军民融合文化的产业化，也是军事经济融合体的重要产业组成部分。通过强化军民融合的文化产业，创造文化产品和经济价值，从而进一步推动国防、经济、社会和科技的整体发展，又能通过整体发展进一步推动文化的发展和繁荣，实现良性循环。强化产业的主要内容包括：

一是整合建设军民融合的文化战略集团。当前，对世界具有较强影响力的文化业巨头多在美国等西方强国，已经对国际政治产生了巨大影响。"CNN 的总裁克拉默不无自豪地说，联合国安理会每天的讨论议程就是 CNN 设置的，CNN 记者的镜头转到哪里，安理会就讨论到哪里，CNN 镜头下是什么，安理会就讨论什么。""1995 年联合国秘书长加利进一步认为 CNN 电视新闻网已经是联合国安理会的'第六个常任理事国'"[1]。中国必须整合现有散、小、乱的文化单位，通过国家人力、物力和财力支持，建立有世界影响力的军民融合文化战略集团，实现对全球文化的影响和支配，提高国家战略能力。

二是重点创建军民融合的文化战略品牌。品牌代表影响力。美国等西方强国注重塑造文化战略品牌，如"肯德基""麦当劳"和"迪斯尼"等，这些品牌已经遍及中国大陆和港澳台，对中国传统文化造成重大影响，并创造巨大商业利润。美国特别注重塑造国家强盛形象的军民融合文化战略品牌，如美国海军陆战队，在好莱坞，其战史被精心雕琢，略去在朝鲜和越南的失

---

1 李智：《国际政治传播：控制与效果》，北京大学出版社 2007 年 8 月版，第 140 页。

败，被包装和修饰成为战无不胜的超级品牌，以其为代表的"美国大兵形象"成为国家强盛的文化图腾。中国要想在世界提高战略影响力，除采取措施提高国家形象外，必须重点创建有世界影响力的军民融合的文化战略品牌。

三是大力拓展军民融合的文化战略市场。文化产品需要市场，通过市场获取商业利润和扩大文化影响。近年来，美国的"迪斯尼"先后登陆香港和上海，对中国的卡通动画和休闲游乐产业造成巨大冲击，使中国的少年儿童从小开始接受美国文化的"洗脑"，并赚取天文数字的利润。形象地说，"迪斯尼"是爆炸在中国的文化核弹。相反，中国对外文化输出极为有限，以孔子为代表的儒家文化品牌，仅仅在东南亚造成一定影响。而中国的军事形象，早早被定义为中国威胁，这与我们缺少战略级的文化输出和强力性的市场抢滩，是密不可分的。因此，我们必须大力拓展军民融合文化战略市场，实现文化对外战略能力的大幅度提高。

——建设路径

★建设难点分析

创新中国特色军民融合文化建设的难点主要包括：

一是中国文化领军人物少。当今中国文化界，真正的文化大师稀缺，对军民融合问题有重要认识的大师更少。

二是社会文化思潮多元。在市场经济环境影响和境外文化的冲击下，个人主义、拜金主义和实用主义严重冲击着人们的人生观、价值观和方法论。

三是意识形态斗争复杂。西方敌对实力和境内反动势力，会挤压、破坏和阻止中国特色军民融合文化的建设。

四是整体文化格调不高。文化界的低俗、庸俗、媚俗之风愈演愈烈，各种"非主流"文化甚嚣尘上，严重影响中国特色军民融合文化建设。

五是文化传播力量不足。传统文化工作"重内不重外"和"重建设不重传播"，导致当前中国文化成为世界文化传播中的"弱势群体"，"被动挨打"，构建中国特色军民融合文化传播力基础不坚实。

六是文化产业力量落后。中国缺少有世界影响力的文化集团和传播媒介，缺少话语权，对外文化贸易逆差严重。国内文化产业需要进一步发展、优化和完善。

七是军地文化存在屏障。军队和社会文化体系，多年来一直处于分离状态，文化流通性差，难以形成统一力量。

★建设阶段划分

根据当前军民融合型文化发展现状，结合当前文化环境条件，建议创新中国特色军民融合文化建设分两步走：

起步阶段（2017年～2020年）：在此阶段，一是整体筹划中国特色军民融合文化的顶层设计，实现军民文化体制的融合，将部队文化体系进行整体转型；二是把文化产业列入国家战略，大力推动和扶持文化产业；三是构建文化传播体系，优化整合文化传播力量和资源；四是在科学发展观与社会主义核心价值体系的理论基础上，进行创新中国特色军民融合文化建设的理论研究，为下一步全面发展奠定理论基础。

发展阶段（2020年~2050年）：在此阶段，一是要着力培育引领文化时代潮流的文化大师，提高军民融合文化的整体层次；二是要培养成功十个左右的有国际影响力的军民融合型战略文化集团，打造近百个世界级的著名文化品牌和特色文化产品，在国际文化市场占有一席之地，实现文化贸易顺差，从而真正拥有军民融合型战略文化产业；三是通过文化传播力建设，提高中国特色军民融合文化的扩张力，真正拥有符合联合国常任理事国身份级别的国际话语权，综合提高国家战略能力；四是通过建设，使中国特色军民融合文化融入军事经济融合体的方方面面，通过塑造先进而科学的中华民族人文精神和全民国防发展理念，有力支持和促进军事经济融合体建设与发展。

3. 创新军民融合组织建设与实现路径

军民融合组织是设计和实施军民融合发展的总体设计部和执行机构，是在国家最高决策层领导的指挥下，具体从事军民融合发展建设的组织体系，是军事经济融合体的组织领导机构。

——建设意义

创新军民融合组织建设的主要意义有：

★强化组织领导

创新军民融合组织建设，是强化军民融合发展组织领导的需要。只有中央军民融合发展委员会这个"首领"是不够的，还必须要有"手足"。中国特色军民融合发展建设，是现实意义上的变革与转型，是一项铁腕事业，没有强有力的领导体系作依托，难以强势号令"军地"，是不可能完成这项伟大事业的。中国特色军民融合发展建设，涉及军地全局，覆盖国防、经济、社会、科技等多个部门领域，如果没有统一的组织体系作支撑，是难以组织协调全局，是不可能作好这项系统工程的。

★ 实现整体建设

创新军民融合组织建设，是实现军事经济融合体整体建设的需要。钱学森教授认为："我们必须认识到，一个国家是一个整体，不可分割"[1]。军民融合发展是一项整体建设工程，实现的是建设、发展和产出的整体效益，必须整体设计、整体领导、整体组织、整体管理、整体运行。因此，必须要有并且必须强化中央军民融合发展委员会这样一个中国特色军民融合组织领导机构，才能实现这一目标和要求。

★ 发挥政治优势

创新军民融合组织建设，是发挥我国社会主义制度优势的需要。社会主义的优势一是在于能够使计划与市场相协调，二是能够组织动员全国力量办大事、要事，这些都是资本主义制度所不能比拟的，同时又是军事经济融合体建设的前提条件。钱学森教授认为："我们相信系统工程、软科学这些方法在我们国家管理上是可以用的，因为它是科学的方法，……这个运

---

1 钱学森，社会主义建设的总体设计部，创建系统学［M］．上海：上海交通大学出版社，2007，p26.

用是我们国家——社会主义中国得天独厚的，资本主义国家是不可能用这个方法的，显然是在外国发展起来的一个科学方法，但是我们可以搬来用，与我们的社会主义制度结合起来，与我们的马克思列宁主义、毛泽东思想的理论结合起来"[1]。

——建设目标

创新中国特色军民融合组织建设的目标是：在中央军民融合发展委员会的统一领导下，遵照系统工程的方法，采取有效机制手段，整合国防建设的组织资源，构建以主管宏观决策调控的军民融合发展总体设计部和指挥部，和具体组织实施工作的军民融合发展执行机构，共同组成的军民融合、层级完整、统分结合、功能完善、主辅分明的组织领导体系，统一组织领导中国特色军民融合发展建设工作。

——建设内容

创新中国特色军民融合组织建设的内容主要包括：

★创新设计机构

钱学森教授曾经提出"社会主义建设的总体设计部"[2]设想。他认为，这实际上就是"党和国家的咨询服务工作单位"。但由于纯官方的"总体设计部"，容易在立场、观点上出现政治倾向和研究领域的局限性，因此，应当以"军民融合"和"官

---

1 钱学森，社会主义建设的总体设计部，创建系统学［M］．上海：上海交通大学出版社，2007，p29.

2 钱学森，社会主义建设的总体设计部，创建系统学［M］．上海：上海交通大学出版社，2007，p19.

民结合"的综合智库群，按照科学运行机制，服务于中央军民融合发展委员会及各级委员会，总体承担当前军民融合发展建设的研究和咨询服务工作。今后，这个"智库"群，逐步发展转型，作为发展规划融合体的重要组成部分。

★ 创新领导机制

中国的国防领导体制，是伴随国家建设发展而逐步形成和发展起来的，具有自己的特色。国务院是最高国家权力机关的执行机关，是最高国家行政机关，领导和管理国防建设事业。中央军事委员会领导全国武装力量。国务院和中央军委，共同接受党中央的统一领导。为了更好地实施军民融合发展，可在中央军民融合发展委员会领导下，于国务院与中央军委之间建立相关协调机制，从而构成统一的军民融合发展建设指挥部，共同组织领导中国特色军民融合发展工作。

★ 创新执行机构

为了提高领导力度，更好地组织建设工作，应当在中央军民融合发展委员会这个新的领导机制下,构建全新的执行机构。一方面，将原有军队和地方的国防管理和议事机构融合，形成全新的"军民融合"的国防组织领导执行线。另一方面，为强化军民融合建设重点领域或重大项目的执行力度和建设效果，可设若干个工作协调组，由军队和政府有关部门的领导参加，作为专项办事机构，行使相关决策、监督、管理和协调功能。

——建设原则

创新中国特色军民融合组织建设的原则主要包括：

★以观念建设为前提

建设组织，首先要建设观念，这样才会使组织表里如一，真正突出组织建设效能和具体职能。创新中国特色军民融合组织观念建设，一是要塑造设计观念，在组织体系职能中增加设计职能，所有人员都认识到设计的重要性，任何工作都必须先设计，后组织，保证方向准确和效益提高。二是要塑造融合观念，将"军民融合"发展的理念传播到所有的机构和个人，从而实现"结构体现融合，人员掌握融合，工作突出融合"的局面。三是要塑造整体观念，将系统理论融入整体建设中去，破除"局部利益""部门利益"和"个人利益"的不利影响，实现整体全面发展。

★以结构建设为中心

建设组织，核心和关键是建设结构。建设前，必须按照综合集成的要求，优先搞好顶层设计，在中央军民融合发展委员会框架下，建设出一个包括国家决策和宏观调控层面、统筹规划计划层面、计划执行和管理层面的军民融合的组织机构。在结构中，必须按照现代管理结构要求，拥有设计部门、决策部门、执行部门、监督和反馈部门等职能部门，从而形成一个体系完整、功能完备、统筹协调、效益突出的复杂组织体系。

★以机制建设为补充

国防组织建设，必须要符合国情和客观实际，不是什么都能建、什么都可以建的。在一些无法实现结构改变的部门和领域，必须加强相应的机制建设，从而弥补结构功能。"党指挥枪"是中国人民解放军在革命战争中就确立的核心原则。因此，中国人民解放军必须并只能接受党中央和中央军委的直接领导。因此，在一些军民融合国防建设的军地协调问题上，只能在中央军民融合发展委员会领导下，通过军地之间建立一些机制来进行，如：互信机制、协商机制和促进机制等。机制建设就成为创新中国特色军民融合组织建设的重要补充。

——建设方法

创新中国特色军民融合组织建设的方法主要包括：

★集散结合

创新中国特色军民融合组织建设，必须要按照决策集中化与机构分散化的要求，采取集散结合的建设方法。中央军民融合发展委员会作为最高决策机构，必须要精干、高效、权威、有力，成为坚强的领导核心。建设的各种情报、咨询、业务和执行机构，必须要围绕最高领导决策层，组成一个完整、庞大、多元和合理的机构体系网络，成为有力的机构支撑。只有这样采用集散结合方法构建的军民融合组织，才能真正实现领导有力、决策快速、执行有效的目标。

★优化组合

中国特色军民融合组织建设，实质上是一个优化组合的转型过程。我国经多年发展建设，已经形成了有中国特色的国防和经济建设组织体系，如果推倒重来，一是浪费原有的资源和经验；二是需要重新摸索融合的过程，并不符合客观实际和发展需要。创新中国特色军民融合组织建设，应该采取优化组合的方法，在原有组织机构的基础上，将重复的机构合并，臃肿的机构精简，缺失的机构完善，必要时要按照新职能进行局域结构重组，从而组建一个全新的符合综合集成原理的国防与经济发展建设组织。

★军民融合

创新中国特色军民融合组织建设，必须要遵从"军民融合"的目标，否则会偏离改革的目标和方向。由于军民融合发展，涉及军地双方，关系到国防、经济、社会和科技多个领域，这就需要体制上有一个系统协调的机构和机制，这就是创新中国特色军民融合组织建设要实现的作用。目标决定方法，当前必须要打破"国防是军队事务"的陈旧理念，采取"军民融合"的建设方法，军地同时调整结构，将原有的难以实现的军地双轨交汇，实现为在中央军民融合发展委员会领导下的军地双轨融合。

——建设路径

★建设难点分析

创新中国特色军民融合组织建设的难点主要包括：

一是原有国防组织建设机构中，缺少设计部门，只有领导决策、组织管理和具体执行部门，且呈现机构臃肿和职能重复现象，体系能力和运行效益不高。

二是军地之间，因为政治、历史和其他客观原因，造成了组织机构隔阂，军地之间的国防运行机制实际是走双轨，人员流动仅有部队干部转业一条单向通道。

三是军地之间缺少跨部门的协调机制和规范，涉及军地双方的国防任务、项目、工程等，多由单位自行具体协调，进展慢，问题多，效益低。

★建设阶段划分

根据当前国防组织机构发展现状，结合中国国情和国防发展实际。建议创新中国特色军民融合组织建设分三步走：

起步阶段（2017年～2020年）：一是结合军民融合发展规划"智库"群及其运行机制的建设，构建中央军民融合发展委员会领导下的中国特色军民融合发展总体设计部。二是进一步改进和加强国防领导制度，在国务院和中央军委之间，建立国防建设工作协商和互动机制。三是完善有关国防建设的法规制度和规范标准建设，为下一步实现组织融合和工作融合奠定基础。

攻坚阶段（2020年～2030年）：一是对军民融合国防组织机构实施优化组合，构建完整的军民融合组织体系结构。二是实现军民融合发展的一体工作机制和人员流动机制。

深化阶段（2030年～2050年）：将中国特色军民融合组织建设不断推进，经过发展完善，转型为发展规划融合体的组成部分。

4. 创新军民融合机制建设与实现路径

军民融合机制是各军事经济融合体构成要素之间相互联系和作用的关系及其功能，由于该机制是在军事经济融合体建设和运行中发挥功能，所以又称为建设运行机制。军民融合机制决定了军事经济融合体各要素联系、作用和调节的方式，因此就成为发挥军事经济融合体整体功能的基础。军事经济融合体在整体运行中包含着它的各构成要素的局部运行，所以各构成要素也都自成系统，各自都有特定的运行机制。

——建设意义

创新军民融合机制建设的主要意义有：

★夯实体系基础

在任何一个系统中，机制都起着基础性的、根本的作用。创新中国特色军民融合组织建设，能够给军事经济融合体建设提供体制保证。但是，任何体制都不是万能的，在建立起新的体制以后，还必须抓紧建立和完善与之相适应的建设和运行机制，形成体制与机制之间良性互动、互相促进的关系，才能真正夯实整个军事经济融合体的体系基础，同时带动和促进其他改革向广度和深度发展。

★实现自我调节

机制的一个主要作用就是系统要素调节，在理想状态下，有了良好的机制，甚至可以使一个复杂系统接近于一个自适应系统——在外部条件发生不确定变化时，能自动地迅速作出反应，调整原定的策略和措施，实现优化目标。军事经济融合体，作为一个复杂巨系统，要在复杂的发展环境中实现即时优化和调节，仅仅依靠行政或市场调节手段，可能造成调节的程度和时节的把握问题，造成调节不力或过度调节，而采取体系内机制的自调节，可以很好地补充及完善这一问题。

★摆脱路径依赖

人类社会发展中，存在一种"路径依赖"现象，即当社会系统的改革进入了某一特定路径，受强势利益群体或既得利益集团的影响，改革主体往往会利用其占有的改革权力和资源，促使改革朝着维护其既得利益的方向发展，并沿着特定的路径进入恶性循环，出现改革中的"路径依赖"现象。军民融合发展，是社会系统的大变革，也会受"路径依赖"现象的困扰，这时候，就必须利用有效的机制，采取"由上而下系统设计"和"由下而上综合集成"的双重制约和调整，摆脱"路径依赖"。

——建设目标

创新中国特色军民融合机制建设的目标是：从中国国家战略实际出发，从军民融合发展的新角度，按照复杂系统科学原理，着眼实现中国特色军事经济融合体整体建设目标和提高中国特色军事经济融合体体系能力，科学分析军事经济融合体系中各组成系统与要素的结构变量和组成变量，在遵循客观规律和现实条件的基础上，建立一系列完善配套并有利于提高建设效益和发挥体系能力的机制。

——建设内容

创新中国特色军民融合机制建设的内容主要包括：

★创新融合机制

融合机制是中国特色军民融合发展的基础机制，包括军民融合的具体标准、行为规范、知识产权、保密安全和相关法规制度等。创新中国特色军民融合发展的融合机制，就是为打破军民分割、相互封闭的传统界限，着眼国防与经济系统的整体融合，采取机制融合的手段，奠定军民之间的融合、互动与协调的机制基础。

★创新发展机制

发展机制是中国特色军民融合发展的核心机制，包括建设发展中的激励机制、竞争机制、开发机制、积累机制、投入机制、创新机制等。创新中国特色军民融合发展的发展机制，就是着眼体系发展，激发所有与发展有关的积极因素和动力，采取机制促进的手段，形成多元合力、规范有序的机制动力。

★创新调控机制

调控机制是中国特色军民融合发展的关键机制，包括体系运行过程中的预警机制、决策机制、控制机制和反馈机制等。创新中国特色军民融合发展的调控机制，就是着眼体系的建设目标和高效运行，系统筹划和运用各种资源，采取机制调控的手段，打造相关调节和驾驭活动的机制依托。

★创新约束机制

约束机制是中国特色军民融合发展的保证机制，包括国防管理行为中的监督机制、评估机制、制约机制等。创新中国特色军民融合发展的约束机制，就是着眼现代管理要求，约束和克服各种自利和风险因素，采取机制约束的手段，构建军民融合发展管理的科学有效、可行规范的机制框架。

——建设原则

创新中国特色军民融合机制建设的原则主要包括：

★ 统一规范

机制的适用性来自统一，实用性来自于规范。只有统一规范的机制才能真正做到共建、共享、共用，发挥整体效能。创新中国特色军民融合机制建设，必须着眼于"军民融合"的大前提，军地统一是基础，制度规范是要求，以确保机制建设的统一性、连续性、科学性。

★ 权威有效

机制的权力来自制定机制的部门的行政力，威望来自机制的公正、公平和公开，只有两者合一，才能确保机制的权威有效。创新中国特色军民融合机制建设，必须一方面强化法制机制，确保军地双方的绝对权力；另一方面注重机制运行过程中的"一碗水端平"，摒除各种不利因素的干扰破坏。

★ 综合配套

机制的完备效力来自于其系统性和配套性，杜绝制度真空和结构真空，防止出现监控"漏洞"和程序"后门"，确保机制的实际功效。创新中国特色军民融合机制建设，必须注重顶层设计，通过系统分析和需求把握，制定完备的机制体系。在运行机制的过程中，也要注意各种问题情况，随时打上机制"补丁"。

★ 动态开放

机制的构建是一项长期的工作，伴随着社会环境不断发展，人的认识水平不断提高，机制建设也要秉承开放思维，随时做出相应的动态调整。创新中国特色军民融合机制建设，必须着眼新情况、新问题，推出新的机制，同时重视对以往过时机制的废止、修改与整合，做到推陈出新，确保机制的明晰、简练、集中和有效。

——建设方法

创新中国特色军民融合机制建设的方法主要包括：

★宏观总体架构建设

中国特色军民融合机制是一个整体，包含有诸多种类、职能和层次的机制。因此，创新中国特色军民融合机制建设，需要建设一个体系完整、职能完备、层次完善的机制群，要从全局的高度进行总体性、长远性的谋划。为了更好实施建设，必须采取宏观总体架构建设的方法，即根据中国特色军民融合发展的需求，整体设计机制架构，同时对现有机制进行系统评估，廓清下一步需要建设的主要任务和步骤，并制定周密的建设计划，从而实现体系建设的目标。

★应急与计划相结合

中国特色军民融合机制，需要解决的是发展和建设中存在的现实问题，而中国特色军民融合机制建设，又是一个系统的长远的工程，两者之间必然存在当前与长远、现实与规划之间的矛盾问题。因此，创新中国特色军民融合机制建设，必须采取应急与计划相结合的方法，对于军民融合发展中的一些突发情况和现实问题，必须时不我待，要迅速构建应急机制应对，但在整体建设大局上，要按照计划步骤，一步步完成，应急机制也逐渐被正规机制所替代，成为中国特色军民融合机制体系中的一部分。

★军队与地方相结合

中国特色军民融合机制，应对的是军队与地方融合的大局，需要对两大体系产生综合权力和融合效应，不能简单地以"1+1=2"来解决，因此机制的构建是一项复杂的系统工程。创新中国特色军民融合机制建设，必须采取军队与地方相结合的方法，让军地双方共同协商工作，共同拟制和认可对军地双方相同效力的机制，并实施不同层次、不同侧面的互相呼应、相互补充，从而保证机制与作用群体不分离，促进制度落实，充分发挥作用。

★实践与创新相结合

中国特色军民融合发展建设，是不断发展、实践、创新和完善的过程。中国特色军民融合机制建设，也要注重与总体建设的情况配套和衔接，自觉与国防、经济、科技、社会的建设、发展和创新的整体步骤协调一致。因此创新中国特色军民融合机制建设，必须遵循实践与创新相结合的方法，即在实践中发现问题，按照规划、计划与能力需求的结合，不断进行机制创新，并及时将创新的成果反馈于实践并不断完善，进一步促进实践的发展，形成机制建设"实践——创新——实践"的良性循环。

——建设路径

★建设难点分析

创新中国特色军民融合机制建设的难点和问题主要包括：

一是当前军地建章立制的部门都很繁多，导致各种机制种类多、层次多、环节多，适用范围和领域有限。

二是军地之间安全、标准、规范和法规制度"两张皮"，融合难度大。

三是各种新机制的制定会损害部分单位、部门和个人利益，阻力大。

四是各种机制不够健全，有制度真空和结构真空，可能对军民融合国防建设造成严重影响。如：我国现行的合同法将战争列入不可抗力，战时毁约不担负违约责任，这样就可能造成战时我军保障社会化所签署的所有合约都失去效力的严重后果。

★建设阶段划分

根据当前国防机制建设现状，结合中国国情和国防发展实际。建议创新中国特色军民融合机制建设分三步走：

基础阶段（2017年～2020年）：在这个阶段建设重点在于架构整个中国特色军民融合机制框架，并对各个门类、层次和环节的机制进行针对性的探索和研究。在具体机制的建设上，一是优先构建军民融合大项目的论证决策机制，防止"拍脑袋工程"，避免因决策失误造成重大损失。二是优先构建军民融合市场竞争机制，遵循市场规则，通过竞争提高发展效益。三是优先构建创新机制和产权管理机制，特别是涉及军地之间的创新成果转化机制，使成果资源在更大范围内产生效益。

推进阶段（2020年～2030年）：在这个阶段建设重点将各现有军地机制融合，根据制度真空和结构真空，建设、发展和完善新的机制，弥补制度漏洞和短板。在具体机制的建设上，一是进一步统一军地之间融合的标准和规范。二是进一步完善监督和问责机制，监控、评估项目实施情况，并奖惩分明，激发动力。三是进一步完善经费保障和补偿机制，以国家投入为主、地方财政保障为辅、社会统筹为补充，采取收益滚动的方式，保证经费来源充足，投资收益明显，再投入资金和积极性显著增加。

完善阶段（2030年~2050年）：根据机制实践的整体情况，结合中国特色军事经济融合体建设实际，不断发展和完善各种机制，并与中国特色军民融合组织建设融为一体，共同形成中国特色军事经济融合体建设组织领导和具体实施的科学体制。

七

中国特色军民融合发展的战略路径选择

中国特色军民融合发展建设，是在新的国防与经济建设思想指引下，借助技术融合，改变体系架构的过程，是提升国家整体战略能力的战略调整。改变体系架构，实际上是对国防与经济体系实施新的综合集成，是一个质的改变，是一次整体转型，是一场现实意义上的国防与经济建设发展模式的革命。任何转型都需要强大的推动力，靠铁腕推行，同时也会遇到顽固的阻力，战略转型的过程是动力与阻力较量的过程，因此不可能按照理想设计的直线运行。所以说设计战略转型规划是一回事，实施这一规划并变成行动是另一回事。正如卡尔·冯·克劳塞维茨在《战争论》中所说，"在战略上一切都非常简单，但是并不因此就非常容易"[1]。

中国特色军民融合发展转型建设的阻力往往来自于旧的体系、制度、文化等自身的习惯势力。克服和避免这些势力的阻碍，实现转型目标不是一朝一夕的事，而是逐步推进的过程，需要明确的转型目标，科学的顶层设计，系统的发展路线规划。也就是需要科学地描绘出国防与经济转型的路线图。

（一）战略路线图基本简介

最大预期与最小阻力，是战略规划与实施过程中必须遵循的重要原则。确定一个正确的方向，规划科学的路线图，然后循序渐进，坚韧不拔，持之以恒。

——路线图的概念及特点

路线图，是一种先进的规划计划方法和管理工具，主要用于对现实起点与预期目标之间的发展方向、发展路径、关键事项、时间进程以及资源配置进行科学设计和控制，主要采取图表的方式进行形象表达，其要义是围绕目标任务，强调需求牵引，选择发展路径，明确时间节点，对建设发展作出科学规划。[2]

路线图的两大特性是：能按照逻辑顺序，规划线路，逐步

1（普鲁士）克劳塞维茨著，解放军军事科学院译，战争论［M］. 北京：解放军出版社，1964，p144.

2 国防大学科研部编，路线图—— 一种新型战略管理工具［M］. 北京：国防大学出版社，2009，p2.

推进；在大方向的指引下，可根据形势的变化调整线路。

——路线图的作用、方法和意义

克劳塞维茨在《战争论》中评论道："在战争中，由于受到预先考虑不到的无数细小情况的影响，一切都进行得不理想，以致原定的目标远远不能达到"[1]。他称这种现象为"阻力"，并相信它是战略失败的主要原因。"战争中的行动像是在阻力重重的介质中的运动"[2]。在战略转型中，同样存在各种顽固的阻力，即使是最简单、筹划得最周密的战略转型，执行起来也有可能十分艰难。制定战略和实施战略之间的鸿沟可能非常大。因此，转型的过程就是克服重重阻力的过程。

科学研究发现，凡存在着吸引与排斥、向心力与离心力、作用力与反作用力相互斗争的矛盾体，都是沿着一条最优的曲线运动。作为动力与阻力相互斗争的战略转型，需要遵循"最大预期和最小阻力"原则，按照最优的曲线运动。最大预期，即战略目标的科学定位；最小阻力，即选择一条最容易走向目标的路线。路线图的作用，就是描绘出这条科学可行的最优曲线。

一条完整的路线图，一般包括：目标远景、发展思路、时间阶段、发展路径、执行原则、具体内容、环境分析等要素，具体要素可根据路线图涉及领域的不同，存在一定的差异。描

---

1 （普鲁士）克劳塞维茨著，解放军军事科学院译，战争论 [M]．北京：解放军出版社，1964，p73.

2 （普鲁士）克劳塞维茨著，解放军军事科学院译，战争论 [M]．北京：解放军出版社，1964，p74.

绘路线图牵涉到的主要方法有各种分析方法和预测方法等，在研究国防与经济建设这种宏观并难以量化的问题时，更为适用头脑风暴法，即将一组或几组专家召集到一起，通过即兴创意并整理研究，确定路线图中的节点以及节点之间的属性。

中国特色军民融合发展，是国防与经济建设模式的根本转型，是一场现实意义上的革命，牵涉范围广，时间跨度大，转型任务重，各种阻力和障碍不可小觑，如何走出一条最优弧，必须要有清晰的路线规划，才能"看准一件改一件"，"成熟一件推一件"，从而减小转型阻力，提高转型效益，实现平稳、科学、高效的转型。从这个意义上说，绘制中国特色军事经济融合体建设路线图，对于推进中国特色军事经济融合体建设和持续发展工作，是必需和必要的。

（二）军事经济融合体建设路线图要素分析

从本质上说，路线图就是动态性的战略规划系统，体现方向性、战略性和一定的可操作性，注重需求、目标、任务、途径分析，重点确定核心理论问题和关键技术问题。

中国特色军事经济融合体建设发展路线图，是立足中国国防和经济建设实际，围绕和服从国家战略发展路线规划，在国家"三步走"步骤划分的基础上，通过明确中国特色军事经济融合体建设目标任务，设计军事经济融合体建设体系框架，调整建设方向和重点，综合集成战略能力需求、关键支撑要素、重大项目设置、资源预算投入等要素，细分任务类型、量化发展标准，明确实现路径，把握时间节点，以图表形式对中国特色军事经济融合体建设发展进行总体实现路径设计。

根据专家组采用头脑风暴法研究出的结果，中国特色军事经济融合体建设路线图主要包含以下要素和内容：

——**对象领域**

中国特色军事经济融合体建设发展路线图，是在国家发展建设规划的基础上，主要对中国未来国防和经济建设的相关重要领域进行总体设计。

——**建设目标**

中国特色军民融合发展建设目标，是建设中国特色军事经济融合体。具体建设目标，是在不断发展完善的理论、文化、组织、机制等四大配套战略支持下，建设包括发展规划融合体、科技创新融合体、社会保障融合体、国防动员融合体、信息基础融合体、产业发展融合体、人才教育融合体和基础设施融合体在内的八个具体融合体。

——**发展思路**

中国特色军事经济融合体建设发展的思路是融合发展，其本质和核心是通过逐渐实现军民技术融合，从而将国防发展与国家发展有机融合，实现国家战略整体的科学、协调、持续、系统、高效发展的一体发展模式。

——**时间阶段**

国防和军队发展战略应当服从国家发展战略。因此，中国特色军事经济融合体建设的时间阶段，应当参照我国国家发展总的战略路线时间划分，在已有的军队和国防建设的发展战略构想基础上，结合当前发展的客观实际条件，进行划分和明确。

中国国家发展"三步走"战略，主要内容包括：第一步，从1981年到1990年，国民生产总值翻一番，解决人民温饱问题；第二步，从1991年到20世纪末，国民生产总值再翻一番，人民生活达到小康水平；第三步，到21世纪中叶，人均国民生产总值达到中等发达国家水平，人民生活比较富裕，基本实现现代化。然后，在这个基础上继续前进。

在此基础上，1997年党的十五大报告把第三步目标和步骤进一步具体化，作出新的战略规划："展望下世纪，我们的目标是，第一个十年实现国民生产总值比2000年翻一番，使人民的小康生活更加宽裕，形成比较完善的社会主义市场经济体制；再经过十年的努力，到建党一百年时，使国民经济更加发展，各项制度更加完善；到世纪中叶建国一百年时，基本实现现代化，建成富强民主文明的社会主义国家"[1]。

在2008年中国的国防白皮书中，首次提出中国国防和军队建设"三步走"战略构想："2010年前打下坚实基础，2020年前基本实现机械化并使信息化建设取得重大进展，21世纪中叶

---

1 江泽民，高举邓小平理论伟大旗帜，把建设有中国特色社会主义事业全面推向二十一世纪，江泽民文选第二卷［M］. 北京：人民出版社，2006，p4.

基本实现国防和军队现代化的目标"[1]。

根据"两个一百年"奋斗目标、国家发展战略规划和中国国防和军队建设"三步走"战略构想，结合专家组综合意见结果，构建中国特色军事经济融合体的总时间节点应为 21 世纪中叶。在此时间段内，可用五年的时间夯实基础，十年的时间进行全面建设发展，二十年的时间进行全面推进转型。

——建设路径

根据专家组综合意见结果，结合在中共中央、国务院、中央军委联合颁布的《推动经济建设和国防建设融合发展意见》中的 2020 年前建设目标，建设中国特色军事经济融合体，第一步是夯实基础阶段（2017 ~ 2020）：按照习主席提出的"努力形成统一领导、军地协调、顺畅高效的组织管理体系，国家主导、需求牵引、市场运作相统一的工作运行体系，系统完备、衔接配套、有效激励的政策制度体系"[2]要求。一是重点建设发展规划融合体和科技创新融合体，夯实顶层设计和技术融合的前提基础和关键核心；二是建立和完善军民结合、寓军于民的武器装备科研生产体系、军队人才培养体系和军队保障体系的基础，为深度融合奠定实践和发展基础；三是大力研究和探索中国特色军事经济融合体建设理论，形成完整的理论体系，夯实理论

---

1 2008 年中国的国防［P］. 北京：国务院新闻办公室，2009，p9.
2 习近平，在接见十二届全国人大三次会议解放军代表团的讲话，中国军民融合发展报告［P］. 北京：国防大学出版社，2015，p151.

基础。四是构建和完善相关的法律法规体系，统一军地标准和规范，夯实法规机制基础。五是军民融合的关键及核心技术得到突破，夯实技术基础。通过五大项工作，夯实中国特色军事经济融合体建设的坚实基础。

2010 年 10 月 24 日，国务院、中央军委下发了《关于建立和完善军民结合寓军于民武器装备科研生产体系的若干意见》（国发〔2010〕37 号），该意见深刻分析了我国武器装备科研生产的现况，明确了基本要求，确立了发展目标，为建立和完善我国军民结合寓军于民武器装备科研生产体系提供了政策保证和路径设计。

通过《意见》，我们可以看到党中央、国务院和中央军委已经开始了军民融合大建设的伟大进程，明确提出要用三到五年时间基本实现五大目标。这五大目标是：军工企业股份制改造基本完成；军工科研院所改革取得积极进展；从事武器装备科研生产各类企事业单位在财政投入、税收政策、市场准入、军工固定资产投资方面公平化；军品市场退出制度健全完善，军民资源开放共享；军民结合产业快速发展，装备竞争性采购、集中采购、一体化采购工作稳步推进。《关于建立和完善军民结合寓军于民武器装备科研生产体系的若干意见》与本书提出军民融合建设的第一阶段建设目标和任务完全吻合。

2016 年 3 月 25 日，在中共中央、国务院、中央军委联合颁布的《关于经济建设和国防建设融合发展的意见》中，明确了军民融合发展 2020 年前的阶段目标：形成全要素、多领域、高效益的军民深度融合发展格局，使经济建设为国防建设提供更加雄厚的物质基础，国防建设为经济建设提供更加坚强的安全保障。到 2020 年，经济建设和国防建设融合发展的体制机制更加成熟定型，政策法规体系进一步完善，重点领域融合取得重大进展，先进技术、产业产品、基础设施等军民共享协调性进一步增强，基本形成军民深度融合发展的基础领域资源共享体系、中国特色先进国防工业体系、军民科技协同创新体系、军事人才培养体系、军队保障社会化体系、国防动员体系。《关于经济建设和国防建设融合发展的意见》与本书提出军民融合建设的 2020 年前即第一阶段建设目标和任务也完全吻合。

建设中国特色军事经济融合体，第二步是全面建设阶段（2020 ~ 2030）：一是应当在第一步发展的基础上，着重建设完成社会保障融合体、国防动员融合体，提前实现中国特色军事经济融合体的国防功能。二是同时开始发展建设其他融合体，基本确立发展的基本模式框架。三是在建设中实现各种融合体的平战一致和军民一致建设，使得建设过程中就能体现强大的军事和经济效益，同时进一步刺激和推动中国特色军事经济融合体建设发展。

建设中国特色军事经济融合体，第三步是整体推进阶段（2030 ~ 2050）：深化前期发展成果，建成并发展完善各个融合体，争取在 21 世纪中叶基本建成中国特色军事经济融合体。

——执行原则

建设发展的转型，特别是按照路线图实施转型，有一定的灵活性和机动性，这也是路线图的特点和优势，但在转型执行的过程中，必须要遵循一定的标准和要求，以确保转型行动的准确与成功。根据专家组意见组合，中国特色军事经济融合体建设，作为一次完整彻底的国家建设和发展模式转型行动，必须按照以下的转型标准和要求转型：

★安全：国家安全是任何改革必须严守的底线。改革与转型的过程，是一次脱胎换骨的过程，在某些时间段内，国家战略能力会出现一定的弱化，对国家安全造成影响。因此，在执行路线图、进行中国特色军事经济融合体建设时，必须把国家安全放在首位，涉及国家安全根本的项目和领域的转型，必须在适当的时机执行。

★稳定：稳定的大局，是改革与转型的保证。在建设中国特色军事经济融合体的过程中，必然要涉及方方面面的利益，可能引起或激化相应的纠葛和冲突，对改革与转型造成不利影响。绕开障碍，减小阻力，是路线图的功能之一，同时也是实施路线图建设模式的重要原因。因此，在进行建设与转型时，必须把稳定作为重要的标准，充分发挥路线图建设模式的功能，确保转型的成功。

★完整：建设转型是一项系统工程，立足全局、着眼整体，才能保证新模式效益和优势的充分发挥。按照路线图建设，是采取成熟一项转一项的方式，由整体引领局部，由局部推进整体建设发展的过程，在建设的过程中，由于涉及某些个人或单位利益，会阻碍部分领域的转型，导致"不转"或"假转"，影响整体转型的实现。因此，在进行建设与转型时，必须把完整作为重要的要求，避免"半拉子"转型工程。

★高效：建设发展，必然突出建设效益。建设中国特色军事经济融合体，必须把高效作为标准，一是要提高速度，采取路线图方式：把握重点方向，实施区域超前改革；围绕核心能力，实施重点能力改革；应对主体任务，实施阶段性综合改革。二是要减少损耗，避免盲目建设和重复建设，在一定时期，还要防止改革倒退，从而确保建设一项成一项，并稳定一项。

——主要阻力

中国特色军事经济融合体建设发展，不会是一帆风顺的，必然会存在着各种主观和客观的强大阻力，主要包括：

1. 基础阻力：发展现状

发展的基础，决定了发展的模式和进度。当发展的模式较为先进时，发展基础中较为落后和迟滞的部分，将成为发展的阻碍。当前建设中国特色军事经济融合体，有三大发展现状阻力：

一是发展失衡化，限制全面发展。当前，我国各地区、各行业发展不均衡，即使在具体的科技、教育、电子、工业、基建等单一领域内，也仍存在较多空白或薄弱环节。基础的失衡，决定了在建设具体的军事经济融合体时，只能在发展较快的领域乃至先进的领域局部优先建设，然后扩展到全局。

二是技术单一化，限制快速发展。军民融合的本质是技术融合。但当前我国在技术领域存在着单一性，军用技术与民用技术，界限明显，用途单一。技术上的阻碍，严重限制了军民融合的发展速度。因此，在建设中国特色军事经济融合体时，必须将技术融合作为重点和关键，重点突破。

三是结构固态化，限制深化发展。六十年来，我国各行业间建立的各自稳定的结构体系，形成了运行与发展的固定模式。中国特色军事经济融合体，将打破这种状态，形成新的体系与模式，原有结构必然会形成结构阻力，限制转型的深入发展。

因此，在推动中国特色军事经济融合体建设时，必须将结构转型作为难点，全力突破。

2. 顽固阻力：传统思维

改革，首先要改思想。发展思维存在着惯性。当发展要转型时，思维惯性就成为阻力。因此，转型首先要进行的是思想认识上的转型。多年来，特别是近二三十年的和平环境，促使国内形成了一种经济重于国防的思维误区。谈发展，必然是经济发展；谈军民融合，必然是"军转民"；谈军队建设，必然是"大裁军"。在建设中国特色军事经济融合体时，传统思维的阻碍和阻力不可小觑。特别是在经济中融入国防元素，会使一些专家乃至部门常常以中国"不称霸"和"不成为威胁"为借口，加以抵制和反对。地方有些部门片面地认为国防建设"姓军"，与地方经济建设没有关系，当军队提出国防和军事需求时，认为是给经济建设增加负担。突破传统思维阻力，营造优良的主观环境，将成为中国特色军事经济融合体建设的重要任务。

3. 根本阻力：利益纠葛

任何改革，最难应对和最顽固的是利益纠葛阻力。利益是促使人们进行社会实践的基本动因，也是体制改革的基本动力。国家改革的目的就是为了获取原有模式无法获得的战略利益，组织和个人参与改革的动力是谋求在旧的制度安排下无法获得的局部利益。大多数的改革会使部分人获益而使另一部分人受损，利益受损失的群体会反对或阻碍改革，这样就不可避免地产生利益纠葛阻力。一些军事部门、国防行业受狭隘的部门主义和利益影响，不愿意也没勇气拆除横在军民之间的篱笆,用"50米军事禁区"保护自己求生存。因此，建设中国特色军事经济融合体，必须打破利益纠葛阻力的干扰破坏，防止既得利益集团根据自己的利益需求选择改革方案或改革模式，并不断地巩固和强化现有制度以继续获得利益，使改革沿着特定的路径陷入恶性循环，出现"路径依赖"现象。建设中国特色军事经济融合体，要保持改革主体内部的权力制约与利益平衡，保证改革主体的科学决策和利益公正，约束特殊利益集团。

4. 关键阻力：法规机制

历史证明，改革要获得成功，必须要走法规化、制度化和标准化的道路。军民融合的过程，要依靠军民融合的法规机制加以约束和管控。改革开放三十年，我国实现从计划经济向市场经济的伟大转变，法律、法规、机制、标准等也逐步实现市场化特征，但与军民融合发展的要求相比，仍有较大差距，造成法规机制阻力，如：1988年7月1日实施的《中华人民共和国私营企业暂行条例》中第十二条就规定："私营企业不得从事军工、金融业的生产经营"。从法规制度层面造成了民营企业准入国防科技工业的壁垒鸿沟。我国现行的合同法将战争列入不可抗力，战时毁约不担负违约责任，这样就可能造成战时我军保障社会化所签署的所有合约都失去效力的严重后果。当前军民产品技术标准、质量标准等有不同的标准体系，给军民融合造成较大障碍等。在《国防法》中，除了规定中央军事委员会协同国务院领导和管理国防科研生产、会同国务院管理国防经费和国防资产之外，对其他方面的协同却没有规定，致使其他国防法律法规缺乏立法依据。建设中国特色军事经济融合体，要遵循科学的程序，制定军民融合的对军队和地方具有同等效力的法规制度，并保证其权威性、稳定性、连续性和合理性，成为军民融合转型的保证和依托，实现中国特色军民融合发展的法规化、制度化和标准化建设。

5. 困扰阻力：外界干扰

建设中国特色军事经济融合体，实现中华民族的伟大复兴，是一些外部势力，特别是霸权势力所不愿意看到的。各种势力会采取各种方法和手段阻碍建设发展的过程，破坏发展的成果。其主要方式有三：

"拉"，即拉拢或欺骗建设意志不坚定、大局认识不够或为了实现个人目的的人，阻碍建设，必要时会采取技术成果"交流共享"等方法配合这些行动，使中国放弃核心技术发展。中国大飞机"运十"的陨落，与美国的明处采取"麦道"合作等欺骗方法，暗处采取拉拢游说破坏等手段，以及国内一些人对大飞机战略意义认识不够和发展意念不强是分不开的。

"压"，即采取技术封锁、经济惩罚、军事威慑、舆论压迫等手段，干扰破坏军民融合发展。

"打"，即必要时采取军事干涉，武力干扰，或利用代言人出面造成军事冲突，实现干扰破坏中国特色军事经济融合体建设发展的目的。

对于外界干扰阻力，一方面要提高发展认识，坚定发展信念，健康内部组成，独立自主发展；另一方面要坚决予以抵制和还击，为建设中国特色军事经济融合体提供一个良好的客观发展环境。

——具体任务

中国特色军事经济融合体建设发展总任务：

（1）中国特色发展规划融合体建设的主要任务：构建军民融合发展规划"智库"群及其运行机制；构建军民融合发展规划领导及组织机构体系。

（2）中国特色科技创新融合体建设的主要任务：建立统一的科研规划体系；建立统一的科研管理体系；建立统一的科研力量体系；建立统一的技术市场体系。

（3）中国特色国防动员融合体建设的主要任务：构建军地一

体动员体系；把国防动员融入国家应急管理体系；制定国防动员计划和方案体系，建立分级动员体制；构建和完善军地一体国防动员法规体系；将国家经济动员规划融入国家经济和社会发展规划，建立"敏捷动员"机制。

（4）中国特色社会保障融合体建设的主要任务：成立由退伍军人组成的半军事化社会保障实体；将作战保障、后勤保障和装备保障业务，按照专业要求，遵循"非核心保障任务——部分核心保障任务——战时保障任务"的顺序，逐步实现社会化；建立社会保障融合体与其他融合体之间的紧密联系机制；完善社会化保障的法规制度和合同条款。

（5）中国特色信息基础融合体建设的主要任务：将军队信息化建设发展规划与国家信息化建设发展规划融为一体；统一军队信息基础建设与国家信息基础建设的顶层设计；研发"双向性"信息技术，实现增殖型信息化建设；借助国家信息化建设优势，建设信息化军队；设置高层次指导机构，健全法规标准体系和运行机制，确保信息化转型顺利实施。

（6）中国特色产业发展融合体建设的主要任务：吸收改制后的军工集团，重组新的国家工业生产体系，把军工生产融入国家工业生产；将原军工发展规划，融入国家工业发展规划；保持原军工单位下属科研部门的优势，继续设想、设计、研制、生产一条龙；整个国家工业生产体系都可以平等生产军品和民品，国家鼓励并补偿开发军民两用技术和生产军品；整个国家工业生产体系享有同等市场权利；军品和民品统一通用技术的标准规范，统一产权管理。

（7）中国特色人才教育融合体建设的主要任务：构建和完善军民融合型人才培养学科体系；将军队人才教育培养规划融入国家总体人才培养规划；构建普通高等院校和职业学校与军队指挥和政工院校交流机制；构建必要人才的双向流动机制；改革地方院校教育培养制度，提高毕业生的军政能力教育质量和水平。

（8）中国特色基础设施融合体建设的主要任务：构建军地联合的国家基础设施建设力量；制定军地一体、平战结合的国家基础设施建设规划，将国家重大战略国防工程纳入国家基础设施建设体系；建立军地统一的施工标准规范；科学划分平战时建设任务；建立军地之间基础设施建设技术交流机制；军地之间，非保密军用基础设施和民用设施建立共享机制。

（三）军事经济融合体建设路线图时间节点

不断发展论和发展阶段论相统一，与国家"两个一百年"发展路径设计相一致，按照三步走规划，争取在21世纪中叶基本建成中国特色军事经济融合体。

根据前文分析，中国特色军事经济融合体建设发展路线图的主要要素有：

宏观目标：建成中国特色军事经济融合体。

具体目标：建成包括发展规划融合体、科技创新融合体、社会保障融合体、国防动员融合体、信息基础融合体、产业发展融合体、人才教育融合体和基础设施融合体在内的八个具体融合体。

发展思路：融合发展。其本质和核心是通过逐渐实现军民技术融合，从而将国防发展与国家发展有机融合，实现国家战略整体的科学、协调、持续、系统、高效发展的一体发展模式。

时间阶段：夯实基础阶段（2017 ～ 2020）、全面建设阶段（2020 ～ 2030）、整体推进阶段（2030 ～ 2050）。

主要安排：夯实基础阶段（2016 ～ 2020）：按照习主席提出的"努力形成统一领导、军地协调、顺畅高效的组织管理体系，国家主导、需求牵引、市场运作相统一的工作运行体系，系统完备、衔接配套、有效激励的政策制度体系"[1]要求。一是重点建设发展规划融合体和科技创新融合体，夯实顶层设计和技术融合的前提基础和关键核心；二是建立和完善军民结合、寓军于民的武器装备科研生产体系、军队人才培养体系和军队保障体系的基础，为深度融合奠定实践和发展基础；三是大力研究和探索中国特色军事经济融合体建设理论，形成完整的理论体系，夯实理论基础；四是构建和完善相关的法律法规体系，统一军地标准和规范，夯实法规机制基础；五是军民融合的关键及核心技术得到突破，夯实技术基础。通过五大项工作，

---

1 习近平，在接见十二届全国人大三次会议解放军代表团的讲话，中国军民融合发展报告［P］．北京：国防大学出版社，2015，p151.

夯实中国特色军事经济融合体建设的坚实基础。全面建设阶段
（2020～2030）：一是应当在第一步发展的基础上，着重建设
完成社会保障融合体、国防动员融合体，提前实现中国特色军
事经济融合体体系的国防功能。二是同时开始发展建设其他融
合体，基本确立发展的基本模式框架。三是在建设中实现各种

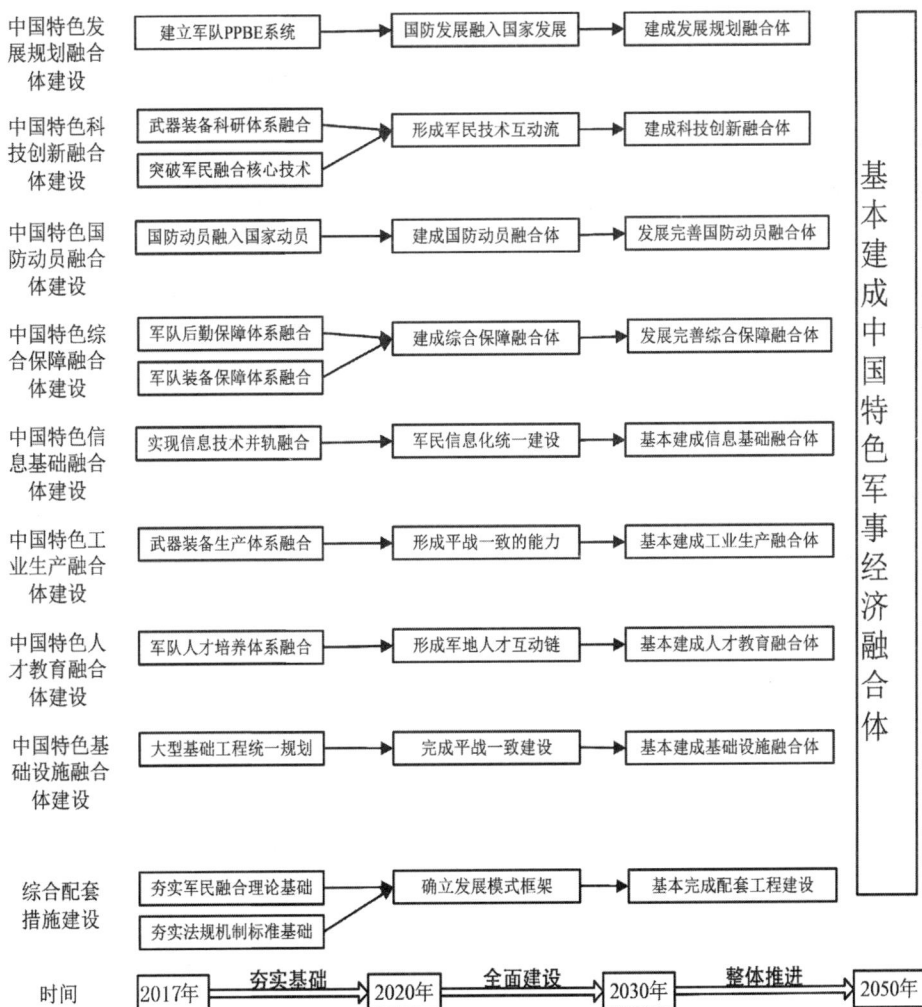

图 7.1 中国特色军事经济融合体建设路线图

融合体的平战一致和军民一致建设，使得建设过程中就能体现强大的军事和经济效益，同时进一步刺激和推动中国特色军事经济融合体建设发展。整体推进阶段（2030 ~ 2050）：深化前期发展成果，建成并发展完善各个融合体，争取在 21 世纪中叶基本建成中国特色军事经济融合体。

执行原则：安全、稳定、完整、高效。

主要阻力：发展现状、传统思维、利益纠葛、法规机制、外界干扰。

（具体路线图描绘见前页图 7.1）

八

冲破阻碍的藩篱走向光明的未来

习近平主席深刻指出："推动军民融合深度发展，根本出路在改革创新。要以扩大开放打破封闭为突破口，不断优化体制机制和政策制度体系，推动融合体系重塑和重点领域统筹。"如果说"打开国门、走向世界"是第一次改革开放，那么"打破壁垒、深度融合"就是第二次改革开放，是更为深刻的思想与实践革命，也是"铁腕事业"。军民融合的过程，必然会涉及诸多观念壁垒、利益壁垒、体制壁垒的突破，需要国家高度集中统一领导的大协作、大协调，只有高度集中统一的组织领导和强力高效的运行机制，才能确保中央的战略意志和意图得到贯彻执行。

（一）以铁的手腕改革，以改革推进融合

开列好"问题—需求""能力—潜力""资源—限度"三个清单；大国战略竞争尤其是在前沿科技的竞争，本质上是拼政府；要挂牌子、搭台子，更重要的是迈出改革的实际步子。

目前，我们已经在贯彻军民融合发展战略中做了许多工作，取得了很大成绩，但要走好中国特色军民融合之路，还缺乏相应战略设计，对于"走什么路，到哪里去，如何去走"还比较模糊。军地学术界和规划部门各自为战，相互间对军队和地方的强弱点分析和掌握不够，对于经济结构转变路子思考得不多，与国家发展建设全局联系不够紧密，未全面掌握统筹规划的潜力、机遇及可能遇到的困难及克服办法，没有清晰的综合性、系统性、战略性的路径设计，导致建设发展的主次不分、阶段不明、任务不清，只能就事论事和就需论事，应急性作些中短期的单项目计划，未形成发展的项目集合，仍然处于运动式建设模式中，短期行为多于长期思考。时不我待，我们急需在中央军民融合发展委员会的领导下，组织动员各领域优秀人才，开列好"问题—需求""能力—潜力""资源—限度"三个清单。着眼"两个一百年"目标，实现三个清单的对接，明确军民融合发展的总体布局、优先任务和方法途径，围绕价值链、创新链和产业链，形成推进军民融合发展的战略路线图。

改革规划难，执行更难。因此，任何改革都需要坚强的领导核心，需要权威强势推动，需要权力强制执行。当前，大国

战略竞争尤其在前沿科技的竞争，本质上是"拼政府"，是拼哪国政府能更好更快地发挥主导作用，不断地把社会创造力及时转化为军队战斗力和经济生产力。这实际上就是拼各级领导干部的战略意志、战略思维和战略素养。

转型是逐步实施的，选择合适的突破口极为关键。军民融合发展涉及经济、国防、科技、社会的方方面面，千头万绪，错综复杂。在新技术飞速发展的推动下，新一轮产业革命、军事革命汹涌澎湃，前沿科技创新是各国竞争的焦点。习主席指出："科技创新是提高社会生产力和综合国力的战略支撑，必须摆在国家发展全局的核心地位"。只有把核心技术掌握在自己手里，才能真正掌握竞争和发展的主动权，才能从根本上保障国家安全。只有以前沿科技创新为龙头，才能纲举目张，实现中心突破，带动全面发展。

发展不是一哄而上，而是逐步的平稳科学推进，要讲求"集中统一"。目前，一些地区和领域，"赶集"式的推动"军民融合发展"，军民融合发展中心、军民融合示范区、军民融合产业基地等，雨后春笋般涌现。热情高涨是好事，但行动起来举步艰难，挂出的众多融合牌子多成了面子工程。各种改革的方案与措施，脱离经济建设实际，技术含量不高，改革动力不足，军民之间的体系障碍尚未真正打破，改革缺乏全局化、系统化、标准化和长远化，发展效益较低，不可持续，距离真正的军民融合深度发展差距较大。应在中央统一部署下，选择北京、上海、深圳等有实力、有基础、有特色的区域，设立分工明确、相互协调的综合性军民融合前沿关键科技创新示范基地，把区域性经济竞争力升级的需要与地方对国防建设的贡献结合起来，把军民融合发展战略纵向和横向因素整合为一体。军民融合综合性示范基地建设，不求数量，但求特色和质量。

军民融合发展是跨行业、跨领域、跨部门的复杂系统工程，是一次关系到国家发展方式的历史性转型，是一次新时期的发展"长征"，实现"军民融合深度发展"，是我们党政军一体、军民一体、打人民战争、走群众路线这些优良传统作风在中华民族伟大复兴时期的继承发扬；是以集中统一的政治优势、思想优势、组织优势和体制优势，应对当代大国战略竞争，主动把握新科技、产业和军事革命的战略创新。由于改革与发展涉及的问题层次高、方面多，所以目前的研究还是"管中窥豹"。对于建立军事经济融合体而言，还有很多问题需要进一步研究和探讨，主要有以下五个方面值得关注，并加以解决：

一是需要进一步研究创新型军事经济融合体的理论内涵和建设方法，完善军事经济融合体的理论体系。二是需要进一步加强军事经济融合体的法规制度问题研究，在制度上破旧立新是当务之急，没有制度上的破旧立新，便无法踢开"民参军"的玻璃门，中国特色军事经济融合体建设也难以具体化。三是需要进一步深入研究军事经济融合体建设对国防与经济发展的双效益、双带动和双促进作用。四是需要进一步分析全球化对军事经济融合体建设的影响，探讨我国经济发展不断向外辐射的情况下，军事经济融合体新的构建方式。五是需要进一步结合实践研究修正理论内容，用理论推动改革实践活动，在实践中检验并完善理论。军民深度融合发展，是一场革命、一场改革，改革是铁腕事业，我们不能退缩。

（二）千头万绪，制度改革是当务之急

一次次集全国性军民融合科技创新成果展，一项项对国防事业有巨大意义的前沿性科技成果，让参观者兴奋，让中央、国家、军队领导人兴奋，然而，大展之后，又有几项创新成果被国防采用？

"我们虽然有颠覆性技术创新，但难以打开走进国防建设的'玻璃门'"——一位民营企业董事长无可奈何地说。

"旧的利益链条，保密资质、军工许可证等，把民间许多前沿性创新成果拒之门外"——一位多次参加全国性军民融合创新成果展的企业负责人深有感触地说。

据报道，2015 年 5 月 26 日至 6 月 10 日，由总装备部、工业和信息化部、国防科工局、全国工商联联合主办的"民营企业高科技成果展览暨军民融合高层论坛"，在装甲兵工程学院成功举办。该活动是总装首长落实党的十八届三中全会关于"推动军民融合深度发展"重大战略决策的一项实质性举措，为引导优势民营企业进入武器装备建设领域奠定了重要基础，在社会各界产生了广泛影响。

本次活动主要包括高层论坛和成果展览两项内容。高层论

坛，军队、政府机关、各军工集团和民营企业等共 700 余人参会。会上，军队装备部门主要领导作了重要讲话，与会代表围绕军民融合深度发展相关问题，进行了深入研讨交流。成果展览，从全国范围内优选了 116 家优势民营企业参展，其中，大、中型企业 66 家，小、微型企业 50 家。现场展示了 900 余项产品和技术，涉及先进材料与制造、动力传动等 12 个专业领域，多项产品和技术填补了国内空白，充分展示了民营企业的竞争活力和创新能力。参展企业中 90% 以上拥有多项技术专利，70% 以上产品和技术属自主创新。参展的民营企业在先进材料与制造、动力传动、电子信息、维修保障等众多领域与军队拥有广阔的合作空间，特别是永磁涡流柔性传动、等离子体隐身、超导等具有概念性突破的技术和产品，具有巨大的创新潜力。

展览期间，国务院、中央军委、全国政协、全国工商联领导，分别率国家相关部委、解放军四总部和全国工商联的有关领导亲临参观指导。军内外 270 个单位、11200 余名观众参观展览，展览概况被中央电视台 1 套、7 套、新闻频道等多家媒体跟踪报道，引起了社会各界的广泛关注。

报道说，"推进军民融合深度发展"是党的十八届三中全会作出的重大战略决策，是深化军队改革的重要内容。此次活动，既充分展示了民营企业的竞争活力和创新能力，又展示了党中央、国务院、中央军委和总部务实推进军民融合深度发展的决心。特别是四总部会同国家有关部门提出了以国防科技工业体系为核心、以全社会资源为基础、以优势民营企业为重要补充的武器装备建设军民融合发展总体思路，明确了吸纳优势民营企业进入武器装备科研生产和维修领域的工作任务和基本目标，让我们对军民融合深度发展这一重大战略决策有了更加深刻的认识和理解。

据与主办方的沟通了解，展览之后，总装备部根据展览情况和各级指示，作了三大项促进军民融合深度发展的工作：

一是适度降低了"四证"门槛和要求，使民营企业更便捷地融入国防科技开发和装备生产领域（"四证"包括武器装备质量管理体系证书、武器装备科研生产保密资格证书、武器装备科研生产许可证书、装备承制单位资格证书）；二是开设了全军武器装备采购信息网，作为军队装备采购信息的权威发布平台，是优势民营企业产品和技术信息的主要汇集渠道，是引导"民参军"的重要服务窗口，分为公开网站（互联网）和涉密网站（专网）；三是部分放开军队装备科研的敏感与核心领域，让符合要求的民营企业和地方科研院所能够适当参与。

举办这次展览，可以说取得了巨大的成果，军队装备部门为推进军民融合深度发展进行了采购采办方面的实际改革，但"民参军"的成效又有多大的变化呢？我们还无可知晓。

据报道，2016 年 10 月 19 日至 11 月 2 日，由中央军委装备发展部、教育部、工业和信息化部、国防科工局、全国工商联联合主办的"第二届军民融合发展高科技成果展暨高层论坛"成功举办。该活动是落实习主席关于军民融合深度发展一系列重要指示精神，推进装备领域军民融合深度发展的重要举措。

展览期间，军地3000余个单位、3万多人参观了展览。10月19日，习主席等党和国家、军队领导同志亲临展览现场视察指导，对展览给予充分肯定，并作出了重要指示。人民日报、新华社、解放军报、中央电视台等中央主要新闻媒体作了充分报道，在军内外引起强烈反响，受到广泛关注。

本次活动有163家单位参展，包括22家中科院所属科研院所、25家教育部直属高校，87家民营企业和29家民口配套单位。展览设5个展区，科技创新区主要展示中科院所属科研院所和教育部直属高校在基础研究、核心关键技术等方面取得的创新成果；竞争活力区主要展示民营企业在特种材料、核心器件、网络通信等领域取得的军民两用技术成果；基础保障区主要展示民口配套单位在战略性基础材料、装备急需关键材料、基础核心机电产品等领域取得的先进成果；信息发布区主要展示全军武器装备采购信息网建设情况，当前装备采购需求、政策法规等信息；大型装备展示区主要展示大型实物和模型等，包括无人机、舟艇、大型设备和车辆等。

这次展览的主要收获：一是同步召开装备科研与生产合作意向会，各军兵种及下属单位与地方科研与生产单位签订了大量合作意向书。以展览所在地装甲兵工程学院为例，经初步统计，各专业系（部、大队）与30余家参展单位建立了联系，为深入开展技术合作奠定了基础。二是进一步扩大武器装备科研与生产的军民融合开放范围，有资质和能力的地方单位和部门可以参与一些武器装备型号研制生产。

展览的规模可谓宏大，领导可谓高度重视，成果可谓丰硕，意义可谓深远，但对"民参军"的效果还可以跟踪调查研究。我们的思想能否再解放一点，如果是具有颠覆性意义的战略性技术创新，没有资质可否开绿灯？能力不足国家可否给予支持？诸如此类问题，都是改革中需要研究的。展览毕竟不是目的，目的只能是落实军民融合发展战略。

（三）谋求战略前端与高端的融合

实现军民深度融合，需要科学家与战略家联手，解决发展战略前端与高端问题。前端，包括自主作战系统、激光武器系统等前沿科技创新；高端，包括未来作战体系和科技创新融合体的设计。

我在和吕德宏博士座谈中，共同思考过这样几个问题，即：为什么二战后美国在科技和军事上一直走在前列？为什么我国的"两弹一星"在那样困难的时期能够很快造出来？答案是：杰出的科学家与战略家结合起来，在最高权力指导下，实现高度集中统一，打破各种门槛界限，扫清一切阻力。

在美国，科学家参与国家战略和军事战略的制定，在战略设计中实现高端融合，已经形成机制、成为常态。我国"两弹一星"的成功实践，也是"两家结合"的典范。在"两家结合"中，实现了两个融合发展体：一是"作战链——创新链——实验链——产业链"的融合发展体；二是"科研——战略——运营——试点"的融合发展体。让我们分析两个案例，就会对此看得很清楚。

第一个案例是前文提到的我国的"两弹一星"

通过查阅文献[1]，对"两弹一星"实践的过程，可以从时代背景、战略决策、重大授权、融合团队、由参与单位形成的产业链、新型作战力量的创建等来认识。

时代背景：20 世纪 50 年代末 60 年代初，国际斗争日趋激烈，世界和平日益受到核战争的威胁。新生的中国要稳定周边局势，维护国家的和平与发展，就必须打破核垄断，粉碎核讹诈。2002 年 2 月 28 日，美国国家保密档案馆首次解密了 41 份美国政府的绝密文件和长达 500 小时的谈话录音，披露了一系列令人震惊的内幕：美国政府曾数次试图对中国发动核突袭。例如1958 年夏末，台湾海峡危机爆发时，美国向金门提供了能发射核弹头的 8 英寸榴弹炮，企图把新中国扼杀在摇篮之中。1969 年，当中苏边界发生冲突时，苏联一些领导人也企图对中国进行外科手术式的核打击，核威胁已赤裸裸地摆在中国人面前。

新中国成立后，科学、教育、体育、卫生、出版等事业都得到相当程度的发展。在科研方面已有一定的中坚力量、相关的研究机构、相当水平的科研成果、一定的实验设备和图书资料。

---

1 主要资料来源：刘戟锋、刘艳琼、谢海燕，两弹一星工程与大科学[M].济南：山东教育出版社，2004.

研究人员已由 1949 年的 650 人发展到 9000 多人，研究机构由 40 多个发展到 380 多个，学科门类不断增加。1950 年 5 月 19 日，中国成立了从事核科学研究工作的中国科学院近代物理研究所，开展了理论物理、原子核物理、宇宙射线、放射化学等方面的研究。到 1956 年，该所在实验原子核物理、探测器研制、理论物理、宇宙射线、放射化学和反应堆材料研制方面均取得了一定的成就。

战略决策：1952 年 5 月，在周恩来的主持下，朱德、彭德怀、聂荣臻、粟裕等中央军委领导人在研究国防建设五年计划时，就酝酿过发展特种武器问题，并征询过有关科学家的意见。在前期准备的基础上，1955 年 1 月 15 日，毛泽东主持召开中共中央书记处扩大会议，听取了李四光、钱三强等专家的汇报，专门讨论中国发展原子能事业问题。这次会议作出了中国要发展原子能事业的决策，是中国"两弹一星"发展史上具有里程碑意义的重要会议。

原子弹只有与导弹结合起来，才能发挥威力。在作出发展原子能事业的战略决策后，国务院、中央军委随即开始研究发展导弹技术的有关问题。1955 年 10 月，著名科学家钱学森冲破重重阻挠，从美国归来。彭德怀、黄克诚等在会见他时，重点讨论了近程导弹的研制等问题。1956 年 5 月 26 日，中共中央军委作出发展导弹的决定。1958 年 5 月 17 日，毛泽东在中共八届二次会议上提出："我们也要搞人造卫星"。从此开启了中国"两弹一星"伟大事业的征程。

重大授权：1955 ~ 1958 年间，党和政府十分重视两弹一星科学技术的探索和研究，从各个方面都给予了有力的支持和充分的保证，使相关科学研究工作迅速开展起来。在这一阶段主要开展了两方面的工作：一是组建机构，调集和培训技术人员，创造科学研究的工作条件；二是着手核武器和导弹研制基地的选址、勘测、设计、机构筹备、施工准备和组织协作。

为了加强对原子能事业的领导，1955 年 7 月，中共中央指定陈云、聂荣臻、薄一波组成三人小组负责指导原子能事业发展工作。1955 年 11 月 16 日，设立中华人民共和国第三机械工业部(1958 年 2 月 11 日改为第二机械工业部)，宋任穷任部长，主管核工业建设和核武器研制工作。

1956 年 11 月中央正式批准成立航空工业委员会，国务院任命聂荣臻为航空工业委员会主任，黄克诚、赵尔陆兼任副主任，钱学森等为委员。随后聂荣臻向国务院、中央军委提出《关于建立中国导弹研究工作的初步意见》。

同年，中国科学家在周恩来、陈毅、李富春、聂荣臻等直接领导下，经过 600 多名科学家、技术人员和一些苏联专家近半年的讨论，《1956 ~ 1967 年科学技术发展远景规划纲要》问世，该规划提出了国家建设所需的重要科研任务 57 项，并特别强调了原子能的和平利用、无线电电子学中的新技术、喷气技术、生产过程自动化和精密仪器等 12 个重点。同年制定的《关于十二年内我国科学对国防需要的研究项目的初步意见》中，航空、导弹、电子学、雷达、水声、常规武器、军事科学、原子、化学防护、国防工程、军需装具和油料等列入规划发展的主要项目。其中，原子能技术、喷气与火箭技术、半导体技术、计算机技术和自动控制技术，被确定为优先发展的重点，号称国防科技的"五朵金花"。

1958 年初，二机部报请党中央批准成立九局，由李觉任局长，吴际霖、郭英会任副局长，负责筹建原子弹设计院 (代号 "221")、生产和装配原子弹的工厂、试验原子武器的靶场、储存原子弹的仓库等工程项目。

1958 年 5 月，中央军委在国防部设立第五部，负责领导全军特种武器装备的科学技术研究和特种部队的组建，以及装备计划等工作，万毅任部长。

为了贯彻中共中央、中央军委关于国防科学技术研究的方针政策，加强军内外有关国防科学技术研究工作的组织领导、规划协调和监督检查，1958 年 10 月 16 日，中共中央命令航空工业委员会改组为国防部科学技术委员会 (简称国防科委)，聂荣臻任主任，陈赓任副主任。1959 年 4 月，国防部第五部和总参谋部装备计划部负责常规武器的科研处合并到国防科委，国防科委成为统一管理国防科技发展工作的专门机构，加强了国防科技工作的统一领导。

1959 年 12 月，中国共产党中央军事委员会下设国防工业委员会，以便对国防工业进行管理指挥，负责全军武器装备的研制、试验、生产等组织指挥工作。1960 年 1 月，任命贺龙为主任。

随着形势发展的需要，为了协调国防工业各部门、国防工业与其他有关工业部门，以及使用部门之间的关系，1961 年 11月 29 日成立了国务院国防工业办公室，由罗瑞卿任主任，赵尔陆、孙志远、方强、刘杰、刘西尧任副主任，直接管理二、三机部和国防科委、工委所属范围的工作，向中央书记处和中央军委负责，其任务主要是全面规划、组织实施并监督检查国防常规与尖端武器的生产、建设、科研，以及干部和技术人员的培养工作。1963 年 9 月，中央军委决定，撤销 1959 年底成立的国防工业委员会，其任务合并给国防工业办公室，实行统一管理。1982 年，国防科委、国防工办、中央军委科技装备委员会办公室合并组成国防科学技术工业委员会，隶属于中央军委，由国务院与中央军委共同领导，负责领导全军的科学技术工作和各个国防工业部门的工作。

团队建设：团队建设中的核团队建设。1955 年 7 月 4 日，由陈云、聂荣臻、薄一波组成的三人领导小组成立，负责指导原子能事业的发展，具体工作由国务院第三办公室负责。该室主任是薄一波、副主任是刘杰，其下专门设立了一个办事机构，以直接指导国家建委建筑技术局、地质部第三局和近代物理所的工作，并负责协调各方面的关系。

为了加强对原子能工业建设、原子武器研究和试验工作的领导，1962 年 11 月，一个最高层次的协调领导机构即中央十五人专门委员会 (以下简称为中央专委) 应运而生。该机构是一个权力机构，由周恩来总理、7 位副总理 (贺龙、李富春、李先念、薄一波、陆定一、聂荣臻和罗瑞卿)和 7 个相关部门的负责人即部长级领导干部(赵尔陆、张爱萍、王鹤寿、刘杰、孙志远、段君毅和高扬)组成。中央专委下设办公室(附设在国务院国防工业办公室内),作为日常办事机构,罗瑞卿任主任,赵尔陆、张爱萍、刘杰、郑汉涛为副主任。

随着中国原子能事业的迅速发展,急需大批科技人员、工人和管理干部加入这一工作。为解决人才问题,党中央采取了有力措施:

第一,刘杰、张劲夫、钱三强、黄松龄、李元相、唐宗愚、蒋南翔、江隆基等组成领导小组,以加强对培养原子能事业技术人才工作的领导。

第二,从 1955 年夏天开始,教育部在北京大学成立物理研究室(后改名为技术物理系),并调浙江大学的胡济民、北京大学的虞福春、东北人民大学的朱光亚和复旦大学的卢鹤级等负责原子弹理论的研究。1955～1958 年间,教育部又从各有关高等院校相近专业中先后选调几百名高年级的学生分别集中在北京大学、清华大学及兰州大学学习原子能专业知识;抽调部分政治素质和业务基础较好、专业相近的优秀教师进修原子能专业;聘请苏联专家来华讲学和培养师资力量。

第三,经国务院批准,由蒋南翔和钱三强负责在苏联和东欧的中国留学生中挑选与核事业相近专业的学生百余名,学习核科学和核工程技术专业。

第四,近代物理所派科研和工程技术人员赴苏实习。1955

年 10 月 19 日和 11 月 4 日，钱三强、冯麟率彭桓武、何泽慧、黄祖洽、力一、连培生、谢羲、王传英和杨桢等 39 名科技工作者（包括在苏联留学生 13 人）组成的实习团分两批赴苏学习核反应堆、加速器的原理和操纵及其仪器制造与使用。

第五，为了加强对核科研和核工业建设的领导，由中共中央发出专门通知，从各地方、部门、军队抽调有较强组织能力和管理水平的领导骨干到核事业的各条战线上工作。仅 1956 年，中央就从 37 个部门和 15 个省、市、自治区选调管理干部、技术干部和技术工人共 4754 人，分配高等院校毕业生 1791 人和中学毕业生 4200 人，充实铀矿地质队伍。这些措施成功地解决了原子弹研制的组织、人才、技术、领导等问题。

导弹卫星团队建设。1956 年 3 月 14 日，周恩来主持中央军委会议，会议决定组建导弹、航空事业的科研机构、设计机构和生产机构。1956 年 4 月，成立了航空工业委员会，负责导弹和航空事业的发展，国务院任命聂荣臻为委员会的主任，黄克诚、赵尔陆为副主任，王士光、王净、安东、刘亚楼、李强、钱志道、钱学森等为委员。

1965 年 3 月，中共中央决定，专门为原子弹研制而成立的领导协调性机构还应抓导弹方面的工作，并增补了余秋里、王净、邱创成、方强、王秉璋、袁宝华、吕东（接替王鹤寿）等几位委员，从此，中央十五人专门委员会改称中央专委。在 1967 年调整国防科研体制时，中央专委办公室改设在国防科委内。

专门领导协调导弹研制的机构主要有先后成立的航空工业

委员会、国防科学技术委员会和中央专委。直接管理并组织领导导弹研制工作的则是第七机械工业部（初成立时为国防部五院）。此外，国防工业委员会与国防工业办公室也作了一定的领导协调性工作。

早在开始组建国防部五院之初，周恩来就指示，五院所需的技术专家、党政干部可以从工业部门、高等院校、军事单位抽调，由副总理聂荣臻和国务院副秘书长习仲勋负责该项工作。1958 ~ 1959 年间，总政治部为五院调集了 3000 余名领导干部和技术干部，国防部从 9 个军区动员了数千名复员兵到五院工作。1960 年 3 月，中共中央发出《关于迅速完成提前选调给国防部五院应届大学毕业生的通知》，近百名技术骨干和 4000 余名大学生来到五院。此外，通信兵部的电子科学研究所在 50 年代后期全部划归五院。

中科院在 1961 ~ 1964 年间，举办了由裴丽生、钱学森、赵九章主持的星际航行座谈会 12 次。并于 1963 年成立了星际航行委员会，负责组织制定星际航行发展规划，安排各项空间技术的预先研究课题，为航天事业的发展做了大量开拓性的工作。

参加的科研院所：1956 年建立第一个导弹研究机构——国防部第五研究院，钱学森任院长。集中了全国一大批优秀科研人员，如钱学森、任新民、屠守锷、庄逢甘、梁守架、李乃暨、梁思礼、朱敬仁、冯士章、朱正、吴德雨、黄纬禄等人。1956 年 10 月，地质部三局组建仪器设计所，负责设计核辐射探测器和核仪器。

自 1957 年起，中国科学家开始积极开展了一系列的空间技术研究工作。首先，中科院成立了人造卫星光学观测办公室。紫金山天文台建立了人造卫星运动理论研究室，在北京、南京、广州、武汉、长春等地建立了人造卫星观测站。同时，北京大学、清华大学、北京航空学院、北京工业学院、浙江大学和西北工业大学等高校提出并开展了一些空间技术课题的研究。有的院校相继设置了火箭总体、火箭发动机、火箭控制、无线电、空气动力学、结构力学等专业，开始培养我国自己的航天专业人才。

1958 年 8 月，聂荣臻责成中国科学院和国防部五院负责人张劲夫、钱学森、王净组织有关专家拟定人造卫星发展规划草案。中科院据此组建了 581 任务组，组成了三个设计院即 1001 卫星和运载火箭总体设计院、1002 控制系统设计院及 1003 卫星有效载荷设计院。

1958 年秋，九局组成核武器研究所，设立了理论、实验、设计和生产 4 个部共 13 个室，开始了原子弹的研制工作。新成立的北京第九研究所亦在花园路破土动工，作为接收苏联提交原子弹模型与技术资料的场所。同年成立了中国科学院原子能研究所，由钱三强任所长，王淦昌等任副所长，成为中国第一个多学科综合性的原子能科学技术研究基地。

1959 年 6 月，全国性的铀矿地质综合研究中心即北京铀矿地质研究所成立，20 世纪 70 年代在东北、西北、中南、华东、华南、西南相继成立六个地区性铀矿地质研究所，各个地质大队也分别设立了科研队或科研组。

为了开展第一颗人造卫星的研制工作，中国科学院从力学所、自动化所、地球物理研究所等单位抽调技术人员和干部，组成了谷羽任组长，杨刚毅、赵九章任副组长的领导小组，负责组织第一颗人造卫星和运载火箭的初步论证及测控系统的研究工作。1965 年 5 月 31 日，中科院新技术局副处长舒润达代表院领导，正式宣布成立卫星本体组、"581"组、轨道组、生物组和地面设备组。

1965 年 9 月，正式组建了卫星设计院，并在技术负责人钱骥的主持下，进行了第一颗人造卫星的总体方案制定工作。

参加的企业：1954 年冬，地质部普查委员会第二办公室成立，隶属于国务院第三办公室，20 人左右。1955 年 4 月，普委二办改为地质部第三局，局长为雷荣天，原普委二办撤销。三局在国务院第三办公室的领导下，统一组织开展全国铀矿地质的勘查工作，在长沙和乌鲁木齐分别组建三零九、五一九两个地区性管理机构，下属 10 个地质队总计 1000 多人。1956 ~ 1959 年，相继建立了一八二队（太原）、二〇九队（重庆）、四〇六队（沈阳）、六〇八队（南昌）等地质队，到 1959 年底，全国的铀矿地质队伍基本形成。

1956 年，国务院第三办公室责成冶金工业部有色金属管理局兼管铀矿的开采冶炼。1956 年 8 月 ~ 1957 年初，先后确定第一批建设的"三矿"（湖南郴县铀矿和衡阳大浦铀矿、江西上饶铀矿）和"一厂"（湖南衡阳铀水冶厂）的项目和厂址，由苏联负责"三矿一厂"的初步设计，中国负责施工。

1957 年组建上海电子仪器厂，专门负责生产核辐射探测器和核仪器。与此同时，华东电子管厂扩建了专业车间生产计数管和光电倍增管。

1958 年，浓缩铀、反应堆、核燃料元件等工厂和矿山的建设陆续展开，冶金部成立第三司并专门负责铀矿的开采冶炼，冶金专家孙艳清任副司长；苏联援建的一堆（反应堆）一器（加速器）在北京西南部建成并正式移交使用。

1958 年，酒泉原子能联合企业成立，与核武器研究所共同负责原子弹制造工作。

1958 年 12 月，冶金部第三司归二机部，并改名为二机部第十二局，并成立了新疆矿冶公司和江西矿务管理局。

1967 年，先后建成了广东和抚州两个铀矿冶联合企业，开发了新疆、浙江、湖南、江西和辽宁等省的铀矿山，建成了新的放射分选厂和铀矿水冶厂。

1964 年 1 月 14 日，兰州铀浓缩厂建成，负责铀浓缩工作。

由于需要尽早试验我国仿制的 P-2 型近程弹道导弹，导弹试验靶场工程的建设被列为专项。当时，中国虽然正处于困难时期，却投入了几亿人民币专用于靶场建设。国家计委、国家经委、国家建委、商业部对工程所需全部定为"特"字号，全国 26 个省市、715 个厂矿和各军兵种都给予了大力支援，农业部、建工部先后抽调 143 台机械支援工程建设。

导弹、核弹和卫星任何一项从科研到生产都技术复杂、工程庞大，参与单位和人员众多，仅以首次核爆炸测试为例：参试单位有 26 个、参试人员共 5058 名（加上各类保障人员则达万余人），测量项目包括力学、光学、核测量三大类，效应物分 8 类 21 项，进场技术物资达 50 多种 1100 余吨，后勤保障物资计 20 多类、32000 多吨，共动用车皮 1100 多节、汽车 1200 多台，行驶里程相当于环地球 463 圈。

"两弹一星"的大协作主要在两个层面展开：一是核工业、航天工业和中国科学院之间的协同，主要体现在科研技术上紧密的协调配合、通力协作。二是全国范围的协同。在科研方面，明确提出参与攻关的国防研究机构、中国科学院、工业部门、高等院校和地方研究机构要大力协同，互相支援。特别是地方有关科研部门协助国防科研部门突破以导弹、原子弹为代表的尖端武器关。在"两弹一星"各型号研制的过程中，除了中国科学院和核工业、航天工业以外，先后有冶金部、化工部、机械部、航空部、电子部和铁道部、石油部、地质部、建设部等 26 个部（院），20 个省市、自治区（包括 900 多家工厂、科研机构、大专院校）参加了攻关会战。

形成的产业链、作战链：到 20 世纪 60 年代中期，中国的航天科研与工业体系基本完善。到 20 世纪 60 年代末期，中国建立了完整的现代核工业体系。

1966 年 3 月，中央专委批准进行原子弹、导弹"两弹"结合飞行试验，表明中国有了可用于实战的核导弹。同年，中国组建了战略导弹部队——第二炮兵。

深远影响："两弹一星"成功的基本经验，对新形势下中国重大科技专项的领导、组织、管理具有重要的启示。

在"两弹一星"事业的创建发展中始终按照"出成果，出人才"的要求，注重科研生产队伍的建设。通过"两弹一星"研制试验的实践，涌现出 23 位"两弹一星"功勋奖章获得者、近百位中国科学院和中国工程院院士，为中国的航天和核科技工业培养了以中老年科技专家为学科、专业技术带头人，以中青年科技骨干为主力，以青年科技人员为后备军的科研生产队伍，为国防科技持续发展奠定了坚实的人力资源基础。

邓小平指出："如果六十年代以来中国没有原子弹、氢弹，没有发射卫星，中国就不能叫有影响的大国，就没有现在这样的国际地位，这些方面反映一个民族的能力，也是一个民族一个国家兴旺发达的标志……大家要记住那个年代……"。

第二个案例是美国的"星球大战"工程

我们也按照时代背景、战略决策、团队组建及最后形成的作战链和产业链来分析这个案例。[1]

时代背景："星球大战"计划的提出是美国新军事政策的反映。里根上台后，推行重整军备、以实力与苏联抗争和加强战略防御的军事政策。在里根 1981 年 10 月宣布的战略核武器现代化计划中，一项重要内容就是改进战略防御能力，包括大

---

1 主要资料来源于："星球大战"计划评介［M］. 北京：国防大学训练部，1987.

力研制可供实战用的反卫星武器和反导系统。

多年来美苏军备竞赛的结果，使苏联的军事力量大大加强，而美国则相对削弱。里根上台后经过几年努力，情况有所转变，但某些方面仍处于劣势。为了改变这种不利局面，美国想把竞争转到它在技术上占优势的战略防御领域，这样，竞争的结果可能对美国有利。

70 年代，美国将以报复相威胁、遏制对方发动战争的理论称为"相互确保摧毁"战略。尼克松就任总统后，进一步提出了"现实遏制"战略。这种战略至少理论上不允许任何一方获得军事优势，这当然是美苏都不甘心的。并且这种相互以对方亿万人的生命作人质的思想，越来越受到本国及世界舆论的强烈谴责和反对。在美国朝野，反对这种战略的人日趋增多。

1982 年 3 月，由 30 多名美国著名战略家、科学家、工程师组成的研究小组，正式发表了《高边疆——国家的新战略》报告。[1] 他们指出，当前美国必须当机立断，抛弃以往的"恐怖平衡"理论，利用科技优势，确立以空间战略为主体的新的国家战略。该报告虽然以非官方形式发表，但在很大程度上代表了美国官方的战略意图。里根的军事顾问格雷厄姆说："要想在宇宙空间取得对苏核技术优势，首先只有重视防御系统，才能使美国摆脱相互确保摧毁的核威慑战略羁绊；第二，防御是

---

1 转引自：张永谦、康曼华，80 年代初里根作出实施"战略防御倡议"决策之前后［J］.北京：中国科技论坛，1995（4），p58.

保护我威慑力量的最完善的方法；第三，我们目前在空间运行的大量重要飞行器易受敌人攻击；第四，现有的技术有利于防御性空间系统；最后，由于严格的政治约束和某些技术、军事上的原因，我们无法在空间部署进攻性武器。由于上述原因，在宇宙空间的军事利用方面应重视我们安全工作中长期忽视的东西，即保护性战略防御"。

这一份关于国家新战略的报告，应视为里根采纳"战略防御倡议"的理论基础。

战略决策：里根入主白宫后，任命著名核物理学家、氢弹之父爱德华·特勒为其科学顾问。这位有重要影响的顾问早在1976年和1980年里根参加竞选时，就曾向他灌输战略防御主张，提出发展反弹道导弹武器和民防体系的倡议。里根上任后，他又提出建议：将小型核弹设置在宇宙空间，利用核爆炸诱发强大的激光击毁来袭导弹。里根对此颇感兴趣，他支持特勒领导的利菲莫尔研究所从事第三代核武器研制。后来，该研究所的多数科学家又与特勒一起向里根建议：加紧研究攻、防两用核武器。这实际上为"SDI"奠定了技术理论基础。

由于特勒多次进谏，其战略防御观点逐渐被里根所接受。最后，里根终于采纳战略防御模式，强调要用当年"曼哈顿工程""阿波罗登月"计划那样的方式，运用全国资源研制战略防御武器。1982年7月4日里根声称："美国将在外层空间确立更永久的存在，为国家安全服务"。这实际上是里根政府发出建立空间防御系统的明确信号。

里根于1983年3月23日晚发表电视演说,正式向全国宣布:决心要"使用防御性武器,建立多层次的国家防御系统"。

1983年10月,美国防部向总统和国会正式提出了新的反弹道导弹研究计划——"战略防御倡议"。1983年11月30日,里根就"战略防御倡议"召开政府高级官员会议,讨论包括反导技术、战略方针等重大问题。此后,他又针对此计划与盟国领导人进行了磋商。1984年1月6日,里根发布第116号国家安全决定指令,正式批准"SDI"计划。

重大授权:"星战"计划是一项十分庞大而复杂的军事研究发展计划,为了对它进行有效的管理和协调各部门的工作,在组织上主要有四个机构从不同角度负责其实施。

一是战略防御计划局:1984年3月27日,国家宇航局副局长、空军中将詹姆斯·亚伯拉罕森被任命为战略防御局局长,由该局全面负责新反导研究计划的实施工作。

二是战略防御计划执行委员会:是国防部监督和指导"星战"计划并负责国防部内协调工作的机构。由国防部常务副部长任主任,成员有参谋长联席会议主席、陆海空三军部长以及其他高级国防机构的负责人。

三是战略防御计划高级部际防御政策组:负责处理部与部之间的问题,审查计划的技术工作及研究解决涉及盟国的关系问题。该组由国防部常务副部长任主席,成员包括国家安全机构的高级人士。

四是战略防御计划研究所:是一个比较超脱的智囊机构。

成员包括科技界的学者、专家，他们不受部门或财团的影响，能对技术进展和总体方案进行客观的分析与评价，这对战略防御计划局作决策有好处。1986年3月，战略防御计划局局长亚伯拉罕森提出这个设想，并由该局进行组建，定名为"联邦政府资助的研究和发展中心"，又叫"战略防御计划研究所"。

另外，美三军和国防部有关的业务局都设有战略防御计划办公室，负责各自承担的任务。

以上是从保证战略防御武器系统研制的顺利进行而采取的组织措施，从作战使用上考虑，美三军也采取了相应的措施。空军在1982年9月成立了太空司令部，次年海军也成立了太空司令部。陆军早已成立。为了对军事太空活动进行统一管理，以便更有效地配合三军的作战行动，也为了适应战略防御计划的需要，1985年9月美参谋长联席会议正式成立了联合太空司令部，后改称美国太空司令部。它的任务，除管理现有的各种军用卫星，向战区以上各级指挥机构提供有关信息以及支援地面部队作战以外，还将密切配合"星战"计划的实施，执行有关任务，比如：承担太空监视和攻击的任务，对苏联的反卫星威胁作出判定，并在必要时对敌太空飞行器实施攻击；提供导弹预警信息，承担战略防御武器系统作战中及时发现敌方来袭导弹目标的任务；参与拟定战略防御武器系统的部署和作战方案，并为组建相应的特种部队提供决策性意见。这样，"星战"计划就在技术研究和作战指挥两方面从组织上得到落实。

美国国防部于1983年10月向里根总统和国会提交了一份

关于新的战略防御技术研究计划和 1984 ～ 1989 财年研究计划
的经费预算，总投资款 260 亿美元。

团队组成：为执行工程任务，美国防部、能源部集中优秀
研究人员 (包括战略家、经济学家、技术专家等)，组建了许多
研究和总体机构：

由军事分析家弗雷德·S.霍夫曼为首的"未来安全战略研
究组"，研究反导防御系统在将来对加强美国及盟国的安全方
面可能起的作用，包括新的反导系统与军备控制、核威慑政策、
反导条约、苏联、美国盟国等的关系及可能产生的影响。

由前航天局局长詹姆斯·C.弗莱彻负责的"防务技术研究
组"，邀请全国 50 多名著名科学家和专家参加，下分常规武器、
系统方案、定向能武器、系统综合、探测技术（监视、捕获、
跟踪和杀伤评价）、对抗措施与战术、作战管理 /C3I 与数据处理、
科学审查 8 个分组。研究确定最有可能的有效防御弹道导弹的
方法，并制定技术上可行的研究和发展计划。

由总统国家安全事务助理威廉·P.克拉克负责的在美国政
府内部的高级部际小组，负责太空政策研究与各部门间协调事
务研究。

参与院所：为实施"SDI"计划，美国在国内外大量网罗人
才，实行军、产、学三位一体，成立了由名牌大学、尖端实验
室以及大公司参加的多个大型联合研究网，分别对动能武器、
高速计算机程序、新材料等重大高技术课题进行研究，其中卡
内基—梅隆大学、加利福尼亚理工学院、麻省理工学院及斯坦

福大学的科学家们参加了 SDI 计划中光学电子计算机的研究；奥本大学、纽约工业学院、纽约州立大学、得克萨斯理工学院和得克萨斯大学五所学校联合组成的研究机构则承担 SDI 计划武器的能源系统的研究；利弗莫尔国家实验室、洛斯阿拉莫斯国家实验室及桑迪亚实验室的科学家也承担了重要的研究任务。据统计，仅基础论证，1984 年美国就集中了全国 600 多名科学家、4200 名工程技术专家，到 1987 年科学家总数更增至 18500 余人，其中直接被国防部雇佣的达 5000 余人 [1]。

参与企业：参加这项计划的大公司，在 1986 年上半年已有450 家。在全美 100 家大公司中，至少有 80 家参加了研制工作，如波音公司、洛克希德公司、罗克韦尔公司和国际商用机器公司等。与此同时，里根政府还极力争取西欧、日本的人才和资金为其战略防御计划服务。

形成的产业链和作战链："星战"计划的实施，促进了太空技术的发展，而太空技术的发展，导致了太空工业化的加速实现：民用遥感技术，使美国每年从资源卫星增加约 14 亿美元的经济效益，从气象卫星获益 20 亿美元。卫星定位与导航产业链逐步形成。卫星通信产业每年也增加十几亿美元收益。太空运输、太空工厂与太空科研服务业初步形成。

"星战"计划中定向能武器的实现涉及高能射束的产生、

1　转引自：张永谦、康曼华，80 年代初里根作出实施"战略防御倡议"决策之前后［J］.北京：中国科技论坛，1995（4），p60.

磁技术、精密探测与自动化技术的发展。美国政治经济学家莱顿·拉罗谢在关于研制能束武器政策的一篇报告中指出，它在经济上的影响比在军事上的影响更大、更重要。美国聚变能基金会一个研究小组通过研究也认为，能束武器在经济上和非军事上的影响将使巨大的军事影响相形见绌。由于能束技术的发展，会使整个社会进入"等离子体时代"。

SDI 系统部署之后，战略进攻武器的攻击内容已不单纯是攻击对方的目标，而是首先必须突破对方的 SDI 防御系统，打开一个缺口之后，再行攻击对方的目标。亦即战略进攻武器的攻击对象，首先是对方的防御系统，然后才是目标。

"星战"计划所涉及的很多新技术，同样可用于常规武器装备，不仅会增加原有武器装备的作战效能，还出现新的武器，如：战术激光武器、战术动能武器、人工智能武器等，使未来战场的战斗更加复杂、激烈，且会给战役、战术带来很多新问题。

发展影响：SDI 计划的经费为美国的军工研究和军工生产提供了血液。国防部 1984 年采购费为 859.957 亿美元，1985 年为 1075.864 亿美元，1987 年采购费约为 1580 亿美元。美国国防预算中每年有较大数额的资金流入大工业的开发部门。一些大型技术企业对于国家的依赖越来越重，以至于没有研究补贴它们就毫无成果，没有国家订货就无利润可图，没有日益增加的军备生产就不能发展。SDI 计划为美国的军工企业带来了希望，1984 年休斯飞机公司营业额的 66%，洛克希德公司营业额的 85%，罗克韦尔公司营业额的 63% 都来自国家预算。美国 10

家最大的军火公司中，有 6 家公司挤入了做星球大战生意的头 10 家公司之列。

将 SDI 高技术用于民用，将填补民用技术中的空白，带来微电子技术、计算机技术、软件技术、通信技术、卫星技术、无线电广播、自动化系统等各个技术的迅速发展。科学技术的发展带动了生产力的发展，由于采用 SDI 技术，将使生产率提高百分之几百，仅仅把强激光技术应用于工业上，生产率可提高 150 倍。生产技术进而转化为巨大的经济效益，仅探测器技术的副产品一项获益就可达到 1940 亿美元。美国前总统里根在参观美国中西部的高技术企业之后说：以信息工业为主体的高技术工业将把美国带入一个新的经济时代。SDI 计划的实施极大地促进了美国国民经济的发展，缓和美国经济中的矛盾。

SDI 计划的军事目的决定了它主要从事军事技术领域的研究，这些技术包括定向能武器技术以及动能武器技术、军事 C3I 技术等。关于 SDI 计划的关键武器技术，美国国防部曾有一个报告，将其细分为 22 项，它们是：微电子电路及制造、软件的可生产性、平行计算机体系的结构、机器智能 / 机器人、模拟与建模、集成化学、纤维光学、灵敏雷达、被动传感器、自动目标识别、相控阵列、数据合成、信号特征控制、计算流体动力学、空气喷气推进、高功率微波、脉冲功率技术、超高速弹、耐高温 / 高强 / 轻重量复合材料、超导性、生物技术材料与工艺等。随着 SDI 计划的进行，关键技术领域发生了突破，并正在对军事领域产生极为深刻的影响，带来武器技术的革命。

　　以上分析的两个案例，基本都是以项目管理的思路，以系统方法展开的。审时度势，按照战略需求决定战略项目，按战略项目选择明白人并授予权力，依据项目运作需要组建团队、订立制度，不设什么门槛，不要求什么资质，把需要和可行作为选择的标准，超越利益链，构建协调工作链。我们应当从中汲取经验，积极推进中国特色军民融合发展战略。

　　军民融合，大道荣光。让我们踏平曲折之路，走向光明的未来。

附录

在中国科学院大学的讲课稿

大道荣光：学习习近平主席军民融合发展战略思想的体会

前些时候，电视台的同志约我写一个军民融合题材的专题片。我当时脑子一闪，就想到了"大道荣光"这四个字。意思是军民融合发展之路，是习近平同志领导中国人民探索国家发展道路的伟大实践，是缔造和平、巩固国防、厚植国力的正义之路，是开辟中华民族伟大复兴的光荣之路。下面，我就以"大道荣光"这个主题，和大家交流一下学习习近平主席军民融合发展战略思想的几点体会。

军民融合是件大事，是全党、全军和全国人民都关注的大事，更是中国科学院创新发展的大事。2016 年 11 月 28 日和 2017 年 3 月 12 日，习主席在两次重要讲话中强调，"要发挥中科院、高等院校、民口和民营企业的潜力，最大限度实现民为军用"；"要调动中科院、高等院校、民口和优势民营企业参与武器装备建设积极性，推动武器装备建设同国家经济社会发展双向互动、相互支撑"。把中科院排在首位，充分体现了党中央、习主席对中科院在我国国防科技发展和武器装备建设中丰功伟绩的认可，充分体现了中科院在习主席心中的分量，充分体现了习主席对中科院推动科技兴军的殷切希望，充分体现了中科院在贯彻军民融合国家战略中的地位和使命。对此，作为中科院的学生，我深感光荣；作为长期关注和探索军民融合问题的军人，我深感振奋；同时，也感到沉甸甸的责任。这段时间，我一直在想，怎样把习主席军民融合发展战略思想领会好，怎样把习主席军民融合发展战略思想贯彻好，尤其是怎样尽中科院学子的绵薄之力，把自己在总部抓筹划、在部队抓装备、在一线抓战备、在战略规划咨询委军民融合组筹划相关工作的实践经验和理论思考贡献出来，发挥桥梁作用，做出应有贡献。

下面，我谈五点体会：一是治国之道：习近平战略思想的重要内核和战略支撑；二是历史经纬：把握大国兴衰的基本规律；三是殊途同归：前沿科技竞争的要害在于"拼政府"；四是丢掉本本：自主开拓富国强军之路；五是大道荣光：推进科学家、战略家的前端和高端融合。

一、治国之道：习近平战略思想的重要内核和战略支撑

党的十八大以来，习主席提出治党治国治军、内政外交一系列重大战略思想，进行一系列重大战略部署，领导开展一系列重大战略行动，带领全党、全军和全国人民朝着实现中华民族伟大复兴的中国梦全力奋进，改变了并改变着中国，也深刻地影响着世界。其中，军民融合战略思想横跨军地、纵览各界、统筹内外、贯通今昔，既体现了其他领域、其他方略和其他实践的成果，如全面深化改革和全面依法治国；也为其他领域、方略和实践，如强军目标和军事改革，如创新驱动国家战略，提供了战略动力和战略路径，成为习近平战略思想的重要内核和战略支撑。

习主席指出，"军民融合发展作为一项国家战略，关乎国家安全和发展全局，既是兴国之举，又是强军之策"。"是实现发展和安全兼顾、富国和强军统一的必由之路。"下面，我们可以从时代背景和战略态势，来看看习主席军民融合发展战略思想的特殊重要意义。

概括起来，我国军民融合的时代背景，有这么4个方面：一是当前以及今后20年，我国将加快从世界大国向世界强国迈进；二是世界格局将发生结构性的重大转变，其中有代表性的指标是中美综合国力的迅速接近；三是美国把对华全面战略竞争作为国家战略的主线和对华政策的基轴；四是科技革命及由此引发的军事革命和产业革命。

这4个背景，带来的是具有世界政治主要矛盾意义的根本问题，也就是说，21世纪是所谓的"美国世纪"，还是以中华民族伟大复兴为标志的"中国世纪"？这是不以人们主观意志为转移的客观问题。现在，我们所能做的，就是用智慧和实力来争取战略主动，来找到解决这个问题的最有利的方式。这个方式，就是军民融合发展。也就是说，21世纪是"美国世纪"还是"中国世纪"，在很大程度上取决于双方军民融合的质量。

那么，世界范围内军民融合的战略态势是什么呢？也可以从4个方面来看：一是有资格或有必要讲军民融合的国家并不多，但大多与我国存在利害关系（比如，美日等）；二是面对国际经济环境的恶化和政经局势的混乱低迷，国外越来越认识到军民融合对摆脱内外困境的双重战略意义；三是不同程度上尝试从侧重经济或侧重军事的基础性、行业性、部门性融合，转向国家战略层级的总体性融合；四是普遍面临军民融合的需求与实现融合的能力之间的矛盾。

从世界范围内衡量，我国军民融合的状态和成果总体上居于世界前列，与主要国家相比互有优劣。可以这么说，世界上军民融合程度最高的大国是美国，军民融合潜力最大的大国是中国。中美在军民融合领域的竞争，是具有枢纽意义的战略竞争。

那么，怎样理解军民融合？我认为，军民融合并非是军与民的简单相加。它首先是治国之道，是中央政府通过军方等国家强力部门组织、动员和培育社会力量，达成国家战略目标、发展新型国家战略能力的治国之道。

——军民融合属于最高层级的国家战略领导管理范畴，涉及统筹国家战略目标及能力生成的思想、思路、方法和艺术。

——军民融合的根本目的，是达成国家战略目标，也就是习主席提出的党的"两个一百年"奋斗目标所规定和要求的各种阶段性和领域性国家战略目标。我理解，这是军民融合全部努力的方向和聚集点。

——国家战略目标有着自主性的本质特征，这些目标是天经地义的主权国家的自留地，具有非国际的属性，面对激烈的国际竞争和封锁，不受通常意义上国际惯例和规则约束，可能有的国际交流合作也只是起到辅助作用。

——军方等国家强力部门是最能体现中央政府战略意志和战略自主性的部门。军民融合必须由国家强力部门主导。

二、历史经纬：把握大国兴衰的基本规律

习主席指出，"把军民融合发展上升为国家战略，是我们长期探索经济建设和国防建设协调发展规律的重大成果，是从国家安全和发展战略全局出发作出的重大决策，是应对复杂安全威胁、赢得国家战略优势的重大举措。"

对未来看得有多远，取决于对过去看得有多深。我们可以从千百年来大国兴衰的经验教训中，更深切地认识习主席军民融合战略思想的划时代意义。可以说"一环一体"构成了大国兴衰的历史经纬。

"一环"，即"安全与繁荣"的循环。美国战略学家弗里德曼在考察大国兴衰的历史之后，提出这样的结论："谁控制了空间，谁就控制了海洋；谁控制了海洋，谁就控制了全球商业模式；谁控制了全球商业模式，谁就是世界上最富裕的国家；

谁是世界上最富裕的国家，谁就能够控制空间"。

美国学者巴内特把"安全与繁荣"的这种历史性循环，称为"军事——市场轴心"："（1）必须获取资源，（2）没有稳定就没有市场，（3）没有增长就没有稳定，（4）没有资源就没有市场，（5）没有基础设施就没有资源，（6）没钱就没基础设施，（7）没有规则就没钱，（8）没有安全就没有规则，（9）没有军事霸权就没有安全，（10）没有美国的意志就没有军事霸权。理解这个'军事——市场轴心'不仅是好的生意经，而且是好的国家安全战略"。

"一体"，即生产方式与作战方式复合体。世界历史运动的一大规律，是率先实现并长期保持主导生产方式和主导作战方式相融合的国家，居于战略主导地位。从古至今，人类历史上先后出现四种生产方式与作战方式复合体，分别是"土地 / 军事"复合体，"商业 / 军事"复合体，"工业 / 军事"复合体，"高技术 / 军事"复合体。土地 / 军事复合体即耕战一体，典型代表是近代以前的中国；商业 / 军事复合体的典型代表，是推行"炮舰经济"的荷兰、西班牙、葡萄牙等早期殖民国家；工业 / 军事复合体是工业时代的"炮舰经济"，典型代表有英国、德国、日本、美国等后起的殖民主义和帝国主义国家，以及苏联；高技术 / 军事复合体的典型代表是美国、日本、以色列等国。其中，美国的独特之处在于，将历史上其他强国经过数百上千年形成的各种复合体，压缩在短短 230 年时间里完成。土地、工业、高科技、金融与军事的复合，带来美国的唯一超级大国地位。

说到底，除了苏共信仰缺失这一主要原因以外，美国用更有效的军民融合搞垮了苏联。

兰德公司在《测量后工业时代的国家实力》这个报告里提出，"历史上所有强国都在经济优势与军事优势之间建立了良性循环。美国保持超级大国地位的关键是确保政府的转化能力，将社会资源转化为双向互动的经济竞争力和军事战斗力"。国防部是美国联邦政府实现这种双向转化的战略枢纽。

在这个背景下，在农耕时代中华民族耕战一体的战略传统，使我国长期成为主导性国家。至近现代科技革命和产业革命之后，是"两弹一星"的伟大实践，把我国带入了可以与当代世界强国抗衡的舞台，为中华民族复兴奠定了思想的、体制的、机制的新基础。从整体上理解习近平战略思想，军民融合说到底是在当代科技革命和产业革命背景下，实现安全与经济、生产方式与作战方式的融合。这是战略主动权的根本来源。

三、殊途同归：前沿科技竞争的要害在于"拼政府"

这是我带领课题组研究历史上德国与英法、美国与苏联、美国与日本竞争，以及当前中国与美国前沿科技竞争的基本结论。

"殊途"就是各国国情、制度及约束条件不同，政府主导作用的发挥，有的采用国家科技计划和产业政策等直接的显性方式；有的采取公私合营、风险投资、产学研联盟等较为间接的隐性方式；有的则将各种直接、显性与间接、隐性的方式组合起来，在不同领域和科技项目的不同发展阶段，将自上而下的国家计划与自下而上的项目管理人之间的协同、跨部门的协同结合起来。"同归"就是这些竞争的结果或前景，归根到底取决于哪个国家政府的主导作用发挥得更好。无论显性还是隐性，归根到底政府要发挥主导作用。其实，只要我们实实在在地考察历史，就会看到这一点。

"二战"后，日本一直奉行国家主义技术战略。以通产省、大藏省为核心。以大型骨干企业集团为支柱的政府部门、科研机构与企业组成战略联盟，精心选择科技领域、制定竞争战略，从技术引进、改进到自主创新，最终在70、80年代成为技术超级大国，达到世界经济总量第二位，并对美国构成严峻的技术和经济挑战。美国战略界惊呼，美国已处在一场战争当中。这场战争，不是与中苏在军事上的战争，而是与日本在技术和经济领域争夺霸权的战争。日本政府主导推动前沿科技创新，是造成这种局面的根本原因。

美国单靠市场机制和企业，在家电、半导体、新材料、通信、数控机床和汽车等任意一个领域，都无法抵御日本政府、科研机构与企业集团一体化的"激光束"式的战略攻势。在这场美日技术争霸大战中，美国政府必然以某种方式对科技竞争力发挥了决定性作用，才能在20世纪90年代之后实现对日本科技竞争态势的逆转。实际上，在苏联、日本及西欧诸强的重大科技成就中，政府都发挥了主导作用；而美国则拥有压倒性的科技创新能力，这是其唯一超级大国的本钱和标志，其根源就在于美国政府发挥了超级主导作用。

我们再来看看美国政府主导前沿科技创新的例子。

美国战略界认为，美军是美国超级大国地位的支柱，不仅创造有利态势，而且是造就其科技优势、战略产业优势以及人才优势的重大关键。

美国国会、联邦政府和国防部均致力于为小企业提供资金和扶持政策。根据《拜杜法案》，小企业可以获得政府资助研发活动的知识产权；美国国防部从 1982 年起设立"小企业创新研究"（SBIR）计划，资助小企业开展面向军事需求的研发活动，年资助额超过 10 亿美元；美国国防部规定军工企业在竞标主承包合同时必须提供向中小企业的分包计划，否则将失去竞标资格。从 2010 年起，美国防部更加重视面向小企业的采购，小企业占国防部直接承包合同的比例不断提高，从 2011 年的 19.8% 增加到 2014 年的 23.5%，2014 年小企业合同额达 543 亿美元。

90 年代中期，美国防部、商务部联合制定《统一的国家科技工业基础计划》，建立军民融合的科研制造能力。

2006 年，美国国防部召集美国科技竞争力专题研讨会。会议提出，丧失科技竞争优势，将危及美国的经济增长、国民福利和国家安全。随后美国国防部长办公厅委托兰德公司就美国的科技竞争力进行专题研究，支撑白宫出台美国国家竞争力倡议；美国国防部、交通部联合制定国家导航、定位、授时计划，确保 GPS 的主导地位。

2010 年，美国国防部启动了"更佳购买力"采办改革计划，其目标是构建一个更快响应、更加灵活的采办体系，以迅速获得新技术、应对不断变化的威胁。2015 年 4 月，美国国防部发布第三版采办改革文件《更佳购买力 3.0：通过卓越技术和创新实现主导能力》，强调技术创新，要求集中监视和分析全球技术的发展，识别有潜力用于国防的技术。

2015 年 8 月，作为"国家制造创新网络"计划的一部分，美国国防部在硅谷成立了柔性混合电子制造创新机构。该机构由公私联合投入，国防部出资 0.75 亿美元，其他成员出资 0.96 亿美元；机构包括 162 家成员，除洛马、雷声、诺格等军工企业，斯坦福、哈佛、麻省理工等大学以外，关键合作伙伴更是囊括了苹果、摩托罗拉、高通等高科技企业。这是美国国家制造创新网络中第七家制造创新机构，也是美国国防部牵头成立的第五家制造创新机构。该机构从方案征集到合同签署再到样机交付，整个过程只需不到 59 天。从该机构运行情况看，它很好地衔接了军方与高科技企业，加速了商业技术向作战部队的转化。

在前沿科技竞争中，"拼政府"的本质就是"拼集中统一"。可以说，无论嘴上怎么说，战略上的集中统一是所有大国的理想，只是真正做到太难。因而，"拼政府"在实践上往往体现为拼"战略协调"。这是求集中统一不得，退而求其次的选择。这就是为什么统筹美国式军民融合的中枢机构是美国国家安全委员会，以及国防部、中央情报局等国家强力部门之间的战略联盟。

美国战略学家弗里德伯格称，中国"威胁"的真正来源，在于一党制集中统一的效率与市场机制的活力相结合。理论上，这是达成战略综合的最优方式。他所谓的"战略综合"，就是统筹军事与经济、国内因素与对外因素的军民融合。

从历史研究中，我们更深切地体会到，为什么我党领袖一脉相承地高度重视军民融合、为什么习主席把军民融合发展提升为国家战略。毛泽东人民战争思想是革命和战争年代的法宝，习近平军民融合发展战略思想是创业和竞争年代的法宝，是人民战争思想在新时代、新条件下的继承和发展。展望未来，我国从大到强和实现民族复兴需要通过大国战略竞争、经济增长方式转型和发展模式再造这三道拦阻线，军民融合是突破和跨越每道拦阻线的必由之路。

习主席指出，在更广范围、更高层次、更深程度上推进军民融合，有利于促进经济发展方式转变和经济结构调整，有利于增强国家战争潜力和国防实力。强调要发挥我国社会主义制度能够集中力量办大事的政治优势，坚持国家主导和市场运作相统一，综合运用规划引导、体制创新、政策扶持、法治保障以及市场化等手段，最大程度凝聚军民融合发展合力，发挥好军民融合对国防建设和经济社会发展的双向支撑拉动作用，实现经济建设和国防建设综合效益最大化。

四、丢掉本本：自主开拓富国强军之路

军民融合首先是政治问题，体现为两点：一是要不要走独立自主的道路，我想，两个一百年目标就标志着习主席正在带领我们走自主的道路，用中国的方式解决中国的问题。二是各地区、各行业、各部门能否切实地把思想和行动调整到党中央、

习主席确定的方向上，在思想上真正实现统一，在步调上真正实现一致。

那么，妨碍我们独立自主地思考和解决战略问题的障碍是什么？我认为，最大的障碍，也是当代最坑人的本本，就是西方那些新自由主义经济学教科书。这些本本严重误导和扭曲了政府与市场相互关系的认识和实践。我认为，对我们来说各领域人员尤其政府工作人员，不彻底丢掉这些本本的影响，就不能理直气壮和充满信心地贯彻落实好习主席军民融合发展战略思想。其实，这些本本根本经不起事实的检验。

历史和现实都表明，国际市场从来都是政治市场，而不是单纯的经济市场。因此，那些有关理性主体在自由市场中达成均衡的说法，无非是脱离历史与现实的梦话。实际上，美国主导势力从来都不把它当真。这些话是专门说给别人听的。有些国家和地区听这些话的结果，是拉美失去的 20 年，是俄罗斯可叹的沉沦。日本在向美国鞠躬如仪的表象下面，是在经济思想和实践上另起炉灶。20 世纪 90 年代，日本通产省首席经济顾问指出，美国的那些经济教科书与日本的经济政策毫无关系。

新自由主义经济学本本的致命弱点，是有意无意地忽视"二战"后的科技革命以及军民融合在推动科技革命、产业革命中的作用。美国拥有比日本、德国略强一些的科技创新能力合乎常理，但只有美国拥有"转型性"科技创新能力和近乎"垄断性"的产业创新能力，则超出了"规范"经济理论的解释范畴。其奥秘就在于，美国形成了军方以及国家强力部门联盟主导之下的军民相互依赖。这就是美国特色的军民融合。"二战"后美国每届政府都会针对国际竞争态势和科技发展趋势提出重大国家科技专项计划，如冷战时期的原子弹、导弹、卫星、核潜艇、登月、先进制造以及冷战后的信息、纳米、生物、新能源、大数据、脑计算等。相对其他联邦部门，美国国防部拥有占绝对优势的预算，因而美国的重大科技计划和项目事实上是军事／安全部门主导之下的军民融合。

西方有识之士指出，由于军民融合在推动美国转型性科技创新和垄断性产业创新所发挥的决定性作用，由于这两者对经济竞争力的决定性作用，完全可以认为，美国实行的是公私混合的资本主义模式，而不是所谓"自由主义模式"。曾经担任美国副国防部长的著名国防经济学家甘斯勒也指出，"美国国防工业不是自由市场经济，而是管制经济"。

还是钱老说得好，我国在经济和管理上，不应盲目与国际接轨，应参照而不是遵照"国际规则"。我们应坚定不移地坚持政府主导，创造性地把政府主导与市场因素有机结合起来。

习主席指出，要加强集中统一领导，强化顶层设计，加强需求统合，统筹增量存量，同步推进体制和机制改革、体系和要素融合、制度和标准建设，加快形成全要素、多领域、高效益的军民融合深度发展格局，逐步构建军民一体化的国家战略体系和能力。

回顾过去，瞻望未来，我们看到，军民融合是带有普遍性的主动把握国际战略态势的治国之道，是把前途命运掌握在自己手里的大战略精华。在很大程度上，这是当今大国战略竞争的主要领域和主要方式。说到底，我国拥有集中统一的政治优势，这是与军民融合特点相适应的决定性优势。

我理解，在大国战略竞争和新科技产业及安全与军事革命的时代背景下，我国军民融合发展战略的重心，在前沿科技创新领域。未来 20 年大国战略竞争进入决定性时期，在这个决定性时期的决定性领域是前沿科技创新竞争，而决定前沿科技创新竞争态势与能力的，又在于哪个国家能够在新形势下找到和创造更有效益的军民融合发展方式。

习近平主席指出，科技创新是提高社会生产力和综合国力的战略支撑，必须摆在国家发展全局的核心地位。只有把核心技术掌握在自己手里，才能真正掌握竞争和发展的主动权，才能从根本上保障国家安全。

五、大道荣光：推进科学家、战略家的前端和高端融合

科学技术是第一生产力，创新是发展的第一动力。前沿科技创新是新时期军民融合的中轴领域。习近平主席指出，要"形成全要素、多领域、高效益的军民深度融合发展格局"，"构建新型科技创新体系"。

基于长期以来对军民融合问题的探索，我认为，实现习主席确立的这个战略目标，要害在推进科学家、战略家"两家"在未来战争和前沿科技那些"前端""高端"问题上的融合，即"两家两端"的融合。

"前端"问题，既包括看得见的或已成为共识的前沿战争和科技发展问题，如人工智能与自主作战问题，如激光技术的战略战术运用问题；也包括还有待探索和成型的问题，如新能源技术有可能在哪些领域取得重大突破，怎样在为中国军队提供自主可靠的燃油动力的同时，实现中华民族在能源上的自立。

"高端"问题，主要指未来作战体系、新型战斗力生成体系和未来科技创新体系设计问题。当代是军事革命的时代，现代战争和军队建设正在从以平台为中心转向以体系为中心。讲究体系建设和体系作战，体系设计搞好了，就在源头上抓住了需求生成问题，就可以更有效、更迅速地统筹调动、配置人、财、物资源，形成优质战斗力、科技创新力和经济竞争力。

"两家"融合才能带来前进的方向和战略上的主动，离开"两家"的融合，就不能实现科学原理与军事原理、科研规律与作战规律的深度融合，就不能摆脱模仿和追赶的状态，就不能实现跨越发展、弯道超车。

那么，为什么"二战"后美国在科技和军事上一直走在前列？说到底，是美国杰出科学家和战略家结合起来了，科学家参与国家战略和军事战略的制定，在战略设计和规划计划环节就实现了军民融合，这种融合是一种最前端的融合，最高端的融合，也是最有决定意义的融合。在这方面，有4点值得我们注意：

第一是军队高级将领对科技的重视。典型代表是美国空军创建者阿诺德五星上将。他深刻认识到，没有科技就没有美国空军，就没有美国空军的未来。他聘请钱老的导师冯·卡门为空军科学顾问，建立空军科学委员会，设立由科学家领导的空军系统司令部，组建兰德公司。

第二是科学界对军事战略问题的重视。美国"二战"时期的国家研究开发局局长万努瓦尔·布什在1946年提出了一个至关重要的看法，认为"人类社会已经进入永久的科技革命的时代，在这样的时代里，美国的军事战略需求已经超出了职业军人的理解范围，今后的军事战略需求必须由科学界和军方共同确定。"实际上，二战以来美国一直是这么做的。20世纪50年代以来，美国科学界有个叫"杰森"（JASON）的科学家联盟组织。这个组织很低调，但在推动最新科技成果的军事运用上发挥了巨大作用。这是美国科学界、工程界人员自己组织起来的，最初主要由参与过"曼哈顿工程"的核物理学家组成，后来拓展到信息技术、生物技术等领域。它招人的方式类似于传销，由参与过该组织的资深人员介绍，经认可后参与组织活动。该组织的主要活动是不定期召开内部务虚会，如暑期研讨会，选个好地方用两三周甚至个把月时间交流科研成果，寻求项目共识，主动向军方提出战略建议。这个组织得到了美国军方的大力支持。

第三是科学家直接担任军队高级领导职务。20世纪80年代物理学家布朗出任国防部长，副部长是数学家佩里，在这两位科学家的领导下，美军最终建成了精确打击体系。这两位科学家都担任过美国国防部研究开发局局长，著名的国防部高级研究计划局（DARPA）就归这个局领导。

第四是国防部设立高级研究计划局。该局设立于1958年，受苏联第一颗人造卫星的刺激，目的是"创造和防止科学技术的战略突然性"。据称该局项目的失败率在85%，然而一旦成功，都是具有军民两用意义的巨大成功。比如，因特网、全球定位系统、隐身飞机、指挥控制系统、精确制导武器、无人作战飞机等当代美军变革关键技术，最初都是该局的项目。

从中我们可以看到，美国实现"两家"在前端、高端问题的融合，采取了两种基本方式：一是将科学家引入国防部，最高形式是担任国防部长等高级领导职务；二是科学界自行组织起来，如"杰森"，从提高军事实力和创业的双重角度，与军方合作。

研究了美国军民融合的情况，我们更深刻地感受到，我国的"两弹一星"是多么的来之不易，是多么伟大的实践，是多么宝贵的经验，是极其成功的"两家两端"融合，这就是以钱学森为代表的"两弹一星"科学家元勋与开国领袖和军队将帅的结合。在新时期，我们一定要在习主席坚强领导下，拿出再造"两弹一星"的志气，开辟"两家两端"融合的崭新道路。

习近平主席在中央军民融合发展委员会第一次全体会议上指出，推动军民融合深度发展，必须向重点领域聚焦用力，以点带面推动整体水平提升。海洋、太空、网络空间、生物、新能源等领域军民共用性强，要在筹划设计、组织实施、成果使用全过程贯彻军民融合理念和要求，抓紧解决好突出问题，加快形成多维一体、协同推进、跨越发展的新兴领域军民融合发展格局。

作为我国科学事业的崇高殿堂，中科院是优秀科学家最密集，领域最齐全，探索最前沿，具有实现"两家两端"融合的最大优势，具有在战略制定、体系设计、跨域综合集成取得突破的最好条件，是实现军民深度融合的最佳平台。中科院开设将军班是军民深度融合的一大创举，为"两家两端"融合开了个好头。

各位老师、各位同学，前沿科技是大国战略竞争的核心和关键领域，你们处在国家安全、发展和民族复兴的主战场。习主席指出，"推动科技兴军，必须聚天下英才而用之。当年，如果没有钱学森、钱三强、邓稼先等一批科学大家，'两弹一星'是搞不出来的。毛主席接见钱学森时说，美国人把你当成五个师，对我们来说，你比五个师的力量大得多。现在人才队伍规模有了很大改善，但战略科学家、科技帅才十分匮乏，领军人才、尖子人才十分缺乏。"

为此，我们热切地期盼各位老师尤其是各位年轻的同学们，加强对战略思维、战略文化、战略管理和国防知识的研究和掌握，更自觉地使自己成为适应军民融合事业需要的复合型人才，成为民族的精英，成为国家的栋梁，成为军民融合伟大事业的支点。

同志们，军民融合是大战略的精髓。下一步，我们将组织开展军民融合科学体系、运行机制等一系列重大课题研究。让我们共同努力，深入领会和坚决贯彻习主席军民融合发展重大战略思想和重大战略部署，从"两家两端"融合入手，推进具有时代特征、中国特色和强大竞争力的军民融合，为中华民族伟大复兴做出更大的贡献，创造新的辉煌。

后 记

　　《大道荣光——军民融合论》是我十年前在中国科学院研究生院攻读博士学位期间完成的论文《中国特色军民融合发展战略设计与实现路径研究》基础上，创新充实修改完成的。该博士论文曾被中国科学院评为优秀博士论文。

　　党的十八大以来，随着军民融合思想与实践的蓬勃发展，习近平总书记决策将军民融合发展上升为国家战略，国防建设与经济建设翻开了崭新的一页。我在认真学习习近平总书记一系列重要思想的基础上，结合自己的研究与实践，围绕军民融合深度发展"为什么""融什么"和"怎么融"等问题进行深化研究，形成新的学习体会和研究成果，并对论文内容进行了全面充实修改完善，形成了目前这部书稿。恳望与同道者共勉，希求为强军业助力。

　　在这收获的特殊日子里，我要特别感谢我的导师、中国科学院大学汪寿阳院士。在我研究和实践的日子里，他始终以严谨的治学态度指导我帮助我，把丰富渊博的科学思想和精湛细致的研究方法传授于我，深入细致指导我的研究工作；他的科学素养、家国情怀、学者风范、人品师德，使我受益终生。

我要特别感谢中国科学院白春礼院长，是他亲自决策在中科院开办我国首个国防战略管理博士班，为提升我军中高级干部的科学素养和战略思维能力做出了重要贡献。他在百忙之中还关心指导我们的学习与研究，提出了许多重要指导意见，并亲自为本书作序推荐。

我要特别感谢我军著名军事理论家、中国现代军事谋略学学科奠基人、解放军报社高级编辑李炳彦将军在本书创作研究过程中所给予的全力支持、全面指导和把关审定，为本书早日与读者见面所作出的积极贡献！

我要特别感谢在完成论文过程中帮助过我的所有专家和领导：为验证中国特色军民融合发展战略设计的科学性、合理性和可实践性，中国科学院、中国工程院的6位院士，总参谋部、总后勤部、总装备部、军事科学院、国防大学、国防科技大学以及各战区作战部队等50多位专家和领导接受我的访谈和问卷调查，帮助我获得第一手权威真实的资料。

我要特别感谢我的好朋友、解放军报社理论部柴永忠主任、中国国际战略研究基金会吕德宏主任、火箭军报社高级编辑胡延宁主任、陆军装甲兵学院刘辉主任、空军装备部陈立功主任等对我的全力支持和真诚帮助。

我还要向本书中所有引用材料的作者致以深深的谢意。

"浩渺行无极，扬帆但信风"。军民融合深度发展是一项伟大光荣而艰巨的事业，开创国防建设与经济建设协调发展、持续发展、平衡发展、兼容发展新局面，你我他为之砥砺精进，奋斗不息。这项无上荣光的伟大事业，也必将托举起中华民族伟大复兴的光荣梦想，迈向新的更伟大的辉煌。

军民融合，大道荣光。让我们踏平曲折之路，走向光明的未来。

张兆垠

2017 年 6 月 20 日于北京